高铁穿越采煤沉陷区稳定性及采空区地基累积变形机理

王树仁　王旭春　石坤鹏　张广招　著

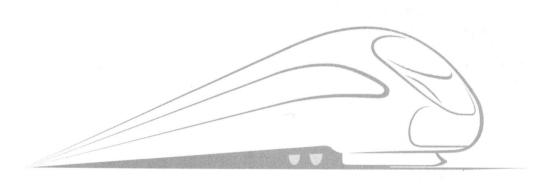

清华大学出版社
北京

内 容 简 介

本书采用室内外试验、理论分析、数值模拟和现场监测等综合研究方法,对高铁穿越采煤沉陷区稳定性及采空区地基累积变形机理进行研究,主要研究内容：①贵南高铁采空区特征勘察；②贵南高铁采空区地表变形及监测；③考虑断层效应的采空区场地稳定性；④太焦高铁采空区地基缩尺模型的尺寸效应分析；⑤采空区地基与轨道结构耦合变形对应关系；⑥高铁下伏采空区地基动力响应特性数值计算分析；⑦降雨与动荷载耦合作用采空区地基累积变形机理等。

本书可供从事与高铁穿越采空区场地相关的铁道工程、岩土工程、交通工程、采矿工程以及建筑地基与基础工程等设计、施工、监测的工程技术人员参考使用,也可作为大学师生和科研院所相关人员的参考书。

版权所有,侵权必究。举报: 010-62782989, beiqinquan@tup.tsinghua.edu.cn。

图书在版编目(CIP)数据

高铁穿越采煤沉陷区稳定性及采空区地基累积变形机理/王树仁等著. —北京：清华大学出版社,2024.2
ISBN 978-7-302-65538-1

Ⅰ.①高… Ⅱ.①王… Ⅲ.①高速铁路－煤矿开采－采空区－地基稳定性－研究 ②高速铁路－煤矿开采－采空区－地基变形－研究 Ⅳ.①U213.1

中国国家版本馆 CIP 数据核字(2024)第 045219 号

责任编辑：秦　娜　赵从棉
封面设计：陈国熙
责任校对：赵丽敏
责任印制：丛怀宇

出版发行：清华大学出版社
　　网　　址：https://www.tup.com.cn, https://www.wqxuetang.com
　　地　　址：北京清华大学学研大厦 A 座　　邮　编：100084
　　社 总 机：010-83470000　　邮　购：010-62786544
　　投稿与读者服务：010-62776969, c-service@tup.tsinghua.edu.cn
　　质量反馈：010-62772015, zhiliang@tup.tsinghua.edu.cn
印 装 者：河北鹏润印刷有限公司
经　　销：全国新华书店
开　　本：185mm×260mm　　印　张：13.75　　字　数：335 千字
版　　次：2024 年 4 月第 1 版　　印　次：2024 年 4 月第 1 次印刷
定　　价：108.00 元

产品编号：103042-01

前 言

中国高铁是一张闪亮的"中国名片",不但建立了全套完备的高铁技术体系,而且实现了从"追赶"到"领跑"的关键性转变。随着我国"八横八纵"高铁路网建设密度的增大,可利用土地资源日益减少,一些高铁线路不得不跨越煤矿采空区。例如,呼和浩特至南宁的呼南高铁国家纵向主干线设计速度250~350 km/h,呼南高铁太焦段穿越山西省沁水煤田采空区场地达到50 km,呼南高铁的贵阳至南宁段也存在穿越采空区优化线路问题。高铁列车穿越受损伤的采空区地基,加之轨道路基与采空区地基复合结构的反复振动,不但削弱其动力稳定性,而且可能产生超限的累积变形,严重时可导致轨道路基结构失稳破坏。采空区场地特殊的岩土工程条件,使高速铁路穿越采空区路基沉降和病害等问题变得更为突出、更具风险。因此,针对高铁沿线灾害和安全隐患管控需求,进行高铁循环动荷载作用下采空区地基动力响应特性及其累积变形机理研究,是中国高铁建设及运维亟待解决的富有挑战性的难题。

地下煤炭资源的大量采出,导致采空区上覆岩土体产生冒落、断裂和弯曲变形,采空区覆岩力学强度损伤致使采空区上覆岩土体的承载能力下降。在高铁循环动荷载的反复作用下,采空区地基产生的附加应力有可能打破采空区受损覆岩应力的相对平衡状态,重新活化采空区,致使地表产生附加移动和累积变形,进而导致高铁轨道结构产生不均匀与非连续变形、局部开裂、倾斜,直至采空区覆岩坍塌等灾变性破坏,严重影响采空区上方高铁线路的规划和建设,对建成后高铁线路的正常运营、养护和维修构成严重的潜在风险和安全隐患。未来中国高铁要从"走得了"到"走得好",实现穿越采空区场地高铁线路的安全、平稳运维,将会面临诸多新的挑战。由于高速铁路对工后沉降要求极为严格,呼南高铁太焦段线路穿越的采空区场地虽然对勘察出的采空区进行了注浆等处治措施(通车后又发现了未探明的采空区),但难以从根本上改变采空区地基为受采动损伤岩土介质的特性。在高铁循环动荷载作用下,采空区地基动力响应特性、波动能量的传播与耗散规律、波动荷载诱发采空区地基产生累积变形的机理等问题仍需要进一步深入研究。虽然对于高速铁路列车-轨道-路基协同作用、煤矿采空区稳定性方面的研究已取得较多成果,但是,在高铁循环动荷载作用下,采空区地基损伤变形与其所依赖的力学传递路径密切相关,使得受动荷载影响的采空区地基应力扩散、损伤演化特性及其累积变形机理研究尚处于经验摸索和个性化研究阶段,缺少深入、系统化的研究。

因此,本书采用室内外试验、理论分析、数值模拟和现场监测等综合研究方法,对高铁穿越采煤沉陷区稳定性及采空区地基累积变形机理进行研究,主要研究内容包括:①贵南高铁采空区特征勘察;②贵南高铁采空区地表变形及监测;③考虑断层效应的采空区场地稳定性;④太焦高铁采空区地基缩尺模型的尺寸效应分析;⑤采空区地基与轨道结构耦合变形对应关系;⑥高铁下伏采空区地基动力响应特性数值计算分析;⑦降雨与动荷载耦合作用采空区地基累积变形机理等。研究成果可以为助跑中国高铁提高本质安全和减灾防灾能力提供理论依据和技术支撑，具有良好的工程应用前景。

在本书出版之际，衷心感谢中国科学院院士何满潮教授，中国工程院院士蔡美峰教授，北京科技大学王金安教授，河南理工大学邹友峰教授、杨小林教授、刘希亮教授、丁亚红教授、邹正盛教授、顿志林教授、李振华教授、田忠斌教授、杨文府教授、张盛教授、马伟斌研究员等的指导；作者指导的研究生曹杨、朱珍、管晓明、张鹏等撰写了部分内容；书稿部分试验得到了任连伟、张文志、龚健、李志超、张纪云、郝晓阳、陈宇博、徐峰以及加拿大谢布克大学陈文学、澳大利亚科廷大学李丹琦等的支持和帮助；同时，还得到其他老师和同事的大力支持和帮助，在此一并深表感谢和敬意！

本书的出版得到了国家重点研发计划（2018YFC1505302）、国家自然科学基金项目（U1810203，51474188，51708317）、国家留学基金委项目［2023］-21、河南省自然科学基金重点项目（232300421134）、南宁市重大应急工程项目（B2016-033）、中原科技创新领军人才计划项目（244200510005）、河南理工大学国家级重大科研成果培育项目（AQ20230103，NSFRF200202）、中国铁道科学研究院铁道科学技术研究发展中心项目（J2013G009；J2014G004）的资助，得到了高速铁路线路工程教育部重点实验室、煤炭安全生产与清洁高效利用省部共建协同创新中心、河南省地下空间开发及诱发灾变防治国际联合实验室、河南省地下工程及灾变防控重点实验室、山西省煤炭地质物探测绘院有限公司、南宁市勘测设计院集团有限公司以及广西大学的支持，在此表示感谢。

本书共10章，其中第1章（部分内容）、第6～10章由王树仁、石坤鹏编写，第1章（部分内容）、第2～5章由王旭春和张广招编写。全书由王树仁和王旭春统稿，并负责终审。限于时间和编者水平，书中难免存在错误和不妥之处，恳请专家、学者不吝批评和赐教。

编　者

2023年11月

目 录

第1章 绪论 ··· 1
  1.1 引言 ··· 1
  1.2 国内外研究现状 ··· 3
    1.2.1 高铁穿越煤矿采空区勘察技术研究 ································· 3
    1.2.2 煤层开采地表变形与沉降规律研究 ································· 7
    1.2.3 采空区地基及路基的动力响应特征研究 ························· 10
    1.2.4 高铁下伏采空区地基累积变形机理研究 ························· 12
    1.2.5 采空区地基与高铁轨道结构耦合变形对应关系 ··············· 13
    1.2.6 采空区地基沉降预测模型建立及其稳定性评价 ··············· 14
  1.3 本书主要研究内容 ·· 14

第2章 贵南高铁采空区特征勘察 ·· 16
  2.1 工程概况 ·· 16
    2.1.1 地形地貌与地质构造 ·· 16
    2.1.2 气候条件与水文地质 ·· 16
    2.1.3 土体胀缩性与地震效应评价 ··· 16
    2.1.4 煤矿开采利用情况与采空区特征调研 ······························ 18
  2.2 采空区钻探勘察 ··· 20
    2.2.1 钻探方法 ·· 20
    2.2.2 钻孔布置 ·· 21
    2.2.3 钻探结果分析 ·· 21
  2.3 采空区物探勘察 ··· 26
    2.3.1 物探方法选取 ·· 26
    2.3.2 物探测线布置 ·· 26
    2.3.3 物探数据处理 ·· 26
  2.4 钻探结果与物探结果对比分析 ··· 38

第3章 软岩地层物理力学特性试验 ··· 45
  3.1 岩土体物理力学性能试验 ·· 45
    3.1.1 单轴压缩试验 ·· 45
    3.1.2 侧向约束膨胀试验 ··· 48

  3.1.3 崩解试验 ··· 50
  3.1.4 劈裂试验 ··· 50
  3.1.5 抗剪试验 ··· 52
  3.1.6 声波测定试验 ··· 54
 3.2 软岩黏土矿物成分及结构特征 ··· 54
  3.2.1 X射线衍射试验 ··· 54
  3.2.2 电镜扫描试验 ··· 58
 3.3 岩土层物理力学指标及围岩分类评价 ······································ 63
  3.3.1 物理力学指标 ··· 63
  3.3.2 围岩分类评价 ··· 64

第4章 采空区地表变形及考虑断层效应的采空区场地稳定性 ············· 65

 4.1 贵南高铁采空区场地地表移动与变形 ······································ 65
  4.1.1 开采沉陷预计系统 ··· 65
  4.1.2 计算范围选取 ··· 65
  4.1.3 计算参数确定 ··· 65
  4.1.4 计算结果分析 ··· 68
 4.2 煤层开采后地表变形与沉降规律分析 ······································ 72
  4.2.1 数值模拟方法 ··· 72
  4.2.2 计算模型构建 ··· 72
  4.2.3 模拟结果分析 ··· 75
 4.3 考虑断层效应的采空区场地稳定性分析 ··································· 78
  4.3.1 有限元模型构建 ··· 78
  4.3.2 高铁动荷载施加 ··· 80
  4.3.3 动力特性分析 ··· 80
  4.3.4 沉降变形分析 ··· 81

第5章 基于PSP-InSAR高铁下伏老采空区稳定性监测分析 ············· 87

 5.1 PSP-InSAR测量技术及优势 ·· 87
  5.1.1 InSAR测量技术的原理 ··· 87
  5.1.2 传统InSAR形变测量法 ··· 87
  5.1.3 PS-InSAR形变测量方法 ·· 88
  5.1.4 PSP-InSAR形变测量方法 ·· 88
 5.2 PSP-InSAR监测结果分析 ··· 90
 5.3 采煤沉陷区已有建筑物变形调查 ··· 93
 5.4 采空区地表残余变形分析 ·· 94

第6章 采空区场地高铁地基缩尺模型的尺寸效应分析 ······················ 96

 6.1 工程概况 ·· 96

	6.1.1	太焦高铁概况	96
	6.1.2	矿山采空区情况	97
	6.1.3	工程地质条件	98
	6.1.4	高铁下伏采空区地基适宜性判别	101

6.2 高铁地基能量衰减应力波分析与表征 105
    6.2.1 能量衰减应力波解析表征 105
    6.2.2 土层界面能量波衰减规律 107
    6.2.3 数值模拟验证分析 108

6.3 高铁地基能量衰减与尺寸效应关联分析 109
    6.3.1 构建数值计算模型 109
    6.3.2 不同条件下均质地基能量衰减与尺寸效应分析 112
    6.3.3 层状地基土层界面的能量反射与尺寸效应分析 115

6.4 高铁地基能量衰减与尺寸效应试验验证分析 117
    6.4.1 缩尺模型相似原理 117
    6.4.2 室内模型试验设计 118
    6.4.3 室内模型试验验证 118

第7章 采空区地基与轨道结构耦合变形对应关系 122

7.1 考虑地基沉降的轨道—路基系统力学模型 122
    7.1.1 地基与轨道系统耦合变形力学模型 122
    7.1.2 地基短梁路基的倾斜变形计算分析 124

7.2 采空区地基与轨道结构变形对应关系计算模型 126
    7.2.1 地基—路基—轨道数值模型 126
    7.2.2 高铁移动荷载施加 127
    7.2.3 计算模型的边界条件 130
    7.2.4 路基—轨道层间接触 131

7.3 采空区地基沉降与轨道结构变形对应关系 132
    7.3.1 地基不均匀沉降对轨道结构变形影响分析 132
    7.3.2 不均匀沉降对路基与轨道间离层影响分析 134
    7.3.3 不同工况条件下轨道结构变形时空效应分析 136

第8章 高铁下伏采空区地基动力响应特性数值计算分析 140

8.1 高铁动荷载波形加载设计方法 140

8.2 高铁下伏采空区地基压力分布特征 143
    8.2.1 构建有限元计算模型 143
    8.2.2 采空区地基压力分布特征分析 146

8.3 高铁下伏采空区地基动力学响应特性分析 147
    8.3.1 动位移分布特征分析 147
    8.3.2 加速度分布及衰减规律分析 149

           8.3.3　动应力分布及影响因素分析 152
　　8.4　采空区地基动应力与累积变形 156
           8.4.1　采空区地基累积变形特征分析 156
           8.4.2　采空区地基动应力与累积变形关联分析 158

第9章　高铁下伏采空区地基动力响应特性相似模型试验 160
　　9.1　相似模型试验台及加载系统 160
　　9.2　相似模型试验设计 161
           9.2.1　相似条件设计 161
           9.2.2　相似材料的力学特性及配比 162
           9.2.3　建立物理模型 165
           9.2.4　动力加载系统 166
           9.2.5　监测点布置及数据采集 166
　　9.3　采空区地基动应力分布特征分析 168
           9.3.1　不同列车轴重下采空区地基动应力分布特征分析 168
           9.3.2　不同加载频率下采空区地基动应力分布特征分析 173
　　9.4　采空区地基振动加速度分布及频响特征分析 175
           9.4.1　采空区地基振动加速度分布特征分析 176
           9.4.2　采空区地基加速度响应特性频域分析 179

第10章　不同工况条件下高铁采空区地基累积变形机理 183
　　10.1　高铁下伏采空区地基岩层结构特征 183
           10.1.1　采空区地基结构稳定性分析 183
           10.1.2　采空区断裂岩层稳定性分析 185
　　10.2　相似模型试验变形监测系统 188
　　10.3　高铁下伏采空区地基累积变形特征 189
           10.3.1　采空区地基结构演化特征分析 189
           10.3.2　采空区地基累积变形规律分析 192
　　10.4　降雨与动荷载耦合作用下采空区地基变形特征 194
           10.4.1　降雨装置模拟及布置 194
           10.4.2　降雨与动荷载耦合作用下采空区地基结构演化特征分析 196
           10.4.3　降雨与动荷载耦合作用下采空区地基累积变形机理 199

参考文献 202

第1章

绪　　论

1.1　引言

　　高速铁路作为一种高效、安全及环境友好的运输工具,得到了许多国家的广泛重视。中国高铁飞速发展,不但建立了全套完备的高铁技术体系,而且实现了从"追赶"到"领跑"的关键性转变。随着我国"八横八纵"高铁路网建设密度的不断增大,可利用土地资源日益减少,一些高铁线路不得不跨越煤矿采空区。已开工的呼和浩特至南宁的呼南高铁是国家纵向主干线,经过内蒙古、山西、河南、湖北、湖南、广西6省(自治区),线路全长约2100 km,设计速度250~350 km/h。其中,呼南高铁线路的山西段穿越沁水煤田采空区,太焦高铁的山西段全长约325 km,设计速度250 km/h,穿越采空区近50 km。贵南高铁的贵阳至南宁段也存在穿越采空区优化线路问题。在列车高速运行条件下,轨道和路基结构的反复振动不但削弱其动力稳定性,而且可能产生过大的附加沉降,严重时可导致轨道和路基结构的失稳破坏,高速铁路穿越采空区场地的路基沉降和病害等问题将更为突出。在高铁运行荷载作用下,采空区地基的动力响应特性及其变形机理研究是高铁建设及运营过程中亟待解决的具有挑战性的难题。

　　山西省沁水煤田为大型石炭—三叠纪煤田,位于山西省中南部,占地近3万 km²,煤炭资源量约3000亿t,已探明煤炭储量860亿t。多年来,该煤田内已建成阳泉、潞安、晋城等大型煤业集团以及地方煤矿数百处,由于长期高强度开采,形成了近2300 km²的采空区。地下煤炭资源的大量采出,导致采空区上覆岩体产生冒落、断裂和弯曲现象,采空区覆岩力学强度损伤,致使采空区上方岩土体的承载能力下降,从而使得地表塌陷、开裂,如图1-1所示。

　　在高铁循环动荷载作用下,采空区地基产生的附加应力有可能打破采空区受损覆岩应力的相对平衡状态,重新活化采空区,致使地表产生附加移动和累积变形,进而导致高铁线路产生不均匀沉降、局部开裂、倾斜,直至坍塌等灾变性破坏,严重影响着采空区上方高铁线路的规划和建设,对建成后高铁线路的正常运营以及养护和维修也构成严重的潜在风险和安全隐患,如图1-2所示。

　　未来中国高铁要从"走得了"到"走得好",实现穿越采空区高铁线路的安全、平稳运行,

图 1-1 采空区地表塌陷与开裂
(a) 地表塌陷；(b) 地表交叉裂缝

图 1-2 采空区塌陷对交通基础设施的危害
(a) 下伏采空区高速公路塌陷；(b) 采空区铁路塌陷；(c) 采空区公路裂缝；(d) 采空区铁路沉陷

将面临诸多新的挑战。随着呼南高铁主干线和河南省"米"字形高速铁路网的快速推进，一些关键线路不得不穿越沁水煤田采空区。高速铁路对工后沉降要求极为严格，高铁穿越采空区场地，需要主动调控高铁轨道板、路堤以及采空区地基三者之间的时空协同变形。虽然对于铁轨路基面的弹性变形、基床的累积变形和路堤的压密沉降控制技术研究较多，但目前涉及高铁采空区地基的研究较少。

紧密结合国家发展战略和服务地方经济需求，主要针对采空区受损岩土层的特殊工况（图 1-3），开展高铁循环动荷载作用下采空区地基动力响应特性及其累积变形机理研究，避免高铁线路沉陷灾害呈链式扩展，为穿越采空区场地高铁建设与安全运行提供理论支撑和技术依据，具有重要的理论意义和工程实用价值。

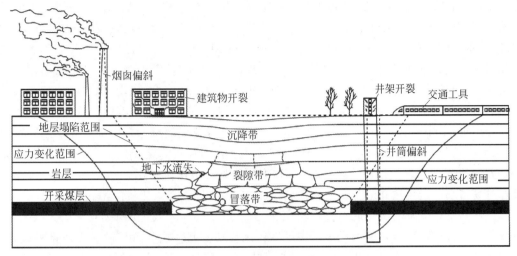

图 1-3 采空区可能引发的地面灾害示意图

1.2 国内外研究现状

1.2.1 高铁穿越煤矿采空区勘察技术研究

物探技术和钻探技术是目前采煤沉陷区勘察的主流技术,其中最为重要的是物理探测技术,在国内外已得到广泛的推广应用,而钻探技术在采空区勘察中主要起到验证作用。目前,国内外关于采煤沉陷区勘察的研究也主要围绕这两种技术手段展开。

1. 物探技术

物探技术作为探测采煤沉陷区的主流技术手段,被广泛应用于大范围的矿山采空区勘探,主要包括电磁类方法和地震类方法。电磁类方法主要包括高密度电阻率法、瞬变电磁法及地质雷达法等,地震类方法主要包括地震映像法、测氡法、浅层地震法及微震测量法等。常见物探方法及其原理如下所述。

1)高密度电阻率法

高密度电阻率法是一种基于采空沉陷区与周围岩土体的电性差异,同时布置多个电极于探测断面上,在探测区域形成稳定的电流场,并对所布设的断面通过自动控制转换装置进行观测和记录的物探方法。本质上高密度电阻率法为阵列勘探方法,野外作业时将全部电极置于探测断面上,并采用微机工程电测仪进行自动观测及数据快速采集,再通过计算机对测到的数据进行处理并得出探测区域地层分布结果。

20 世纪 70 年代,英国学者 Johansson 博士提出了高密度电阻率法的最初模式,并将设计的装置用于探测煤矿采空区。20 世纪 80 年代后期,我国学者开展了高密度电阻率法的技术研究及相关应用,进一步完善了高密度电阻率法的理论。同一时期日本学者通过实现半自动化野外数据采集,推动了高密度电阻率法的发展。而后经过学者们的不断努力,于 20 世纪 80 年代后期实现了采用高密度电阻率法勘察采空区的目标。经查阅国内外相关文献,总结出具体研究进展如下:Verma 等使用高密度电阻率法进行印度 Raniganj 煤田的煤层分布研究;李志聃等对采用高密度电阻率法研究煤层采空区边界、冒落带范围的可行性进行了探讨,并结合具体工程实例分析了其应用效果和局限性;Griffiths 等基于二维电阻率法,对复杂地质区域进行了电阻率成像与建模;寇绳武等介绍了高密度电阻率法的工作原理,并将其应用在两个未知采空区的勘察工作中;Maillol 等首次提出利用井下和表面物理几何参数进行正演建模和合成数据反演,证明了高密度电阻率法是一种可靠的测试充水空洞成像工具;刘海生、辛思华、马其华等通过引进高密度电阻率法,对采空区的赋存状态及含水情况进行了探测;Gambetta 等将高密度电阻率法应用于浅水洞穴的探索中,探测结果十分理想;Martínez-Pagán 等采用高密度电阻率法探测了西班牙东南部一煤矿采空区的大小、形状及分布情况;Bharti 等采用高密度电阻率法对印度一老矿山进行了测绘,并与先前学者的研究结果进行了对比,证明了高密度电阻率法应用于矿山工作的有效性;罗志波等通过高密度电阻率法并结合钻探验证,有效、快捷地圈定了采空区的范围。

虽然高密度电阻率法受地形影响较大,探测范围浅且体积效应明显,但其观测精度高、工作效率高、形象直观,且在测量过程中可以通过自动控制转换装置控制电极的排列组合,实现各种装置形式的物理探测,充分发挥物探技术在采空沉陷区勘探领域的优势,因此高密度电阻率法被广泛应用于埋深 150 m 以内、地表地形较为平缓的采空区,应用前景十分广阔。

2)瞬变电磁法

与高密度电阻率法原理相似,瞬变电磁法也是利用地质体之间电阻率的不同来确定采空沉陷区的范围及大小。在激发场作用下,通过不接地的回线或磁偶极子向地下发射脉冲电磁波作为激发场源,采空沉陷区会产生内部涡流,形成地电磁场,通过分析其空间特性和时间特性,便可解译出煤矿采空沉陷区的空间分布情况。

1933 年,美国科学家 Blau 基于不同地层电导率的电磁波反射类似于地震反射信号,提出了瞬变电磁法,但由于其无法识别反射波分辨率及不能解决一维数值模拟问题,因此对瞬变电磁法的研究未能继续深入。20 世纪 50 年代,苏联学者终于解决了上述问题,从此瞬变电磁法被广泛应用于地质勘探中。Bishop 等采用瞬变电磁法,探查了 Tasmania 矿区附近深度接近 1 km 的磁黄铁矿。陈锡杰等采用理论分析、模型试验及资料解释三种方法,研究了井中等轴状导体的瞬变电磁响应分布特征,并将其应用于寻找深部隐伏良导矿体。Elders 等基于井下瞬变电磁法,实现了 40 m 强覆盖层下倾斜矿床的勘探。梁爽等采用瞬变电磁法探测积水采空沉陷区,研究结果表明瞬变电磁法受地形地貌影响较小,且其对积水采空区的探测取得了良好效果。张善法等通过现场模拟试验,论证了瞬变电磁法(transient electromagnetic method,TEM)可以经济、快速且高效地应用于尾矿库的隐患查找。贾三石等将瞬变电磁法探测装置(见图 1-4)应用于采空区探测评价,研究结果显示:采用瞬变电磁法可以精确地勘察中浅层采空沉陷区分布特征。姜志海等通过构建理论地电模型和高阻采空区模型,证明了使用瞬变电磁法可以勘测埋深不大于 100 m 的小窑采空区,并探明其空间分布及埋深。范涛等创新性地结合井下物探与钻探,将瞬变电磁超前探测应用于采空区探测中。Lu 等分析了多接地源与单接地源之间的电磁响应差异,研究结果表明:利用多接地源的组合来定位瞬态电磁信号可以成功地增强瞬态电磁法的探测能力。陈绍杰等基于瞬变电磁法探测结果,研究了老采空区上覆场地建筑物的稳定性。

瞬变电磁法具有成本低、工作效率高、分辨率较高及抗干扰能力强等优点,适用于埋深较浅的中浅层采空沉陷区,且对富水采空区也具有较好的探测效果。但其存在着一些局限

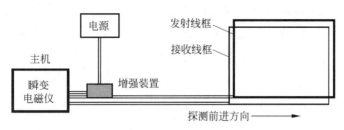

图 1-4 TEM 探测装置示意图

性,例如系统设备较为笨重、对异常信号的定量解释精度不高等,因此,目前瞬变电磁法主要应用于中浅层或富水采空区,对深层采空区的探测应用较少。

3)地质雷达法

地质雷达法同样是基于地下介质的电性差异,通过发射天线向探测区域发射无线电波,并对接收天线接收的不同地质体反射电磁波的振幅、波形及双程走时等参数进行分析,可推测解译采空沉陷区的埋深、空间位置及分布特征等信息,从而实现探测目的。其工作原理如图 1-5 所示。

自 1988 年 Daniels 提出采用地质雷达法探测空洞以来,其在土木工程领域应用十分成功。

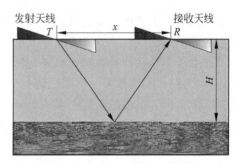

图 1-5 探地雷达的工作原理

刘红军等以具体工程实例为依托,研究了探地雷达用于采空区探测的效果。Boniak 和 Chong 利用探地雷达定位和绘制了一高尔夫球场地面下的排水系统。Neal 总结分析了探地雷达在沉积学中的应用,主要包括探地雷达工作原理、当前存在的问题以及未来的发展方向,其在文中指出,只有采用合理的数据收集、处理和解译方法,才能发挥探地雷达在沉积物研究中的全部潜力。刘敦文等结合现场试验,对采空沉陷区的大小及分布进行了探测,论证了地质雷达法用于探测采空区分布情况的可行性。张劲松等基于北京门头沟具体工程实例,采用英国 Utsi Electronics 公司研发的 Groundvue 6 和 Groundvue 7 地质雷达,验证了低频地质雷达进行深层探测的可行性与可靠度。石刚等将地质雷达应用于隧道施工过程中采空区的探测当中,并将探测结果与实际开挖结果进行了对比分析。张远博等以河北某公路工程为工程背景,研究了探地雷达在采空区探测中的应用。李杨等基于探地雷达探测结果并对其进行反演,探明了采空区垮落顶板的形态。

虽然探地雷达方法探测深度浅,受地形影响较大且体积效应明显,但其在探测浅层地质体时,具有成本低、工作效率高、分辨率高的优点,并且可以实现无损探测,因此其主要适用于探测埋深在 50 m 以内且富水的采空区,尤其适合极浅采空区的探测。

4)浅层地震法

浅层地震法是一种利用地震波来探测采空沉陷区的勘探方法,其以相同的距离逐步移动测点接收地震波,对探测区域进行连续扫描,依据反射系数和反射波振幅可以确定探测区域内岩土体地质分布情况,同时可通过观测反射波中是否含有其他干涉、绕射波来确定探测区域是否存在软弱层或岩溶空洞。浅层地震法的工作原理图见图 1-6。

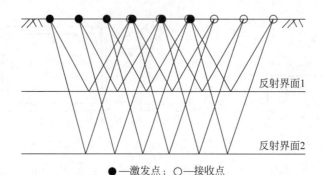

●—激发点；○—接收点
图 1-6 浅层地震法的工作原理

目前,国内外学者将浅层地震法广泛地用于解决各种各样的浅层地质探测问题。陈钢等总结分析了不同地震方法与采空区条件的相关规律。孙洪星等介绍了浅层地震法应用于采空区的原理、方法,并分析了采空区在地震水平叠加时间剖面上的特征规律。Steeples 介绍了浅层地震勘探技术的基本原理,包括折射、反射、钻孔和表面波方法。贾开国等基于浅层地震法,获得了煤矿采空沉陷区的高分辨率地震探测图像,为工程的设计施工提供了决策依据。陈文山等以山西某工程场地为研究对象,采用地震映射法对建筑桩基基底空洞进行了勘探,探明了该空洞的大小、形状及分布规律。唐世庚等基于以往的工作成果及勘探经验,对浅层地震法的野外采集技术、资料处理与解译等提出了一些建议。张赓总结分析了浅层地震勘探技术的发展及研究现状。Onyebueke 等采用浅层地震勘探技术,对南非克鲁格斯多普附近的兰开斯特金矿采空区的形状、大小以及分布进行了成像。张小波等采用二维浅层地震勘探技术,对榆林市张三沟矿采空区进行了探测试验,并与钻探结果进行了对比,证明了浅层二维勘探技术用于探测浅层采空区的可行性。曾爱平等基于倒谱和同步挤压小波变换,创建了浅层地震勘探技术,提高了采空区勘探的工作效率。

浅层地震法具有探测精度高及可靠性高的优点,但其施工成本高、施工工艺复杂,因此主要适用于埋深小于 100 m 的采空区探测。近些年,由于工程建设的需要,浅层地震法得到了迅速发展,主要表现在以下两方面:一方面是勘探方法的迭代更新,由单纯地接收纵波扩展为接收横波和面波;另一方面是与其他学科结合日益紧密,新技术、新方法的引入使勘探技术日益更新,其中借鉴医疗领域 X 射线计算机断层扫描术（CT 技术）演变而来的地震层析技术最具代表性。可以预见,浅层地震法将会在采空区的勘探中得到越来越广泛的应用。

5）综合物探方法

不同物探方法具有各自的优点和局限性,采用合适的物探方法进行采空沉陷区的探测可以获得高精度的探测图像,从而为工程设计施工及煤矿采空区治理提供决策依据。由于实际工程中遇到的煤矿采空沉陷区埋深、大小及空间分布特征较为复杂,单一物探技术的勘测精度无法满足实际工程需要,因此可以使用多种物探方法进行煤矿采空沉陷区的勘察探测。

王超凡等采用地震波速 CT 和吸收 CT 综合物理勘探方法对隐伏采空区进行了探测。闫长斌等以探地雷达法和地震法为主的综合探测技术应用于甘肃省厂坝铅锌矿采空区的探测中,探明了采空区的大小、分布及贯通关系。Leucci 等在意大利南部一个具有巨大考古价值的洞穴中,使用电阻率成像技术(ERT)和地质雷达(GPR)的方法进行了综合地球物理调查。Gómez-Ortiz 等利用探地雷达和高密度电阻率成像两种浅层地球物理技术,绘制西班牙中部 Sima de Madrona 地区的岩溶空腔,确定了空腔的长度、尺寸和深度,并验证了研究区域中可能存在的其他次级空腔。林明安等基于具体工程实例,证明了瞬变电磁法、地震法以及活性炭测氡法综合探测煤矿采空区的可行性。薛国强、武欣等归纳了用煤矿采空区勘探的各种物探技术。陈红军等探究了综合物探方法探测石膏矿采空区的适宜性和局限性。马国松创新性地将微动勘察方法应用于富水采空区的探测,并结合高密度电阻率法结果及钻探结果验证了其精确性。

由于采空沉陷区的特殊性及物探方法的多样性,任何单一物探方法都无法取得满意的探测效果,但其相互之间可以取长补短。因此,在煤矿采空沉陷区勘察工作中,需要结合勘察目的和勘察条件,合理选用不同物探方法进行组合搭配,并对各物探方法的结果进行相互验证,扬长避短,才能提高探测结果的精确性与可靠性。综上所述,采用综合物探方法进行煤矿采空沉陷区探测是目前最为理想的采空区探测方法及未来的主流技术和发展趋势。

2. 钻探技术

利用钻孔设备进行钻孔探测,并通过对钻取的岩(土)芯进行描述、分层以获取钻孔深度范围内地层的分布、岩性及水文地质情况的技术被称为钻探技术。该技术是一种准确性高、说服力强的采空区勘测技术,可为采空区的治理提供决策依据,同时钻探结果也可作为物探成果强有力的验证。

刘建胜等采用综合物探方法对采空区进行了探测,并与现场钻探结果进行了对比分析,揭示了采空区的位置、大小及形状。王华锋等基于具体工程实例,将钻探方法结果与综合物探法结果进行对比分析,有效地探明了采空区的位置及空间分布。先泽祥介绍了组合钻孔施工的工艺流程以及质量控制要点,并基于具体工程实例证明了不同钻机的组合可以提高钻孔的效率。冉星仕等采用钻探技术进行采空区超前探测,确定了工作面巷道及切眼的合理位置,提高了矿井出采率。甘心等发明了贯通式潜孔锤并提出了一种利用贯通式潜孔锤反循环钻进技术穿越多层采空区的新方法。王庆涛将钻探技术及综合物探技术应用于采空区探测中,获得了其充水状态及分布特征。

采用钻探方法可以获取钻孔深度范围内采空区空间分布、地层岩性及水文地质情况等特性,其最大的优点为准确性高、说服力强,但该方法存在成本高、耗时长、工作量大且不能进行大范围煤矿采空沉陷区的探测等局限性,因此在采空区探测中钻探技术主要作为物探技术强有力的验证方法。

1.2.2 煤层开采地表变形与沉降规律研究

煤矿开采会打破地层原有地应力平衡,进而导致采空沉陷区上覆岩土层移动。开采进行一段时间后,上覆岩土层移动会对地表变形产生影响,引起地表裂缝、地面沉降、水土流失及山体滑坡等地质灾害。针对煤矿开采引起的地表沉降变形,该研究领域学者采用理论分析法、数值模拟法、实测分析法以及模型试验法展开了探索研究。

1. 理论分析法

国内外许多学者对煤层开采沉降变形进行了大量探索研究并得出了相应理论,如"法线理论""影响函数""悬臂梁理论"等。

1965年，刘宝琛等在随机介质理论的基础上提出了概率积分法，它是以单元下沉盆地的积分来表示下沉曲线。Kratzsch等开发了预测采煤引起的矿山地表沉降方法。李永树等以概率积分法为基础，得出了开采煤层分布形式为曲面时地表沉降变形计算公式，并浅析了开采煤层分布为任意形状时的处理方法。Hu等基于理论分析方法探讨了煤矿开采沉降对农田的破坏特征，并通过对沉降槽不同位置的土壤分析，确定了采矿沉降对土壤性质的影响。Tomaz等将神经网络法应用于地下开采导致的沉降预测。郝延锦等将弹性板理论应用于煤层开采沉陷领域中，构建了煤层开采沉陷地表全断面预测模型。任松等基于刘宝琛等人提出的概率积分法建立了三维开采沉陷预测模型。Choi等提出了一种基于模糊关系的构造沉降敏感性地图方法，并在韩国某废弃地下煤矿进行了测试，证明了该方法的可行性。蒋健平等将偏最小二乘法回归应用在地表沉陷预测中。上述开采沉降预测理论及模型只能对煤层开采沉降稳定后的变形及地质形态进行计算预测，但无法反映采动作用引起的地表沉降变形动态变化过程，若要获得其动态变化过程，则需要将概率积分法与时间函数模型相结合。Cui等利用时间函数预测长壁煤矿采煤引起的渐进地表沉降。朱广轶等提出了煤层开采引起地表沉降变形的坐标-时间函数。王军保等改进了 Knothe 时间函数，并构建了一种可以反映开采沉降动态变化的预测模型。刘玉成发现 Weibull 函数可较准确地描述煤层开采过程中地表观测点的沉降及水平位移。赵博等将地表变形预测模型与皮尔森Ⅲ型公式法结合，提出并验证了多功能开采沉降预测系统。此外，一些学者利用上述方法和岩石力学、断裂力学、固体力学等知识，建立了更复杂的力学模型并给出了相应的计算公式。如 Sepehri 等通过建立三维弹塑性有限元模型，预测了爆破开采引起的地表变形。

上述经验公式与预测模型在特定条件下得到了很好的验证，并用于指导实际工程，尤其是其可以较为理想地评价简单地质条件下煤层开采引起的采空区覆岩及地表的变形沉降。但对于地质条件较为复杂的采空沉陷区，理论分析方法需要进行相应简化，且其不能反映开采沉降的动态变化过程，因此理论分析法在该种情况下的可靠程度较低。

2. 数值模拟法

随着科学技术的不断发展，数值模拟法被广泛应用于煤层开采诱发覆岩及地表变形沉降的研究中。其可以再现典型覆岩及地表变形特征和力学行为并建立一些基本原则，还可以对煤层开采引起的采空区覆岩及地表动态沉降变形进行精确的分析。目前常用的数值模拟法有有限元法（FEM）、有限差分法（FDM）、离散元法（DEM）等。

Coulthard 等采用连续单元应力分析方法和离散单元应力分析方法计算了单盘采煤引起的地表沉陷。Yao 等研究了矿层倾角和宽深比对沉降、位移、应力和应变分布的影响。Singh 等使用黏弹性模型对地下煤矿开采引起的沉降进行了详细的预测分析。戴华阳等提出并验证了在急倾斜煤层进行开采时地表变形的计算方法。刘瑾等基于 RFPA2D 软件，探究了煤层开采时采深采厚比对地表沉降变形的影响。郭春颖等利用离散元方法，模拟分析了采动作用对地表变形的影响规律。Adhikary 采用有限元方法，获得了长壁采矿引起的地表沉降的数值模拟结果，并强调了二维有限元数值模拟方法的缺陷。张淼等基于 UDEC 数值分析软件对受采动影响的地表变形破坏情况进行研究发现：对上覆岩层及地表沉降影响最大的因素为每个区段首采煤层首采工作面的开采。Salmi 等以澳大利亚纳特泰北部的一次煤矿开采引发的滑坡为典型案例，通过数值模拟法探究了地下采矿对地表边坡稳定性的影响，分析结果指出：采矿应力是导致边坡底部特别是脚趾周围软弱地层发生剪切和压缩破坏的原因。Suchowerska Iwanec 比较了采用不同本构模型得到的地表沉降预测，并结合现场实测数据对不同本构模型的优缺点进行分析表明：复杂的本构模型并不一定能计算出更准确的沉降预测。Sepehri 建立了迪亚维克钻石矿的三维弹塑性有限元模型，以预测地下爆破开采活动引起的地表沉降规律。宋子岭等运用 FLAC3D 软件探究了充填率分别为 0、80%、85%、90%时采煤对地表变形移动规律的影响。张海洋等采用有限元数值模拟法探究了大倾角煤层与近水平煤层开采后的地表沉陷规律，并与概率积分法结果进行了对比分析。

数值模拟法成本较低、效果直观，可以定量化研究煤矿开采引起的覆岩及地表动态沉降变形结果，但其结果的精度依赖于工程地质条件勘察及物理力学参数选取，且其在处理岩土体非连续变形方面存在困难，因此通常将其计算结果与现场实测结果或模型试验结果进行对比分析以验证其合理性与精确性。

3. 实测分析法

学者们采用钻孔监测、地表实测或地质雷达等方法，通过现场实测数据对采动作用引起的覆岩及地表变形特征进行探究。

基于兖州煤田西北部杨村煤矿具体工程，成枢等分析研究了该地质条件下煤矿开采对地表移动变形的影响规律。Jung 等利用空载合成孔径雷达（SAR）进行了韩国高煤炭矿区的地面沉降测量，证明了 PS 技术适用于废弃煤矿开采区甚至是山区的地面沉降测量。Baek 等基于 1992 年至 1998 年获得的 JERS-1 卫星的 23 个场景图，利用 SAR 干涉法分析煤矿开采区地面沉降。Oh 等利用地理信息系统（GIS）开发、应用并验证了韩国一处废弃煤矿地面沉降危害分析的综合技术。李德海等通过现场实测对煤矿开采时地表变形的动态变化、下沉速度以及持续时间进行了研究。郭庆彪等探究了采煤引起的地表移动变形规律，结果表明：采煤引起的沉降变形是连续渐变的，且在沙漠矿区进行煤矿开采引起的地表沉降变形速度显著高于相似条件下中厚煤层的变形沉降速度。Unlu 等提出了 ISP-Tech 沉降预测方法，并将其应用于地下采矿活动引起的地面沉降变形研究中，该方法考虑了煤炭生产方法、深度、开采顺序以及地下岩层的地质力学特征等最重要的沉降发展参数。周云森等基于实测分析法，结合 FLAC3D 及 MSDFVS 的数值模拟结果，分析并验证了煤层开采的地表沉降变形规律。Yang 等探究了煤矿开采沉降对土壤物理质量的影响，结果表明：煤矿开采可以降低土壤含水量、黏聚力和有机质平均值，而对土壤密度、干密度和孔隙度影响不大。Yang 等构建了 InSAR 观测和逻辑模型之间的函数关系，并开发了一种方法，利用有时间间隔的 InSAR 观测值来估计逻辑模型的模型参数，在得到这些模型参数后，可以用逻辑模型来估计煤矿开采动态沉降。Yang 等通过建立实时观测站，探究了地表沉降变形随浅埋近距离多煤层开采工作面推进的动态变化。Xu 等对我国神东煤田高强度长壁开采引起的动态地表沉降进行了现场监测研究，并特别讨论了上伏采空区和边界煤柱的存在对动态沉降和最终沉降剖面的影响。刘一龙等综合应用多源信息融合技术手段，对多煤层开采引起的地表沉降变形进行了探究。

虽然实测分析法监测周期长、耗费成本高，但其实测结果准确性高、说服力强，可以将其作为其他三种方法计算结果强有力的佐证。

4. 模型试验法

理论分析和数值模拟是对实际情况的进一步简化，两者的结果准确程度有待商榷，需要根据物理模型与通过实际监测进行分析和验证。实测分析法如上所述，其具有精确性高、说服力强的优点,但其局限性在于耗费成本较高,监测周期较长。模型试验法基于相似理论基本原理,其精确性高、说服力强,且时间成本较低,可以较为准确地预测实际地质岩体的动态变形过程,因此该方法被广泛应用于煤层开采引起的地表沉降变形研究中。

  目前,国内外诸多学者均采用此方法来研究煤矿开采引起的采空区覆岩及地表变形沉降问题,且取得了较多研究成果。刘秀英等基于模型试验法,对煤矿采空沉陷区上覆岩土体的变化规律进行了研究。张志祥等通过建立相似材料模型,探究了采动作用对上覆岩土体及地表沉降变形的影响,结果表明:地表水平位移、竖向位移及曲率变形均随着采厚的增加逐渐增大,且其上覆岩土体破碎化程度逐渐加大。张军等建立了室内模型,对采动覆岩"三带"(跨落带、断裂带、弯曲带)高度划分和变化规律进行了相关研究。Ghabraie 等利用几种砂灰物理模型研究了多煤层开采引发地表沉降的特征。白光宇通过室内模型试验,对采煤引起的上覆岩土体及地表沉降变形规律进行了探究。胡青峰等建立了相似材料模型,对上覆侏罗系煤层地质条件下开采沉降变形进行了反演分析。马振乾等采用相似模拟试验法,对煤层群重复开采作用下的峰丛峰体变形规律进行了研究。

1.2.3 采空区地基及路基的动力响应特征研究

  由于高速铁路列车—轨道—路基耦合系统比较复杂,在理论计算方面存在一定的局限性。现场监测以及室内相似模型试验作为一种有效的研究手段,已被国内外学者广泛应用于高速铁路路基的累积变形特性及动力响应分析。在现场试验方面,陈拓等对青藏铁路多年冻土区典型路基结构进行了实时强震动测试,得到了不同人文地质环境下素土路基、碎石路基等不同路基结构的振动加速度衰减规律,对列车长期动荷载作用下青藏铁路多年冻土区路基结构的累积变形进行了定量分析。陈仁朋等建立无砟轨道路基的室内足尺物理试验模型,研究了不同列车荷载频率下路基土中动应力-应变幅值的变化规律,并结合无砟轨道路基列车动荷载放大系数公式提出了确定无砟轨道系统动荷载放大系数的新方法。吴龙梁等基于现场激振试验,从振动荷载能量空间衰减的角度,研究了高铁动荷载下路基及轨道结构的动态响应。结果表明:路基振动加速度和速度沿深度方向和水平方向均呈指数型衰减,沿深度方向的衰减相比水平方向更为显著。冯佳伟研发了大比尺无砟轨道路基模型及加载系统,基于现场实测数据,开展了室内物理模型试验,研究了干湿循环下列车的长期动荷载对无砟轨道路基稳定性的影响规律。贾晋中以北大牛至回凤区的重载铁路线路区间为测试场地,通过现场监测对比分析了重载铁路与普通铁路路基内列车动荷载幅值衰减及空间分布特征,以此揭示了路基中动荷载与列车轴重间的内在联系,为重载铁路路基长期动态稳定性评价提供了理论依据。Xiao 基于铁路路基循环荷载的现场试验,研究了铁路路基的动应力分布、路基面层的弹性变形以及累积塑性变形等。申权等针对云桂高铁途经膨胀土路段,采用数值分析与现场实测相互验证的研究手段,提出了包含防排水层的新型高速铁路路基基床结构系统,对该新型结构的长期动态稳定性、能量衰减及空间分布特性进行了对比分析。但上述试验均未涉及采空区地基动力响应等问题。

  由于采空区覆岩在采动过程中已经遭到损伤和破坏,因此在地表新增荷载作用下有可能引起采空区覆岩的进一步破坏,从而危及地表建(构)筑物以及交通设施的安全。采空区地基上部附加荷载影响深度的判定方法,包括适用于典型浅埋小煤窑开采方式的力极限平衡法、采空区地基中附加应力与地基自重应力大小关系的判定方法等。在不同的地质工程中,附加应力法的判定标准又不尽相同。其中,一般采空区地基符合 σ_z(自重应力)=0.10σ_{cz}(附加应力),对于覆岩破坏程度大或地质条件复杂的采空区地基宜采用 $\sigma_z=0.05\sigma_{cz}$。在室内模型试验方面,国内外学者进行了大量的研究。煤层开采前后,地表新增荷载对采空区地基具有不同的影响深度。地表新增荷载的大小直接影响采空区地基的附加沉降量,进而对地表建(构)筑物的稳定性及安全使用产生不良影响。韩科明等采用室内物理相似模型试验方法,探讨了浅部条状老采空区在地表附加静荷载影响下预留煤柱的变形破坏规律、覆岩破坏过程及演化特征。韩高孝等通过物理相似模型试验,研究了高铁动荷载作用下网状结构路基的拱效应以及动应力在网状结构路基中的分布规律。边学成等基于全比尺高速铁路路基相似模型试验,研究了列车动荷载加载频率与动应力衰减的内在联系,得到了高铁动荷载在轨道结构和路基中的分布特征及传递规律。此外,他还对铁路路基结构的机械性能和耐久性进行了试验研究。张普纲基于室内相似模拟试验,对下伏采空区路基结构变形规律和破坏形式进行了研究。结果表明:采空区地表残余变形引起路基结构以受拉破坏为主。杨文波等研究了全频域动荷载作用下马蹄形高铁隧道不同位置的振动加速度衰减规律,并利用室内相似模型试验加以验证,分析了不同列车时速下隧道结构的动力响应特性。Zhang 等采用循环加载装置,对风化红泥岩路基进行了全尺寸模型试验。他们在车轮动载和降雨条件下监测路基动应力、动位移和加速度的分布特征,分析了路基累积变形规律,评价了风化红泥岩路基在高速铁路上的适应性。上述涉及采空区的个案研究,主要侧重地基、路基和隧道结构的动-静力加载试验,未涉及下伏采空区地基工程的动力加载试验研究。

在数值模型计算方面,由于轨道—列车系统中每个组件存在大量的参数,对于建模而言存在巨大的挑战。轨道—列车系统建模的复杂性阻碍了高速列车动力响应的实际预测。在 20 世纪下半叶,人们开发了多种分析铁路桥梁动力响应的方法,主要是对轨道—列车系统的准稳态和瞬态振动进行建模,并常采用简单的面向问题的计算机工具进行仿真。计算机技术的进步和有限元数值仿真的推广,使得从动力学角度对高铁路基损伤演化过程和宏观力学响应的研究有了长足发展。自 21 世纪初以来,科学家越来越多地使用商业 CAE 系统来解决这些问题。Wroclaw 等提出了一种桥梁—轨道—列车系统仿真方法,将梁有限元模型应用于桥梁的上部结构,考虑了具有垂直和水平悬挂系统的 3D 多体轨道车辆模型。Szurgott 等提出了一种用于高速列车和桥梁之间相互作用的 3D 有限元分析模型,结合改进的有限元分析,描述了桥梁的结构组件。Galvin 等建立了列车—轨道—路基三维计算模型,进行了列车移动荷载作用下不同轨道形式的动力响应分析。薛富春等基于 Abaqus 三维多尺度和精细化建模技术,总结了轨道—路基—地基系统各部分的振动加速度、动应力及应力主轴在时间和空间上的分布特征及衰减规律,验证了实体单元模拟高速铁路无砟轨道空间振动响应的优势。晏启祥、陈行等以空间小净距地铁隧道为研究对象,模拟研究了高速列车振动荷载作用下空间近距离隧道结构的动力响应特性,揭示了隧道衬砌的振动加速度衰减及损伤分布规律。海慧等采用有限元分析方法,探讨了煤炭采空区开挖稳定后,爆破或地震作用下采空区覆岩的活化机理及其变形破坏规律。Zhang 等建立二维离散元模型,将移动车轮荷载作为激励输入,模拟了有砟轨道在接触力、动应力和振动响应方面的动态行为。Guo 等依据 Winkle 弹性地基梁理论,建立了路基不均匀沉降与高速铁路轨道几何映射关系模型,研究了无砟轨道—路基体系中挠度剖面的映射特性。Neto 等基于双层地基梁理论,研究了土工格纹加筋土层表面沉降以及竖向应力的传播规律。Sheng 等提出一种声学边界元方法预测轨道声辐射的合适程序,研究了典型高速铁路轨道的动力学,揭示了典型高速铁路轨道的频散曲线以及轨道板沿轨道振动衰减规律。Ferreira 等模拟和测试不同的设计解决方案,进行了高铁道床部件承受动力冲击的力学响应测试和数值计算优化分析等研究。

如上所述,具有采矿工程背景且熟悉采动覆岩损伤演化过程的学者进行高铁循环动载作用下采空区地基动力响应的研究鲜见报道。目前进行高铁地基动力响应研究的学者多数缺少矿山工程经验,不了解采动覆岩运移规律及损伤演化特性。因而,缺少针对高速铁路下伏采空区地基动力响应这一特殊岩土工程问题的相关研究。

1.2.4 高铁下伏采空区地基累积变形机理研究

由于高速铁路相较于普通铁路运行速度快、机动性强,对轨道系统的平顺性和稳定性提出了更高的要求。高速铁路轨道系统下伏路基的长期动态稳定性是确保高速列车平稳、舒适和安全营运的关键。目前,国内高铁主要采用无砟轨道形式,一般要求 20 m 范围内路基的工后沉降不超过 15 mm,如表 1-1 所示。高铁穿越缺陷性地基,如软土地基、湿陷性地基、采空区场地等,对路基沉降变形要求苛刻的高铁建设和运行维护提出了巨大的挑战。随着高铁运行速度的提高,路基的动力放大效应愈加明显,路基受到的动荷载影响进一步加剧,采空区地基在动荷载作用下的累积变形研究是合理开发和利用采空区场地的重要前提和安全保障。因此,亟待开展高铁循环动载作用下采空区地基的损伤演化特性及累积变形机理研究。

表 1-1 路基工后沉降控制标准

轨道类型	设计速度/(km/h)	一般地段工后沉降/mm	桥台台尾过渡段工后沉降/mm	沉降速率/(mm/a)
无砟轨道	300、350	≤15	≤5	
有砟轨道	250	≤100	≤50	≤30
	300、350	≤50	≤30	≤20

中国、英国、苏联、波兰、美国等煤炭资源丰富的国家在进行煤炭资源大量开采的同时,对采空区的地表变形做了很多理论分析和试验研究,并取得了丰富的研究成果。但主要以地表附加建筑静荷载下采空区地基的变形和治理研究为主,动荷载作用下采空区问题的研究成果较少,而动荷载是影响采空区长期稳定和产生地表变形的重要因素。动荷载的作用不仅会在采空区覆岩产生附加应力,而且还有动应力传播过程中的放大效应问题,导致采空区覆岩应力平衡状态破坏,造成覆岩应力重新分布,从而诱发采空区覆岩变形加剧,是更应关注的问题。

在现场试验方面,任文峰等基于京沪高铁昆山试验段进行现场试验,对铁路路基重新堆载预压,通过高速铁路无砟轨道路基的沉降观测,对四种软土路基治理方法的加固效果以及工后沉降进行了对比分析。刘升传等基于胶新线试验段,通过理论计算分析了高铁路基工后沉降的时间效应,构建了路基工后沉陷变形计算模型及其本构方程。王敏等依托沪宁城际铁路现场监测数据,基于动、静荷载各自引起路基工后沉降的研究思路,通过对静载路基工后沉降与现场实测列车运营路基沉降取差值,得到列车动荷载作用下无砟轨道路基的变形观测值,分析了列车动荷载引起的路基沉降特性。显然,上述基于实测数据的统计分析中较多地关注于列车运营产生的行车荷载引起高速铁路路基的沉降变形,缺少对高铁下伏采空区地基这一特殊岩土材料本构关系的探讨及其累积变形机理的研究。

在模型试验方面,边学成等基于残余变形理论,提出了列车动荷载作用下无砟轨道路基及下伏地基的累积变形计算方法,通过室内大比尺相似模型试验验证了该方法的合理性。姜领发等通过高铁路基激振模型试验,研究了加载频率与路基不同层位振动速度的内在联系及其空间分布特征,揭示了列车不同行进速度下路基中振动速度的衰减规律。Zhang 等开展了高速铁路路堤的离心模型试验,通过与现场足尺试验对比验证,提出了高速铁路路堤沉降的估算方法。刘钢基于现场实测路基动应力时程曲线,开展了室内大型物理模型激振试验,提出了列车动荷载作用下路基面荷载加载新模式,确定了动应力在路基中影响范围的计算方法。陈仁朋等基于永久性应变经验公式,建立了列车动荷载作用下无砟轨道路基累积变形状态方程,提出了路基累积变形预测模型,并通过 1∶1 足尺物理模型试验验证了其可靠性。可见,上述探索性研究并未涉及采空区地基损伤演化特性及累积变形等问题的研究。

在采空区覆岩损伤演化及累积变形计算方面,Wang 等基于现场监测的爆破震动速度,在采空区地表施加三次不同入射角度的等时间间隔爆破震动,模拟分析了采空区围岩的累积损伤效应,揭示了采空区围岩的动态变形特性和位移渐进的动力响应特征。Wichtmann 等为验证适用于路面基层和底基层永久变形的预测模型,开展了一系列非黏性材料的循环动三轴试验,得到了适用于非黏性材料累积变形的改进模型,合理反映了该类路基的累积变形。王华玲以下伏采空区的南大高速公路隧道工程为依托,采用有限元数值分析方法,揭示了下伏采空区公路隧道衬砌受力及变形规律,提出利用基底注浆方式来减小隧道塌陷幅度,缩小隧道围岩塑性区范围,提高围岩的稳定性。李晓红等采用概率积分法对西山坪高速公路隧道下伏采空区覆岩的残余变形进行预测分析,并对隧道围岩稳定性进行评估。值得注意的是,现有大部分高铁路基动力响应研究都将路基简化为均匀弹性介质,缺少对适合采空区地基累积变形弹塑性本构关系的探讨。

张凯以邢台矿区重载铁路工程为例,模拟分析了下伏煤炭采空区的重载铁路路基沉陷变形与列车循环动荷载的内在联系,提出了重载列车安全通过下伏采空区地段的措施及地表累积变形的预测方法。赵国堂基于高铁路基、地基和无砟轨道系统三者耦合映射关系,构建了不同层间接触的高速铁路无砟轨道与路基变形计算模型,模拟验证了构建模型的可靠性。赵明星利用概率积分法,构建了采空区地表剩余变形预测模型,依据采空区地表变形持续时间对铁路沿线地表沉陷进行了预测和分析。上述个案研究均未涉及高铁动荷载作用下采空区地基损伤演化特性及累积变形机理等研究。

由于高速铁路对地基沉降的要求更为严格,传统的基于试验数据的经验统计方法显然已不能满足要求。因此,有必要针对高铁穿越采空区场地提出适合刻画采空区地基累积变形的预测模型,对采空区地基累积变形进行精确预测。

1.2.5　采空区地基与高铁轨道结构耦合变形对应关系

采空区地表残余变形过程一般包括初始期、活跃期和衰退期,总称为地表移动延续期。根据采空区场地地表移动实测数据可知,采空区地表残余变形的持续时间较长,采用概率积分法对地表移动与变形值进行预估,利用数值分析软件绘制各种可视化二维变形曲线图,可更直观地反映地表主断面上各点的最终变形值及剩余变形值。因此,研究采空区地表残余变形引起的上部建(构)筑物的变形特征,对保证建筑物正常使用及其他交通基础设施的安全运营具有十分重要的理论意义和实用价值。

近年来,国内外针对采空区地表残余变形问题开展了大量研究。在室内模型试验方面,张志祥等以师婆沟高速公路隧道穿越下伏同德煤矿采空区场地为工程背景,采用室内物理模型试验的方法,研究了列车振动荷载作用下采空区上覆岩层移动及地表剩余变形特征,为采空区地基治理、采空区场地内基础设施建设施工提供了理论依据。任连伟等提出了适合采空区场地的地表附加荷载影响深度的判定方法,并依据概率积分法提出了煤炭采空区场地建筑地基沉降变形预测模型。韩科明针对下伏典型浅埋采空区建筑荷载作用下覆岩失稳破坏问题,采用室内相似模型试验,对地表附加荷载作用下采空区覆岩移动和地表变形特征进行研究,确定了采空区上覆岩层的破坏机理及失稳判据,揭示了采空区地表沉陷大变形的根本原因及其演化机理。Cui 等认为采空区松软地层、垮落带岩体空隙的压实以及断裂带内离层裂隙的闭合是造成地面发生变形的重要原因。李传宝等以下伏采空区合福高铁复合路基为研究对象,通过相似模型试验得到桩土间内力分布以及采空区残余变形与桩板结构复合路基沉降间的内在联系,提出了适合采空区高速铁路路基的加固措施。

1.2.6 采空区地基沉降预测模型建立及其稳定性评价

在数值仿真和理论分析方面,为研究路基的变形特征,各种地基梁理论模型如 Winkler、Pasternak 以及 Euler-Bernoulli 梁已经被广泛使用。Neves 等对高铁跨越高架桥使用有限元模型更新技术进行验证和校准,使用三维模型来精确地解决平板的局部变形,对高速列车在具有不同轨道条件的连续高架桥上行驶时的运行安全性进行了评估。Salcher 等通过分析列车通过高速铁路桥梁时的动力问题,提出了考虑轨道不平顺影响的子结构方法,证明了考虑轨道不规则性对于可靠预测加速度响应的重要性。Diaz 将 Subsi3D 系统的地形模型与影响函数结合,对采空区地基的沉陷变形进行预测。Huang 等在修正传统概率积分模型参数的基础上建立了沉降预测模型。然后,基于等效采厚的思想,引入 Kelvin 模型分析老采空区的蠕变特性,构建了残余沉降的动态预测模型,实现了残余变形的动态分析。郭文兵等利用理论分析的方法,研究了采空区覆岩力学失稳特性及"两带"的破坏模式,提出了采空区覆岩破坏程度判据,揭示了覆岩"两带"的形成机制。徐平等基于对残余空洞裂隙区上部附加荷载分布,研究了塌陷区建筑物地基变形特征,由此提出了下伏残余空洞裂隙区的建筑地基稳定性判定依据。

高速铁路因运行速度快,路基及轨道结构与其他交通设施相比具有更高的安全等级要求。此外,采空区地基剩余沉降持续时间长、范围广,因此,有必要针对采空区地基残余沉降过程中引起的路基及轨道系统变形的时空演化机制进行研究,又因高速铁路对轨道结构变形有较高的要求,研究采空区地基不均匀沉降与轨道系统变形特征之间的对应关系及内在联系,对穿越采空区的高铁运行安全、舒适性及轨道结构设计优化具有重要的应用价值。

1.3 本书主要研究内容

以穿越大面积采空区场地的贵南高铁和太焦高铁为工程背景,采用室内外试验、理论分析、数值模拟和现场监测等综合研究方法,对高铁下伏采空区地基的动力响应特性及变形机理进行研究,主要研究内容如下。

1. 采空区地表变形特征及演化规律

基于自主开发的"开采沉陷环境资源损害可视化评价系统"对二塘煤矿大盘井采空区地表移动和变形进行计算,获取大盘井采空区地表最大下沉量、地表最大水平位移以及地表移动盆地边界的分布范围。在此基础上,采用 FLAC3D 有限差分软件建立大盘井采空区三维数值模型,综合考虑断层效应及软岩地层等因素,对煤层开采引起的地表沉降变形规律进行研究。

2. 列车动荷载作用下软岩采空区上覆岩土层沉降变形规律

利用最新的永久散射体对合成孔径雷达干涉测量(persistent scatter pair InSAR,PSP-InSAR)技术对贵南高铁(南宁市区段)线位方案下伏大盘井采煤沉陷区进行地表监测,获取其地表沉降变形分布规律及变化趋势。基于此,对该软岩采空区场地稳定性进行判定。此外,基于综合物探确定采空区、断层空间分布特征及软岩地层物理力学试验获取岩土体物理力学参数后,采用 PLAXIS 有限元分析软件,综合考虑软岩采空区及断层效应,探究高铁动荷载对软岩采空区上覆岩土层沉降变形的影响规律。

3. 依托太焦高铁采空区地基缩尺模型的尺寸效应分析

选取太焦高铁穿越店上煤矿采空区场地典型路基工程构建工程力学模型,基于波动能量衰减理论引入能量衰减系数和界面能量反射系数,并通过量纲化分析提出表征采空区地基波动能量衰减的耗散因子,推导缩尺试验模型的尺寸效应响应方程,为下一步缩尺试验模型的建立提供理论基础。

4. 列车动荷载作用下采空区地基动力响应特征研究

以沁水煤田高平市店上典型浅埋煤矿采空区为工程背景,依据现场实测波形,提出一种高铁运行特征工况的波形设计方法,并对有限元软件进行二次开发,实现列车移动荷载的无限循环加载。利用 ABAQUS 软件对高铁采空区地基进行长期加载模拟,研究不同列车轴重和不同荷载加载频率下采空区地基的动力响应分布特征,并分析采空区地基中动应力扩散与累积变形的关联效应。基于前期现场调研,获取采空区场地地质资料。确定相似材料配比,并利用自主研发的室内小比尺相似模型试验台和电液伺服激振控制系统搭建高铁下伏采空区室内物理模型。通过激振器模拟列车轮轨力循环加载,分析长期列车动荷载作用下采空区地基的动力响应特性及衰减规律。

5. 列车动荷载作用下采空区地基损伤演化和变形机理研究

构建上位岩层和近场断裂岩层力学模型,解析推导采空区地基结构失稳力学判据并分析水平应力对结构稳定性的影响。基于前期的相似模型试验,利用 DIC 三维光学数字散斑系统对采空区地基的沉降变形特征进行长期监测,进而对高铁下伏采空区覆岩的结构演化特征进行深入研究,分析不同加载阶段和降雨强度下采空区地基的结构破坏形式。分析长期列车动荷载作用下采空区地基的累积变形规律,揭示采空区地基的损伤演化特性及其累积变形机理。

第2章 贵南高铁采空区特征勘察

2.1 工程概况

2.1.1 地形地貌与地质构造

贵南高铁(南宁市区段)高速铁路建设工程位于南宁市兴宁区,地处南宁向斜构造盆地中部,四周为低山丘陵。地貌属邕江Ⅲ~Ⅳ级阶地,地势南高北低,海拔90~135 m。拟建场地基底为单斜构造,系邕宁向斜南翼的组成部分,场地内分布有5条古断层,其中三塘正断层对南宁盆地的稳定性产生较大影响。

2.1.2 气候条件与水文地质

工程所在地区属亚热带季风气候区,其主要气候特征见表2-1。那考河自北向南穿越研究区,最终汇入茅桥湖,雨水及上游河水为其补给源,水位常年保持在78.5 m,水位变化幅度为3~5 m,河面宽度为2~5 m,河水深度约0.6 m,时段流量为1~4 m³/s。场地北部零星分布有水田、鱼塘。

表2-1 主要气候特征

项目	年平均气温/℃	最高气温/℃	最低气温/℃	平均相对湿度/%	最大风速/(m/s)	最大风力/级	年平均降雨量/mm	年平均蒸发量/mm
数值	21.7	40.4	−2.18	65	30	11	1298	945

2.1.3 土体胀缩性与地震效应评价

1. 土体胀缩性评价

本场地为膨胀土分布区。根据野外现场踏勘,泥岩裸露于地表,经过日晒雨淋、干湿交替后泥岩开裂,裂隙发育,具备典型的膨胀土破坏特征(见图2-1)。

根据室内土工试验成果,按《广西膨胀土地区建筑勘察设计施工技术规程》(DB45T 396—

图 2-1　泥岩胀缩性破坏

2007)[①]判断，全风化泥岩 A_1、强风化泥岩 A_1、中风化泥岩 A_1 的胀缩性等级评价结果见表 2-2。

表 2-2　膨胀土胀缩性等级评价表

岩土层	膨胀土类别	自由膨胀率 $\delta_{ef}/\%$	相对膨胀率 $\delta_{xep50}/\%$	胀缩总率 $\delta_{xs}/\%$	胀缩性等级
全风化泥岩	A_1	66	1.76	5.62	强
强风化泥岩	A_1	36~75	2.83	6.22	强
中风化泥岩	A_1	10~74	1.06	3.68	中等

本场地大气影响深度为 8 m，大气影响急剧层深度为 3.0~3.6 m。考虑到本工程的结构类型、荷重及基础埋深未最终确定，建议设计单位依据实际情况对本场地的膨胀土地基胀缩性等级予以重新校对，并依相关规范设防。

2. 地震效应评价

根据《中国地震动参数区划图》(GB 18306—2015)，对该工程场地进行地震效应评价，如表 2-3 所示。对研究区及周边地区进行现场踏勘及走访调查可知，发生于研究区及周边地区的地震震中均位于北东向与北西向断裂带。由于北西向断裂带穿越研究区所在地区，因此其对研究区构成的地震威胁远远大于北东向断裂带。

表 2-3　地震效应评价

项目	场地类别	抗震设防烈度/度	设计地震分组	峰值加速度	反应谱特征周期/s
内容	Ⅱ	6	三	0.10g	0.35

通过现场踏勘调研及根据工程地质报告可知，工程所在地区厚度较大的土层为第四系土层，且该地区泥岩属软质岩层范畴。由此可见，研究区内岩土层具有较好的柔性及较低的波速传导能力，基本可以完全地吸取、缓和地震能，因此工程所在地区地震稳定性良好。

---

① 该标准已作废，被《膨胀土地区建筑技术规程》(DB45/T 396—2022)取代，但因为该研究进行时采用的是旧标准，故此处仍保留旧标准。

2.1.4 煤矿开采利用情况与采空区特征调研

图 2-2 所示为线位方案与各采空区位置关系图。通过对该矿区相关历史资料进行调研可知，矿区开采利用的煤层为上九煤层，开采区包括大盘井、二号井、甘林采区及其他小煤窑、老窑开采范围，现分述如下。

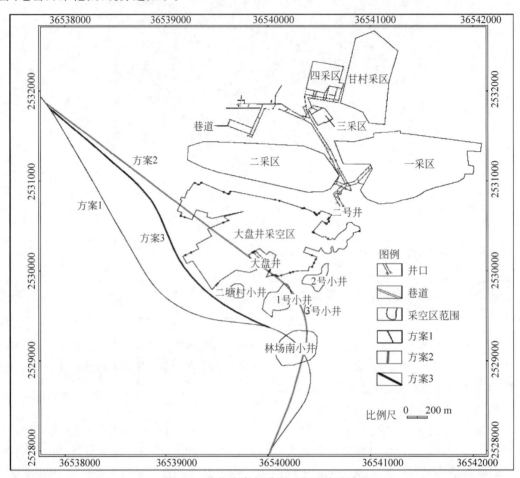

图 2-2 线位方案与采空区位置关系图

1. 大盘井

1965 年 1 月，二塘煤矿根据三塘探区精查地质报告资料自行设计和施工的二塘大盘井斜井动工兴建，于 1967 年 12 月建成投产。该矿设计年生产能力为 6 万 t，开采煤层水平介于 -110～+55 m 之间，开采占用的是三塘探区三塘正断层以南区块的上九煤层煤炭资源量。1981 年 12 月，该矿井作为资源枯竭矿区申请报废获批后关闭停产。投产 14 年间，该矿井直接开采消耗资源储量共 156.3 万 t，推测煤矿回采率为 70%～80%。采空区及工程分布图如图 2-3 所示。

大盘井采空区面积为 103.3 万 m^2，采煤厚度 0.6～1.92 m，采空区高度为 1.7～2.0 m，采深为 50～200 m，开采煤层倾角小于 15°，属中深层缓倾斜采空区。由于采空区煤层顶板岩性为泥岩、炭质泥岩、砂质泥岩，固结成岩程度较低，具胀缩性，且采矿顶板管理采用全部跨落法，间接顶板孔隙水可能向采空区方向移动，可推断大盘井采空区充填基本完满，充填

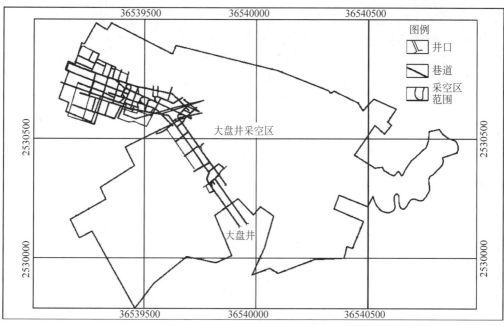

图 2-3 大盘井采空区及工程分布图

物基本密实。

2. 二号井

1975 年 4 月,南宁市矿务局自行设计并组织施工的二塘煤矿二号井(斜井)开工建设,其工程平面布置见图 2-4。矿井设计年生产能力为 10 万 t,设计开采占用的是三塘正断层

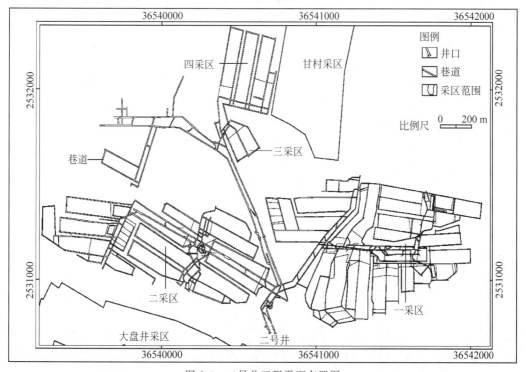

图 2-4 二号井工程平面布置图

与那尾正断层之间区块及那尾正断层以北区块的上九煤层煤炭资源储量。二塘煤矿二号斜井矿井设计利用基础储量为 512.7 万 t,设计可采用储量为 302.3 万 t。

从 1982 年建成投产至 2002 年 11 月 12 日封井停产,矿井回采率约为 85%,资源利用率约为 46%。二号斜井划分四个采区,其中一、二采区布置于三塘正断层与那尾正断层之间块区,三、四采区位于那尾正断层以北块区。一采区上山开采 $-90 \sim +25$ m 水平之上九煤层,二采区下山开采 $-205 \sim -70$ m 水平之上九煤层,三、四采区主要开采那尾正断层以北区块西部 $-80 \sim -20$ m 水平之上九煤层。2002 年 10 月 29 日凌晨 4 时 5 分,二号井四采区井下变电房变压器着火,引燃巷道电缆和木支架,导致重大人员伤亡和财产损失,矿井立即投入救灾,进行事故善后工作,之后二号井全井停产。二号井各采空区参数见表 2-4。

表 2-4 二号井各采空区参数表

采空区	面积 S/m^2	采煤厚度/m	高度/m	采深 Z/m	开采煤层倾角 $\theta/(°)$
一采区采空区	71800	0.86~1.38	1.7~2.0	86~143	<15
二采区采空区	556700	1.70~1.90	1.7~2.0	150~320	<15
三采区采空区	22800	1.0	1.7~2.0	80~90	<15
四采区采空区	90900	1.0	1.7~2.0	80~120	<15

由表 2-4 可知,二号井一、二、四采区采空区均属中深层缓倾斜采空区,而三采区属于中深—深层缓倾斜采空区。由于一、二采区采空区煤层顶板岩性为泥岩、炭质泥岩、砂质泥岩,其固结成岩程度较低,具胀缩性,且采矿顶板管理采用全部跨落法,开采日期及停采时间距今已有很长一段时间,因此可认为一、二采区充填基本完满,充填物基本密实;而三、四采区开采日期及停采时间较晚,因此,可认为三、四采区充填基本完满,但充填物密实度较低。

3. 甘村采区

除南宁市矿务局二塘煤矿大盘井、二号井对上九煤层进行开采以外,甘村村民亦于那尾正断层以北块区办有小矿井一个,用于开采上九煤层。甘村采区位于甘村西面,开采水平为 $-25 \sim -35$ m。至关井停产,已形成一个面积为 371194 m^2 的采区,采区范围内几个块段煤层平均厚度为 0.55~1.05 m,开采消耗的煤炭资源储量累计为 45.9 万 t。

4. 其他小煤窑、老窑

小矿井的开采占用,致使精查地质报告划出未计算资源储量的块段面积达 189942 m^2,预计其他小煤窑、老窑开采损耗的资源储量为 26.5 万 t。

2.2 采空区钻探勘察

2.2.1 钻探方法

钻探方法主要是利用钻探设备通过钻孔进行探测,对取出的岩土芯进行分层,获悉钻探深度范围内各地层的岩性、厚度、工程地质特征及地下水埋藏情况,是一种准确性高、针对性强的采空区勘测方法,其可以保证上部道路、建筑物等的安全修建,为治理提供更可靠的依据。

2.2.2 钻孔布置

采用追索和穿越法布置钻探测线,测线与线位方案、采空区边界正交或斜交。共布置钻孔 17 个,孔号为 ZK1~ZK17,钻孔分布图如图 2-5 所示。土试样用敞口取土器利用重锤少击法取样,岩样用双动双管回转取土器回转法取样,从岩土芯中截取岩土样,从钻孔内用玻璃瓶获取水样。

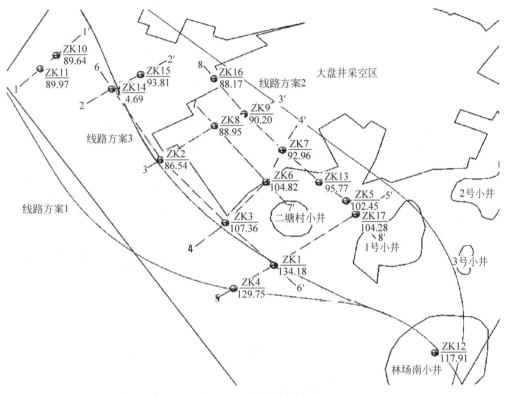

图 2-5　钻孔分布图

2.2.3 钻探结果分析

钻探结果如图 2-6~图 2-22 所示,钻探结果异常及原因分析见表 2-5。

图 2-6　ZK1 岩土样

图 2-7　ZK2 岩土样

图 2-8 ZK3 岩土样

图 2-9 ZK4 岩土样

图 2-10 ZK5 岩土样

图 2-11 ZK6 岩土样

图 2-12 ZK7 岩土样

图 2-13 ZK8 岩土样

图 2-14 ZK9 岩土样

图 2-15 ZK10 岩土样

图 2-16　ZK11 岩土样

图 2-17　ZK12 岩土样

图 2-18　ZK13 岩土样

图 2-19　ZK14 岩土样

图 2-20　ZK15 岩土样

图 2-21　ZK16 岩土样

图 2-22　ZK17 岩土样

表 2-5 钻探结果异常及原因分析

孔 号	钻探结果异常	原因分析
ZK7	61.8～66.8 m 钻速加快,少量漏水,水钻取不上岩芯,干钻难取上岩芯,干钻钻进底板岩层后方取上少量充填物。岩芯呈松散状,无层理,成分主要为泥岩,混杂有淤泥,与底板岩层界线明显。岩芯采取率 38%	采空区基本密实、充水
ZK8	71.7～76.7 m 钻速加快,水钻取不上岩芯,干钻难取上岩芯。岩芯呈松散状,无层理,成分主要为泥岩,混杂有淤泥、煤屑,与底板岩层界线明显。岩芯采取率 13.4%	采空区基本密实、充水
ZK9	90.3～92.4 m 钻速加快,水钻取不上岩芯,干钻难取上岩芯。岩芯无层理,成分主要为泥岩,混杂有淤泥,与底板岩层界线明显。岩芯采取率 47%	采空区基本密实、充水
ZK17	26.1～30.4 m 钻速加快,水钻取不上岩芯,干钻难取上岩芯。岩芯无层理,成分主要为泥岩,混杂有淤泥、煤屑,与底板岩层界线明显。岩芯采取率 30%	采空区基本密实、充水
其余钻孔	无采动痕迹,钻进无异常	地下无采空区分布

1. 岩土层分布

对钻探结果进行分析,可将场地内岩土层划分为 6 主层,如下所述。

(1) 素填土(Q^{ml})

该土层颜色较杂,呈松散状态,属欠固结土,具高压缩性,但均匀性较差。素填土主要成分为泥岩弃土及黏性土,混有 5%～20% 的碎石,母岩成分主要为灰岩、粉砂岩、硅质岩及石英碎块等。其主要分布于场地局部地段表层,厚度为 2.0～17.2 m。

(2) 圆砾(Q_2^{al})

圆砾土层整体为黄色,具交错斜层理,呈中密状态。砾径一般为 1～2 cm,最大粒径为 5 cm,砾石占 60%～80%,砂和黏性土占 20%～40%,重型动力触探试验校正后锤击数平均值为 12.2 击。圆、亚圆状砾石磨圆度中等,表面光滑有光泽且级配不良。该土层主要分布于研究区南侧坡地,厚度为 0.8～1.3 m。

(3) 全风化泥岩(E_2y^3)

该土层整体呈棕黄夹灰白色,具胀缩性,表现为硬塑状态,标准贯入试验实测锤击数平均值为 23.6 击,压缩性中等。其主要成分为泥岩,另有粉砂质泥岩夹杂其中。该土层主要分布于场地局部地段,埋深 1.8～4.8 m,厚度 0.5～3.25 m。其间夹杂粉砂岩 1 层,整体呈黄色,较为密实,标准贯入试验实测锤击数平均值为 30 击,压缩性中等,岩芯易散呈散砂状,易击碎。砂粒呈亚圆或次棱角状,等粒结构,分选性好。

(4) 强风化泥岩(E_2y^3)

该土层整体呈灰绿色,具胀缩性,呈硬塑状态,标准贯入试验实测锤击数平均值为 43.8 击,压缩性中等。其主要成分为泥岩,局部夹杂有粉砂质泥岩、炭质泥岩及钙质泥岩等。该土层遍布于整个工程场地,埋深 2.9～23.1 m,厚度 0.8～12.6 m。

其间夹杂粉砂岩 1 层,整体呈灰绿色,具层理构造,标准贯入试验实测锤击数平均值为

47.4击,压缩性较低。其主要成分为粉砂岩,局部夹杂有泥质粉砂岩或煤层。砂粒呈亚圆或次棱角状,等粒结构,分选性好。该土层遍布于整个工程场地,埋深12.0~25.8 m,厚度1.7~6.8 m。

(5) 中风化泥岩(E_2y^3)

该土层整体呈蓝色、青灰色,具胀缩性,呈坚硬状态,标准贯入试验实测锤击数平均值为68.9击,压缩性较低。其主要成分为泥岩,局部夹杂有粉砂质泥岩、炭质泥岩及煤层等。该土层分布于整个工程场地,埋深5.1~27.35 m,厚度0.3~58.71 m。

粉砂岩整体表现为灰蓝色,呈密实状态,具层理构造,标准贯入试验实测锤击数平均值为71.3击,压缩性较低。主要成分为粉砂岩,局部夹杂有泥质粉砂岩。砂粒呈亚圆或次棱角状,等粒结构,分选性好。该土层遍布于整个工程场地,埋深12.2~156.0 m,厚度0.2~10.3 m。

(6) 煤层或煤线

煤层或煤线整体表现为黑色,呈硬塑状态,压缩性中等。该层夹杂于泥岩中,以互层或透镜状形式存在,但其层位不稳定,即岩土层间黏合力不足,厚度为0.05~2.0 m。

2. 地下水分布

除岩土层分布外,勘察深度范围内共有三层地下水分布,现分述如下。

(1) 上层滞水

上层滞水(见图2-23)位于场地表层,降雨及生活废水入渗为其主要补给源,总体径流方向为自北向南。水体水质、地下水位受气候影响较大,呈动态变化趋势。地势较高区域在施工期间无地下水存在,但在雨季雨后须考虑地下水位的存在;而对于地势低洼区域,由于受到雨水及地表积水入渗的影响,施工期间地下水位接近场地表面。

图2-23 ZK1孔取出上层滞水

(2) 孔隙承压水

孔隙承压水位于圆砾层中,上层滞水越流及场地外地下水侧向径流为其主要补给源,总体径流方向为自北向南。其地下水位、水体水质受气候影响较大,动态变化相对稳定。

(3) 孔隙裂隙承压水

孔隙裂隙承压水位于粉砂岩及煤岩裂隙中,主要补给源为地表水入渗及场地外围地下水侧向径流,总体径流方向为自北向南。其地下水位、水体水质受气候影响较大,呈动态变化趋势。

2.3 采空区物探勘察

2.3.1 物探方法选取

物探技术作为探测采煤沉陷区的主流技术手段,被广泛应用于大范围的矿山采空区勘探,主要包括电磁类方法和地震类方法。电磁类方法主要包括地质雷达法、瞬变电磁法及高密度电阻率法等;地震类方法主要包括地震映像法、测氡法、浅层地震法及微震测量法等。

研究区场地分布有大量的停车场及公共设施,该情况下采用测氡法及微震测量法进行探测具有一定局限性。岩土层分布、厚度及采空区的充水、充泥程度不同,导致岩土体物性参数存在差异,并由此形成电性界面及波阻抗界面,这有利于在该研究区使用地震映像法和高密度电阻率法进行物理勘探。

地震映像法是一种利用地震波来探测采空沉陷区的勘探方法,其以相同的距离逐步移动测点接收地震波,对探测区域进行连续扫描,依据反射系数和反射波振幅可以确定探测区域内岩土体地质分布情况,同时可通过观测反射波中是否含有其他干涉、绕射波,确定探测区域是否存在软弱层或岩溶空洞。高密度电阻率法是一种基于采空沉陷区与周围岩土体的电性差异,同时布置多个电极于探测断面上,在探测区域形成稳定的电流场,并对所布设的断面通过自动控制转换装置进行观测和记录的物探技术。本质上高密度电阻率法为阵列勘探方法,野外作业时将全部电极置于探测断面上,并采用微机工程电测仪进行自动观测及数据快速采集,再通过计算机对测得数据进行处理并得出探测区域地层分布结果。由于采空区分布的复杂性,采用任一单一的物探方法都不能取得满意的效果,但其相互之间可以取长补短,因此考虑采用地震映像法和高密度电阻率法进行该研究区的物理探测。

2.3.2 物探测线布置

根据场地条件,结合地质调查布设测线。由于研究区内分布有大量的停车场及公共设施,限制了测线的布置,因此各测线长度不等,最长约 1250 m,最短约 130 m,对勘探深度造成一定的影响。野外施工时间为 2016 年 5 月 4 日至 2016 年 6 月 8 日,共布置 22 条物探测线,深度 180~240 m,编号为 WT-1~WT-22,测线位置及布置如表 2-6 所示。

表 2-6 物探工作布置及完成情况表

方　　法	剖面数/个	剖面长度/m	点距/m	物理点/个
地震映像法	22	10475	5.0	2095
高密度电阻率法	4	3600	10.0	360

2.3.3 物探数据处理

1. 数据采集

使用地震映像法时,采用 WZG-24A 工程地震仪收集数据,具体设置见表 2-7。

使用高密度电阻率法时,采用 WGMD-9 超级高密度电阻率测量系统进行物理探测,试验时一次布设 60 个电极,点距为 10 m。探测时利用对称四极对深度进行测量,并基于温纳装置进行两次数据采集。

表 2-7　WZG-24A 工程地震仪数据采集设置

项　　目	偏移距/m	点距/m	采样间隔/ms	采样点/个	激　振　源
数值或方式	5	5	0.5	2048	40 kg 铁球或 18 lb 铁锤

2. 数据处理

图 2-24 所示为地震波信号分布图。从图中可以看出,中风化泥岩地层的平均纵波波速在 1000 m/s 左右,600 ms 处地震波信号较为清晰,说明在该研究区运用地震映像法进行物理勘探的精确性与合理性高,探测结果质量较为可靠。对连续剖面进行滤波及增益均衡处理后绘制地震映像,结果如图 2-25~图 2-46 所示。

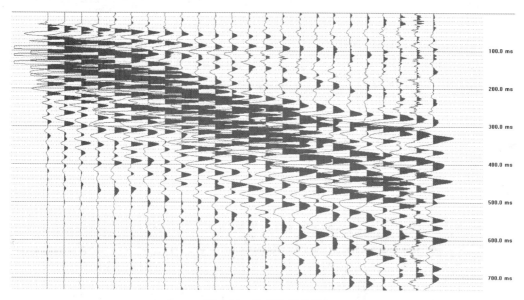

图 2-24　地震波信号图

排列位于 2 线 96~134 m,偏移距 2 m,道间距 2 m,激振源 40 kg 铁球

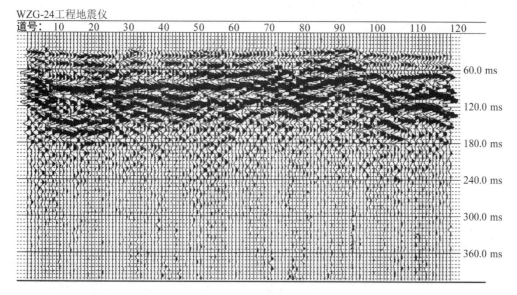

图 2-25　WT-1 线地震映像图

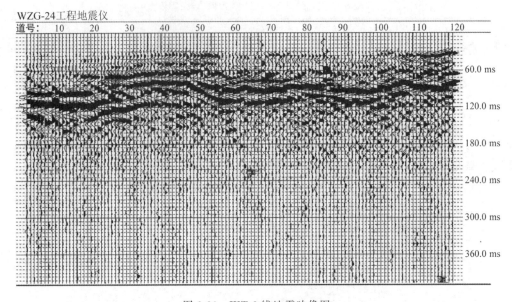

图 2-26　WT-2 线地震映像图

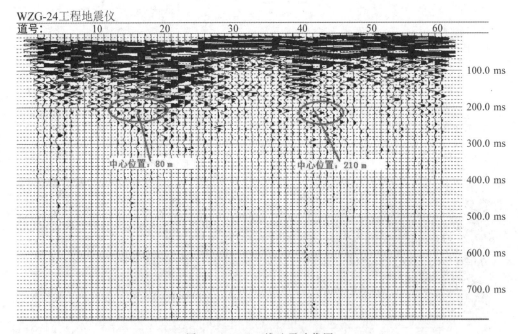

图 2-27　WT-3 线地震映像图

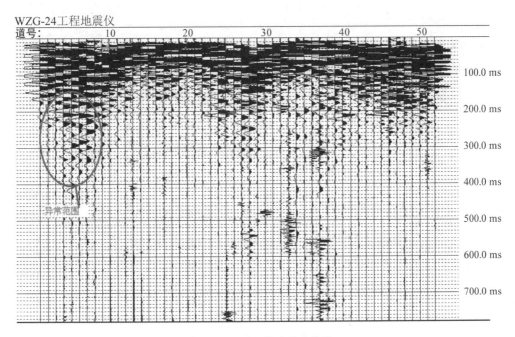

图 2-28　WT-4 线地震映像图

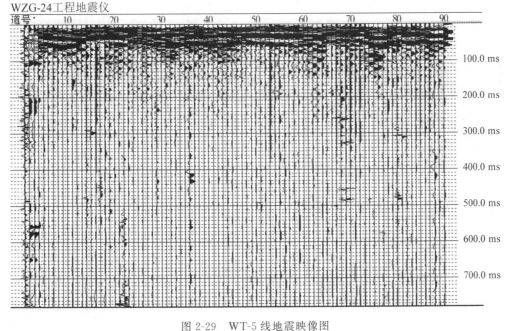

图 2-29　WT-5 线地震映像图

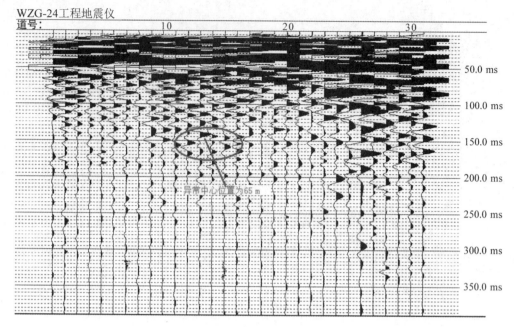

图 2-30　WT-6 线地震映像图

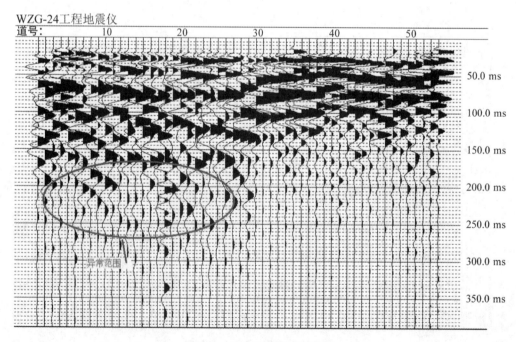

图 2-31　WT-7 线地震映像图

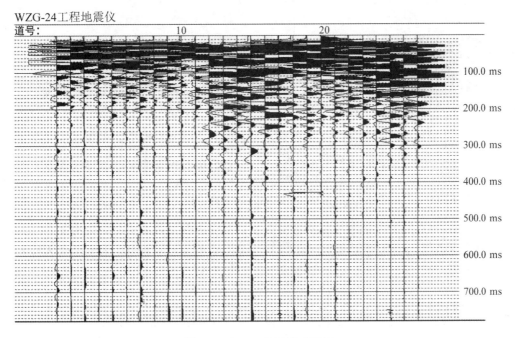

图 2-32　WT-8 线地震映像图

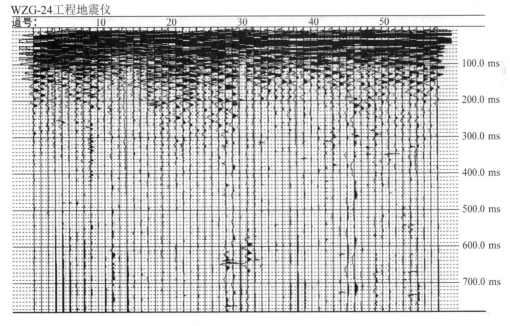

图 2-33　WT-9 线地震映像图

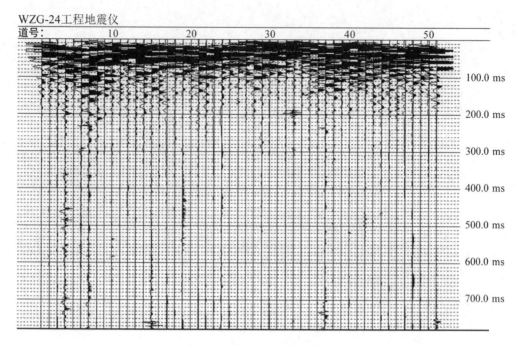

图 2-34　WT-10 线地震映像图

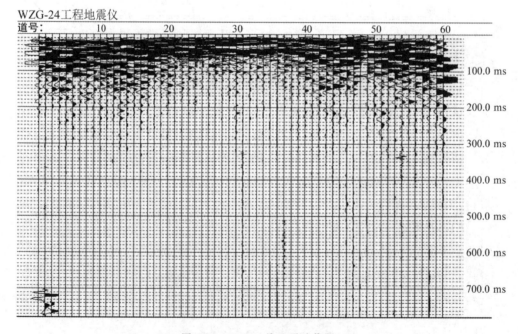

图 2-35　WT-11 线地震映像图

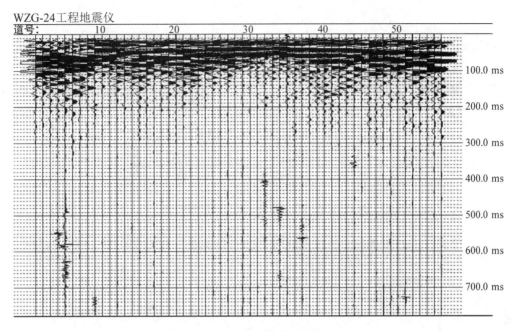

图 2-36　WT-12 线地震映像图

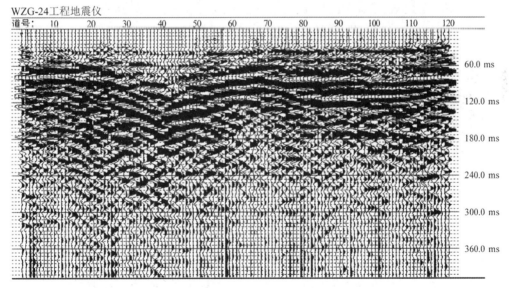

图 2-37　WT-13 线地震映像图

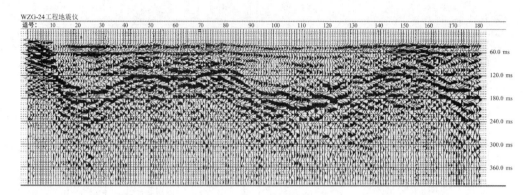

图 2-38　WT-14 线地震映像图

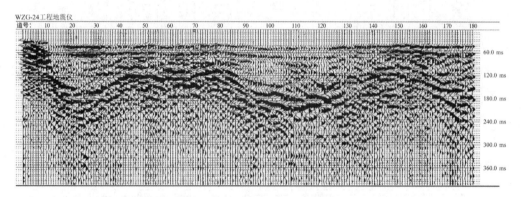

图 2-39　WT-15 线地震映像图

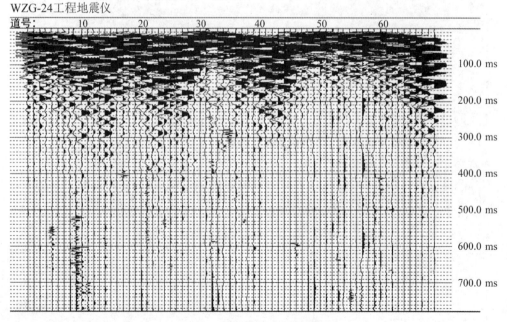

图 2-40　WT-16 线地震映像图

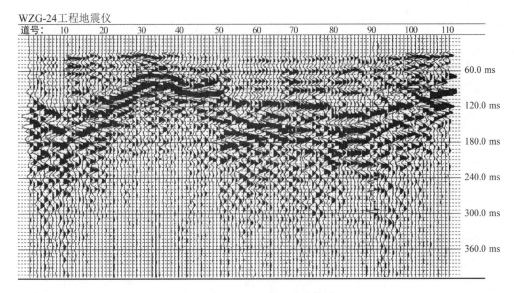

图 2-41 WT-17 线地震映像图

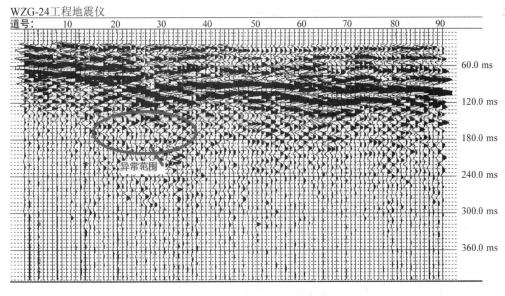

图 2-42 WT-18 线地震映像图

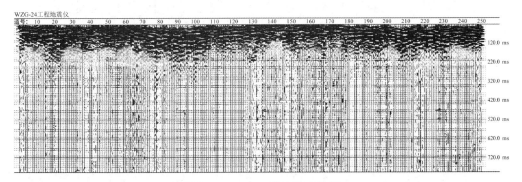

图 2-43 WT-19 线地震映像图

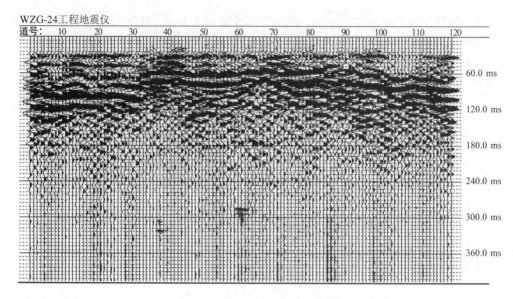

图 2-44　WT-20 线地震映像图

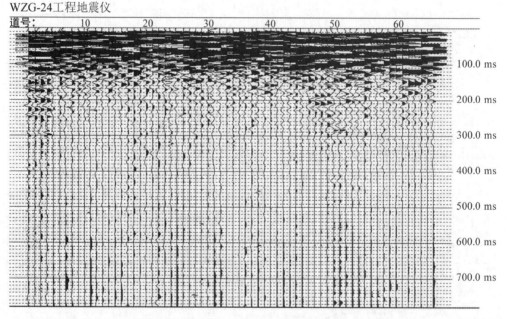

图 2-45　WT-21 线地震映像图

由图 2-27、图 2-28、图 2-30、图 2-31 及图 2-43 可知，WT-3 测线、WT-4 测线、WT-6 测线、WT-7 测线及 WT-19 测线同相轴、反射波组下降趋势较为明显，且反射波曲线出现多次反射并存在频率明显变低的现象，说明上述测线处存在软弱夹层或充水、充泥采煤区。

经对数据进行排序、剔除及滤波后，绘制高密度电阻率图如图 2-47～图 2-49 所示。

由图 2-47 可知，电性分界异常带出现在 WT-1 测线的 310 m 位置处，结合勘察报告及钻探结果可推测该位置处存在地层或岩性分界线。图 2-48 中 WT-2 测线于深度 220 m 处

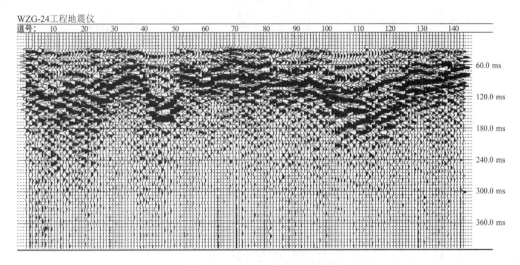

图 2-46　WT-22 线地震映像图

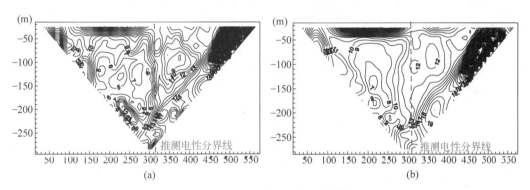

图 2-47　WT-1 线高密度电阻率图
(a) 对称四极；(b) 温纳装置

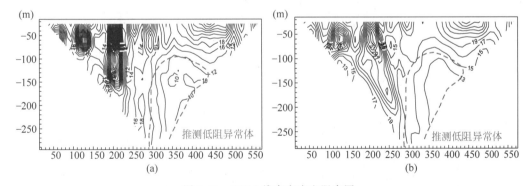

图 2-48　WT-2 线高密度电阻率图
(a) 对称四极；(b) 温纳装置

存在低电阻异常，结合勘察报告及钻探结果可推测该位置存在岩性变化或煤层。WT-14 测线在 170～360 m 段出现极低阻异常，埋深 150～250 m，结合勘察报告及钻探结果可推测该位置存在充水充泥采空区。WT-20、WT-21 及 WT-22 测线物探结果未见异常区域，结合勘察报告及钻探结果可推测该位置处采空区多已垮落充分。

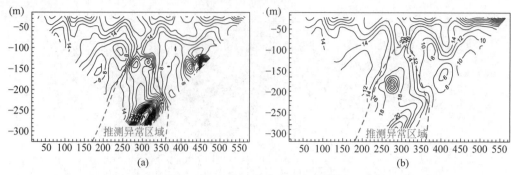

图 2-49　WT-14 线高密度电阻率图
(a) 对称四极；(b) 温纳装置

2.4　钻探结果与物探结果对比分析

图 2-50～图 2-53 所示为 ZK7、ZK8、ZK9 及 ZK17 的钻探柱状图。对比 WT-4 物探测线解译结果（见图 2-28）、WT-7 物探测线解译结果（见图 2-31）、WT-14 物探测线解译结果

地层编号	时代成因	层底高程/m	层底深度/m	分层厚度/m	柱状图 1:100	岩土名称及其特征
⑤						中风化泥岩：蓝色，坚硬，刀切不成片，长柱状岩芯，钻进平稳，采取率80%~100%
		16.057	76.90	5.60		
⓪₄		14.857	78.10	1.20		炭质泥岩：黑色，污手，刀可切
⑤		13.357	79.60	1.50		中风化泥岩：蓝色，坚硬，刀切不成片，长柱状岩芯，钻进平稳，采取率80%~90%
		15.255	19.70	8.10		
						煤岩：黑色，硬塑，块状或短柱状，片状结构，见层理
						中风化泥岩：蓝色，坚硬，刀切不成片，长柱状岩芯，钻进平稳，采取率80%~100%
⑤	E_2y^3					
		6.057	86.90	7.20		
		5.557	87.40	0.50		煤岩：黑色，硬塑，块状或短柱状，片状结构，见层理
⑤						中风化泥岩：蓝色，坚硬，刀切不成片，长柱状岩芯，钻进平稳，采取率80%~100%

图 2-50　ZK7 柱状图（15～20 回次）

地层编号	时代成因	层底高程 /m	层底深度 /m	分层厚度 /m	柱状图 1:100	岩土名称及其特征
⑤	E_2y^3	17.848	71.10	24.40	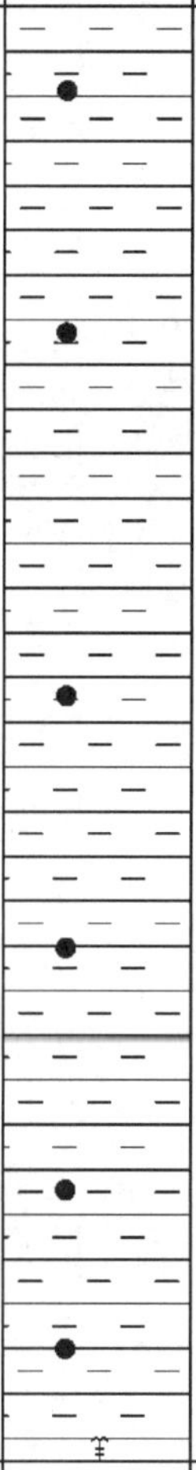	中风化泥岩：蓝色，坚硬，刀切不成片，长柱状岩芯，钻进平稳，采取率80%~100%
⓪₂						采空区：钻速加快，水钻取不上岩芯，干钻难取上岩芯。岩芯呈松散状，无层理，成分主要为泥岩，混杂有淤泥、煤屑，与底板岩层界线明显。岩芯采取率13.4%

图 2-51　ZK8 柱状图(13～19 回次)

（见图 2-38）及 WT-19 物探测线解译结果（见图 2-43），可知 ZK7、ZK8、ZK9 及 ZK17 钻探柱状图与上述物探测线解译结果一致，该处存在不同高度的充水充泥采空区。

图 2-54 和图 2-55 所示为 ZK1 和 ZK4 的钻孔柱状图，由图可知该处不存在充水充泥采空区，因此可推测 WT-3 测线及 WT-6 测线处存在煤层或岩性分界线。

基于上述分析，绘制线位地质剖面如图 2-56 及图 2-57 所示。

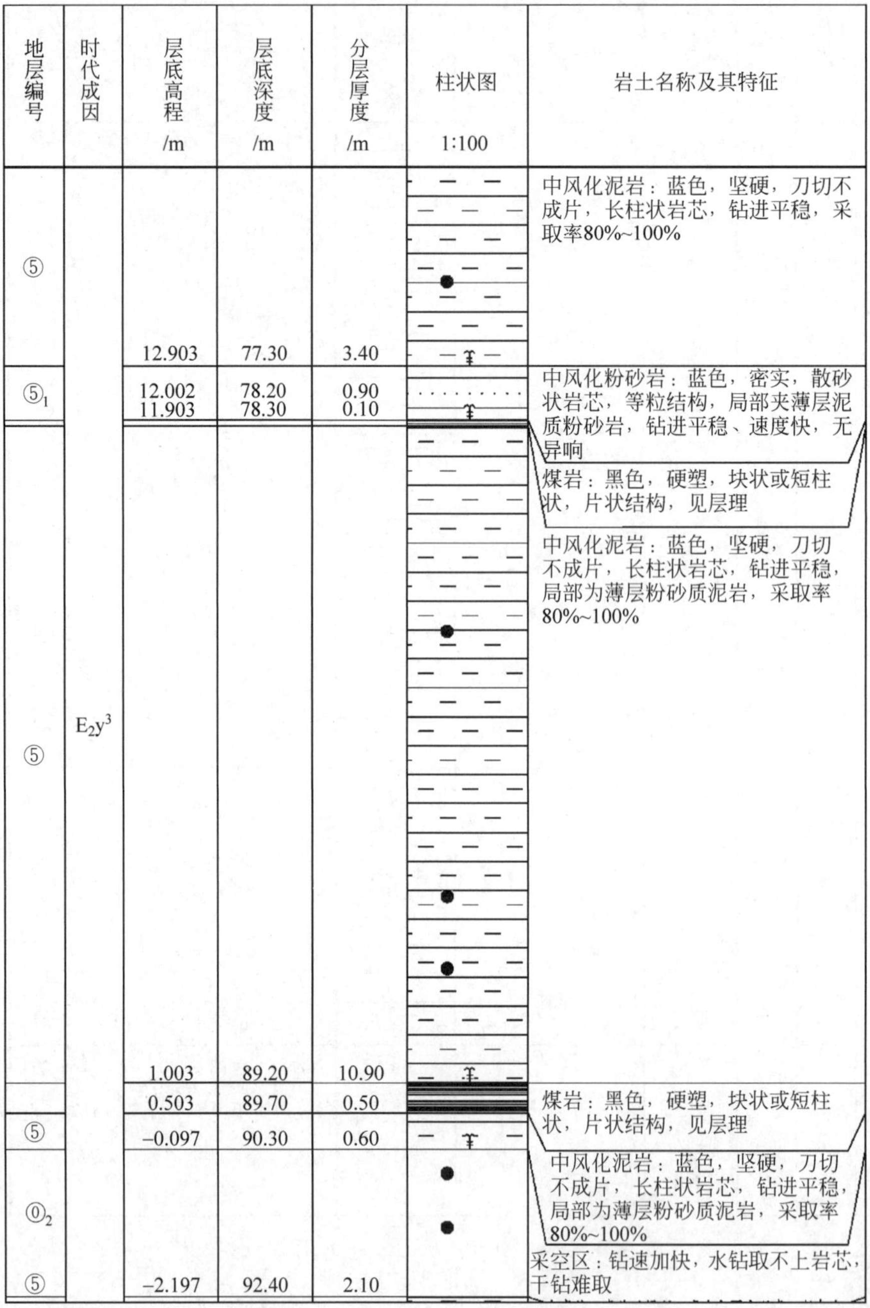

地层编号	时代成因	层底高程 /m	层底深度 /m	分层厚度 /m	柱状图 1:100	岩土名称及其特征
⑤	E₂y³	12.903	77.30	3.40		中风化泥岩：蓝色，坚硬，刀切不成片，长柱状岩芯，钻进平稳，采取率80%~100%
⑤₁		12.002	78.20	0.90		中风化粉砂岩：蓝色，密实，散砂状岩芯，等粒结构，局部夹薄层泥质粉砂岩，钻进平稳、速度快，无异响
		11.903	78.30	0.10		煤岩：黑色，硬塑，块状或短柱状，片状结构，见层理
⑤						中风化泥岩：蓝色，坚硬，刀切不成片，长柱状岩芯，钻进平稳，局部为薄层粉砂质泥岩，采取率80%~100%
		1.003	89.20	10.90		
		0.503	89.70	0.50		煤岩：黑色，硬塑，块状或短柱状，片状结构，见层理
⑤		−0.097	90.30	0.60		中风化泥岩：蓝色，坚硬，刀切不成片，长柱状岩芯，钻进平稳，局部为薄层粉砂质泥岩，采取率80%~100%
⓪₂						
⑤		−2.197	92.40	2.10		采空区：钻速加快，水钻取不上岩芯，干钻难取

图 2-52　ZK9 柱状图（11~16 回次）

地层编号	时代成因	层底高程 /m	层底深度 /m	分层厚度 /m	柱状图 1:100	岩土名称及其特征
⑤		84.277	20.00	8.90		中风化泥岩：蓝色，坚硬，刀切不成片，长柱状岩芯，钻进平稳，采取率80%~100%
		83.677	20.60	0.60		煤岩：黑色，硬塑，块状或短柱状，片状结构，见层理
⑤	E₂y³	78.177	26.10	5.50		中风化泥岩：蓝色，坚硬，刀切不成片，长柱状岩芯，钻进平稳，采取率70%~100%
		73.877	30.40	4.30		采空区：钻速加快，水钻取不上岩芯，干钻难取上岩芯。岩芯无层理，成分主要为泥岩，混杂有淤泥、煤屑，与底板岩层界线明显。岩芯采取率30%
⑤		68.977	35.30	4.90		中风化泥岩：蓝色，坚硬，刀切不成片，长柱状岩芯，钻进平稳，采取率80%~100%
⑤₁		68.377	35.90	0.60		中风化粉砂岩：蓝色，密实，散砂状岩芯，等粒结构，钻进平稳、速度快，无异响
⑤						中风化泥岩：蓝色，坚硬，刀切不成片，长柱状

图 2-53 ZK17柱状图（2~6回次）

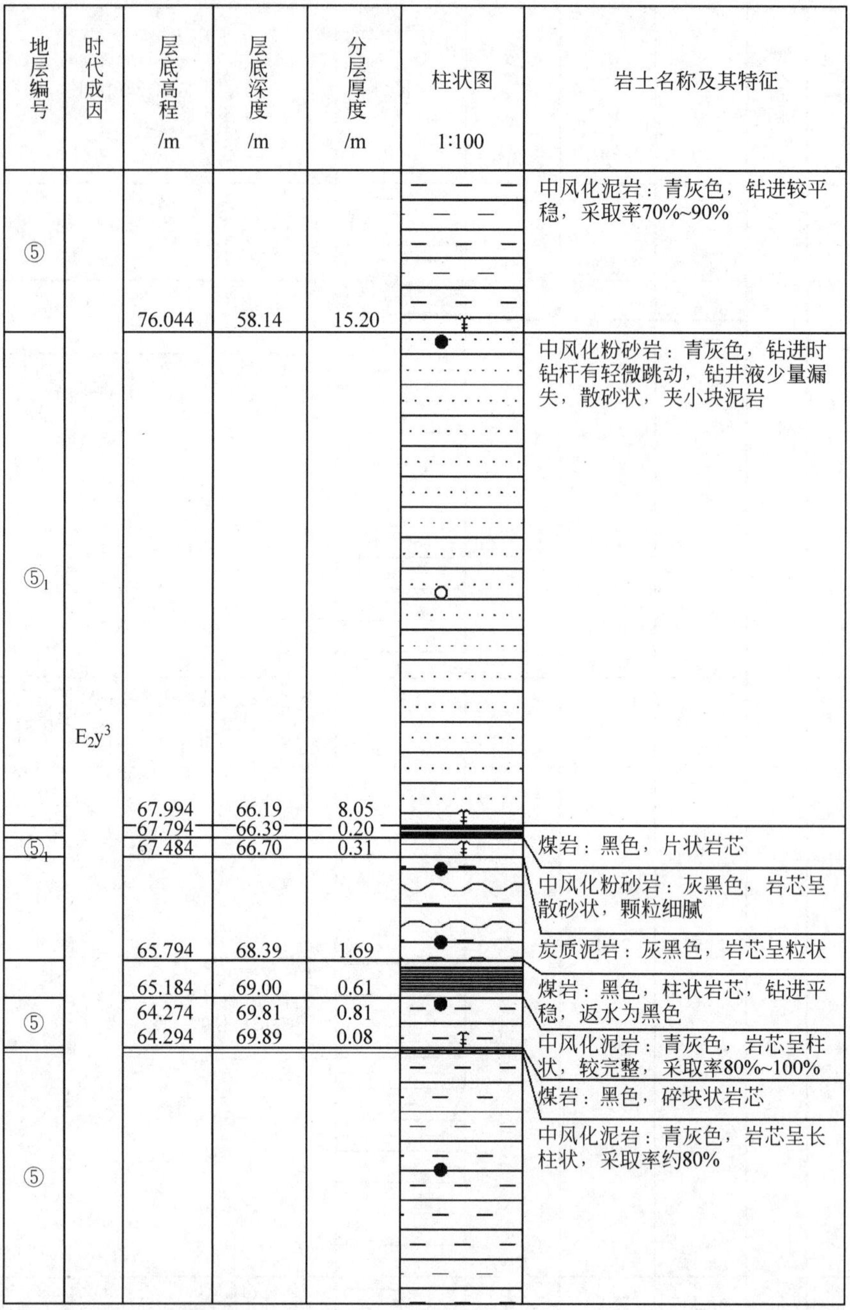

地层编号	时代成因	层底高程/m	层底深度/m	分层厚度/m	柱状图 1:100	岩土名称及其特征
⑤	E₂y³	76.044	58.14	15.20		中风化泥岩：青灰色，钻进较平稳，采取率70%~90%
⑤₁		67.994	66.19	8.05		中风化粉砂岩：青灰色，钻进时钻杆有轻微跳动，钻井液少量漏失，散砂状，夹小块泥岩
		67.794	66.39	0.20		
⑤₄		67.484	66.70	0.31		煤岩：黑色，片状岩芯
		65.794	68.39	1.69		中风化粉砂岩：灰黑色，岩芯呈散砂状，颗粒细腻
						炭质泥岩：灰黑色，岩芯呈粒状
		65.184	69.00	0.61		煤岩：黑色，柱状岩芯，钻进平稳，返水为黑色
⑤		64.274	69.81	0.81		中风化泥岩：青灰色，岩芯呈柱状，较完整，采取率80%~100%
		64.294	69.89	0.08		煤岩：黑色，碎块状岩芯
⑤						中风化泥岩：青灰色，岩芯呈长柱状，采取率约80%

图 2-54 ZK1柱状图(10~14回次)

地层编号	时代成因	层底高程 /m	层底深度 /m	分层厚度 /m	柱状图 1:100	岩土名称及其特征
⑤	E_2y^3	72.750	57.00	33.30		中风化泥岩：蓝色，坚硬，刀切不成片，长柱状岩芯，钻进平稳，采取率70%~80%
⑤₁		69.250	60.50	3.50		中风化粉砂岩：蓝色，密实，散砂状岩芯，等粒结构，夹薄层泥质粉砂岩，钻进平稳、速度快、无异响
⑤		62.870	66.88	6.38		中风化泥岩：蓝色，坚硬，长柱状岩芯，钻进平稳，无异常，局部为薄层粉砂质泥岩，采取率60%~70%
⑤		62.620	67.13	0.25		煤岩：黑色，硬塑，块状或短柱状
		62.240	67.51	0.38		中风化泥岩：蓝色，坚硬，刀切不成片，长柱状岩芯，钻进平稳，局部为薄层粉砂质泥岩，采取率80%~100%
		61.700	68.05	0.54		煤岩：黑色，硬塑，块状或短柱状，片状结构，见层理。
⑤						中风化泥岩：蓝色，坚硬，刀切不成片，长柱状岩芯，局部为薄层粉砂质泥岩，采取率90%~100%

图 2-55　ZK4 柱状图（9~13 回次）

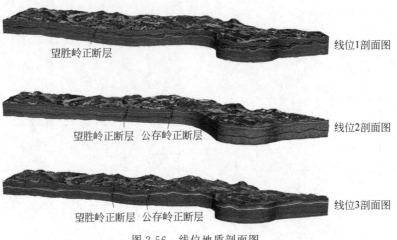

图 2-56 线位地质剖面图

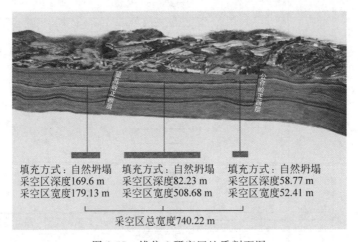

图 2-57 线位 2 研究区地质剖面图

第3章 软岩地层物理力学特性试验

由第 2 章的研究内容可知,研究区内分布有不同风化程度的泥岩、粉砂岩及煤岩,易产生较大变形。在采煤沉陷区和泥质软岩地层的特殊地质条件下修建高速铁路时,须采用多种工程技术手段才能满足强度和变形控制要求。为给该高铁线路的工程技术治理提供必要的物理力学参数支持,拟对该线路沿线岩土体进行物理力学性能试验,获得各岩土层的物理力学指标,基于此对高铁线路沿线岩土体(尤其隶属于极软岩范畴的泥岩)做出宏观评价,并用于指导后续开采及高铁动荷载作用下软岩采空区的稳定性与数值模拟分析。

3.1 岩土体物理力学性能试验

3.1.1 单轴压缩试验

为便于快速确定岩体的强度等级,拟采用岩石单轴压缩及变形试验仪(见图 3-1)测定岩体的单轴抗压强度及弹性模量,单轴抗压强度计算公式如式(3-1)所示,弹性模量计算公式如式(3-2)所示,试验结果见图 3-2 及表 3-1。

$$\sigma_c = \frac{P_{\max}}{A} \tag{3-1}$$

式中,σ_c 为单轴抗压强度,MPa;$P_{\max}$ 为最大破坏荷载,N;A 为横截面面积,mm^2。

图 3-1 岩石单轴压缩及变形试验仪

$$E = \frac{\sigma_{c(50)}}{\varepsilon_{v(50)}} \tag{3-2}$$

式中，E 为弹性模量，GPa；$\sigma_{c(50)}$ 为单轴抗压强度的 50%，MPa；$\varepsilon_{v(50)}$ 为对应的轴向应变。

图 3-2 试样破坏图

(a) ZK6-5-9；(b) ZK6-5-7；(c) ZK6-5-10；(d) ZK8-5-3；(e) ZK8-5-13；(f) ZK8-5-10

表 3-1 岩石单轴压缩试验结果

岩性	编号	试验编号	密度 ρ/(g/cm³)	含水率 w/%	弹性模量 E/GPa	单轴抗压强度 σ_c/MPa
粉砂岩	ZK1-5-8	1-3	2.11	13.028	0.327	3.480
	ZK2-3-2	2-1	2.03	15.731	0.087	1.420
	ZK2-4-2	2-2	2.20	12.876	0.029	1.028
	ZK2-5-15	2-6	2.17	10.870	0.467	2.666
	ZK2-5-19	2-8	2.20	13.736	0.712	4.388

续表

岩性	编号	试验编号	密度 ρ/(g/cm³)	含水率 w/%	弹性模量 E/GPa	单轴抗压强度 σ_c/MPa
泥岩	ZK2-5-23	2-9	2.03	15.596	0.042	1.283
	ZK2-5-32	2-12	2.05	15.894	0.362	3.299
	ZK3-5-6	3-3	2.11	15.207	0.027	0.354
	ZK3-5-9	3-5	2.19	12.752	0.448	0.997
	ZK3-5-15	3-8	2.20	13.689	0.047	0.841
	ZK3-5-21	3-10	2.25	11.245	0.527	7.743
	ZK6-5-9	6-1	2.19	19.750	0.033	1.032
	ZK6-5-7	6-2	2.17	20.650	0.004	0.268
	ZK6-5-10	6-4	2.23	15.700	0.010	0.697
	ZK6-5-12	6-6	2.18	13.700	0.013	1.581
	ZK8-5-3	8-1	2.07	18.050	0.003	0.450
	ZK8-5-10	8-4	2.04	14.400	0.003	0.594
	ZK8-5-13	8-6	2.13	19.200	0.002	0.258

由图 3-2 及表 3-1 可以看出，岩样的破坏形式呈现多样化的特点，可以是沿着单一断面剪切滑移而破坏(见图 3-2(a)、(c))，也可以是沿轴向存在相当多的劈裂面，但有一个贯穿整个岩样的剪切破坏面(见图 3-2(b))。岩体单轴抗压强度随着含水率的降低逐渐提高，但无论含水率怎样变化，该地区岩样的单轴抗压强度始终控制在 8 MPa 以下。同等试验条件下，泥岩的饱和单轴抗压强度最低，即采煤沉陷区主要影响地层为泥岩地层。泥岩对水的反应十分敏锐，究其原因为泥岩颗粒密度较小，内部结构紧密，遇水后岩体内部主要受水分子排斥张力影响，岩体发生细微的膨胀，受压应力时倾向于延性破坏，强度明显降低。基于上述分析，以含水率为横坐标、抗压强度为纵坐标建立直角坐标系，绘图如图 3-3 所示。

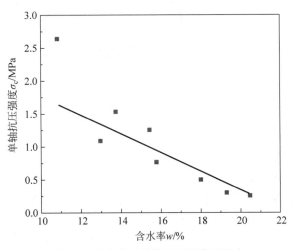

图 3-3　含水率对单轴抗压强度的影响

由图 3-3 可知，岩样含水率与单轴抗压强度之间的关系呈线性分布，且随着含水率的增大，其单轴抗压强度逐渐降低。由前人研究资料可知水对岩体单轴抗压强度的影响机理为岩石与水接触时某些易溶矿物溶解，溶解了的矿物使更多的水填充空隙，使得岩石的结构发生变化。通过对该泥岩在不同含水状态、同一试验条件下抗压强度的变化趋势进行分析，找到两参数之间的相关性,以便在难以测定岩石的单轴抗压强度时,通过对岩石的含水率和吸水性的测定得出岩石的近似抗压强度,用以指导工程实践。

除测定泥岩弹性模量、单轴抗压强度及探究含水率与单轴抗压强度之间的关系外,还采用单轴压缩及变形试验仪得到循环荷载作用下该泥岩的应力应变曲线,如图 3-4 所示。

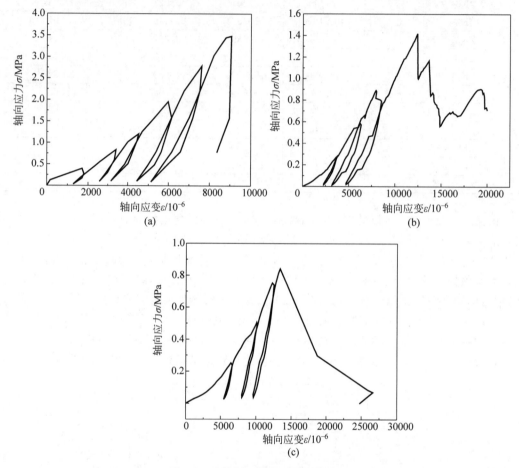

图 3-4　试样循环加载应力应变曲线
(a) 试样 1-3;(b) 试样 2-1;(c) 试样 3-8

由图 3-4 可知,该地区岩石卸载时轴向应变略微减小,当卸载到一定程度后,轴向应变又逐渐增大;相较于初期加载时,再加载时的应力应变曲线较陡,整体表现为一定的卸载回弹,且加卸载过程中应力应变曲线表现为一个滞回圈;当外荷载降至零并持续一段时间后,岩体将产生较大的回弹变形,即岩体弹性变形能释放。

3.1.2　侧向约束膨胀试验

泥岩成分中的蒙脱石、伊利石及绿泥石均属强亲水或亲水矿物,易吸水膨胀,使矿岩内部胶结变得松散,不利于工程稳定。

为研究岩石膨胀特性,特进行岩石侧向约束膨胀率试验,获得岩石吸水后的岩石侧向约束膨胀率,试验结果见图 3-5 及表 3-2。由图 3-5 及表 3-2 可知,泥岩的侧向约束膨胀率在

20%～22%之间；随着泥岩中含水率的增加，岩石侧向约束膨胀率呈现出减小趋势，且岩石的侧向约束膨胀率与岩石的干密度关系不大；该类泥岩浸水后产生膨胀的机理为岩石中层理面附近的黏土类矿物与水相互作用，造成结晶格架膨胀隆起，且在短时间内较剧烈。

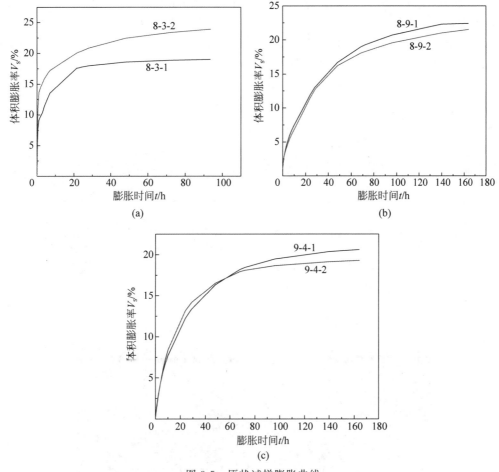

图 3-5 原状试样膨胀曲线

(a) 样品 8-3；(b) 样品 8-9；(c) 样品 9-4

表 3-2 膨胀率试验一览表

样品	试样编号	初始参数		岩体侧向约束膨胀率 V_{HP}/%
		含水率 w/%	干密度 ρ_d/(g/cm³)	
8-3	8-3-1	7.99	1.88	19.00(93 h)
	8-3-2	7.21	1.88	19.00(93 h)
	平均	7.60	1.88	19.00
8-9	8-9-1	11.20	1.94	22.41(164 h)
	8-9-2	11.20	1.92	21.52(164 h)
	平均	11.20	1.93	21.97
9-4	9-4-1	15.35	1.92	20.61(164 h)
	9-4-2	15.35	1.86	19.30(164 h)
	平均	15.35	1.89	19.96

3.1.3 崩解试验

由于软岩的主要成分为高岭石、伊利石和蒙脱石等黏土矿物，因此其岩块吸水后可产生崩解碎裂现象，造成岩块强度降低，影响工程稳定性。为探究高铁线路沿线泥岩的崩解特性，特进行岩石崩解试验。试验中常见崩解物特征见表 3-3，崩解物形态示意图见图 3-6，图 3-7 为该泥岩吸水崩解图。由图可知，该泥岩浸水崩解物为泥状，则其是以蒙脱石为主要矿物成分的弱胶结软岩。

表 3-3　四种软岩崩解形式

形　式	形　态	特　征
Ⅰ	泥状	浸入水中立即呈泥状
Ⅱ	碎屑泥、碎片泥、碎块泥	浸入水中呈絮状、粉末状崩落
Ⅲ	碎岩片、碎岩块	浸入水中呈块状崩裂、塌落或片状开裂
Ⅳ	整体岩块	浸入水中不易发生崩解破坏

　(a)　　　　　　(b)　　　　　　(c)　　　　　　(d)　　　　　　(e)　　　　　　(f)

图 3-6　崩解物形态示意图

(a) Ⅰ类，入水即呈泥状；(b) Ⅱ类，碎屑泥；(c) Ⅱ类，碎片(块)泥；(d) Ⅲ类，碎岩片；(e) Ⅲ类，碎岩块；(f) Ⅳ类，整体岩块

图 3-7　南宁泥岩吸水崩解图

3.1.4 劈裂试验

岩石抗拉强度的确定是地下工程围岩稳定性分析评价的关键。为获得岩石的抗拉强

度,采用劈裂法(见图 3-8)测定其抗拉强度,劈裂试验计算公式如式(3-3)所示,试验结果见表 3-4。

$$\sigma_t = \frac{2P}{\pi DH} \tag{3-3}$$

式中,σ_t 为抗拉强度,MPa;P 为破坏最大荷载,N;D 为试样直径,mm;H 为试样厚度,mm。

图 3-8 岩石劈裂试验加载图

表 3-4 岩石抗拉强度表

岩 性	编 号	密度 $\rho/(g/cm^3)$	含水率 $w/\%$	抗拉强度 σ_t/MPa
粉砂岩	ZK1-1-5	—	—	0.5003
	ZK1-1-8	—	—	0.3553
泥岩	ZK2-5-6	2.16	15.951	0.8329
	ZK2-5-15	2.17	10.870	0.5026
	ZK2-5-18	2.11	11.932	1.4279
	ZK2-5-32	2.05	15.894	0.6907
	ZK3-4-2	2.10	15.128	0.7334
	ZK3-5-6	2.11	15.207	0.4395
	ZK3-5-13	2.22	12.941	0.7304
	ZK3-5-27	2.21	13.295	0.1249
	ZK6-5-7	2.17	20.650	0.6800
	ZK6-5-9	2.19	19.750	0.1304
	ZK6-5-10	2.23	15.700	0.1553
	ZK6-5-12	2.18	13.700	0.2569
	ZK8-5-10	2.04	14.400	0.1458
	ZK8-5-13	2.14	19.200	0.9680

由表 3-4 可知,泥岩的抗拉强度极低,各组试样抗拉强度最大值为 1.4279 MPa,约为相应岩样单轴抗压强度的 1/10。

除测得该地区岩样抗拉强度外,由于泥岩对水的反应十分敏锐,因此本节亦对该地区泥岩重塑岩样进行了劈裂试验,探究含水率对抗拉强度的影响。以含水率为横坐标、抗拉强度为纵坐标建立直角坐标系,绘图如图 3-9 所示。

由图 3-9 可知,随着含水率的增加,其抗拉强度逐渐降低。原因为水与岩体接触时,某些易溶矿物溶解,使得岩体的结构发生了变化。通过对该泥岩重塑岩样在不同含水状态、同

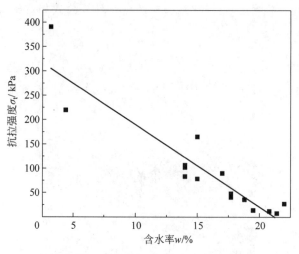

图 3-9 含水率对抗拉强度的影响

一试验条件下抗拉强度的变化趋势进行分析,找到两参数之间的相关性,以便在难以测定岩石的抗拉强度时,通过对岩石的含水率和吸水性的测定得出岩石的近似抗拉强度,用以指导工程实践。

3.1.5 抗剪试验

为获取各层岩土体的内摩擦角 φ 和黏聚力 c,采用 EDJ-Ⅰ型二速电动应变控制式直接剪切仪(见图 3-10)进行直接剪切试验。需要用到式(3-4)及式(3-5),试验结果见表 3-5。

$$\tau = CR \tag{3-4}$$

$$\Delta l = \Delta l' n - R \tag{3-5}$$

式中,τ 为剪切力,kPa;C 为量力环率定系数,kPa/0.01 mm;R 为量力环量表读数,0.01 mm;Δl 为剪切位移,0.01 mm;$\Delta l'$ 为手轮转一圈的位移量,0.01 mm;n 为手轮转数。

图 3-10 应变控制式直剪仪

表 3-5 岩石抗剪试验结果

取样编号	状 态	含水率 w/%	内摩擦角 φ/(°)	黏聚力 c/kPa
8-2	天然原状	13.35	15.48	179.03
9-1	天然原状	12.20	34.70	181.87
9-2	天然原状	15.10	22.23	255.04
8-3	饱水原状	—	18.42	66.76
9-5	饱水原状	—	8.26	58.22
8-1/8-5/8-6	重塑	—	32.95	65.24

以剪应力为纵轴、剪切位移为横轴建立直角坐标系,绘图如图 3-11 所示。由图可知,增大竖向压力可提高重塑泥岩的峰值强度及残余强度,因此在该软岩地区修建高速铁路时,应适当提高竖向压力以达到增加土体抗剪强度的目的,从而保证高速铁路的修建及运营安全。

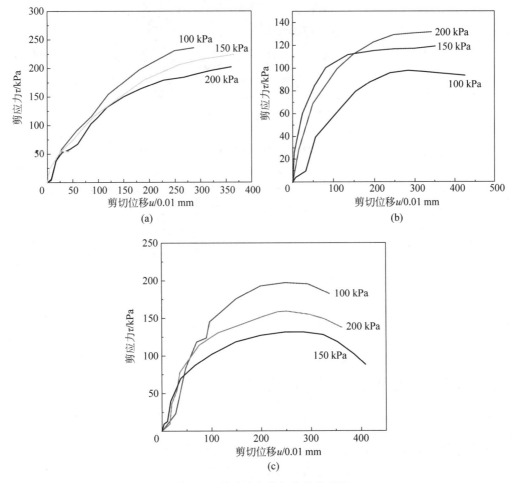

图 3-11 剪应力与剪切位移关系图
(a) 试样 8-2(天然原状);(b) 试样 8-3(饱水原状);(c) 试样 8-1(重塑)

3.1.6 声波测定试验

在进行动荷载分析时,往往需要用到岩土体动弹性模量,为获取其准确数值,基于式(3-6)及式(3-7),采用非金属超声波检测分析仪(见图 3-12)进行声波测定试验,试验结果如表 3-6 所示。

$$v_p = \frac{L}{t_p - t_0} \times 10^3 \tag{3-6}$$

$$E_{动} = \rho V_p^2 \times 10^{-3} \tag{3-7}$$

式中,v_p 为纵波速度,m/s;L 为试样长度,mm;t_p 为起始信号到初至波的时间,μs;t_0 为仪器的对零读数,μs;$E_{动}$ 为动弹性模量,MPa;ρ 为密度,g/cm³。

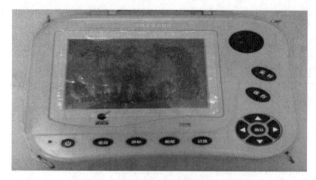

图 3-12 非金属超声波检测分析仪

表 3-6 声波测定试验结果

试 样	密度 ρ/(g/cm³)	高度 /mm	起始信号到初至波的时间 t_p/μs	仪器的对零读数 t_0/μs	纵波速度 v_p/(m/s)	动弹性模量 $E_{动}$/GPa
ZK6-5-7	2.17	119.02	61.2	0	1944.77	8.21
ZK6-5-8	2.22	175.04	104.3	0	1678.24	6.25
ZK6-5-9	2.19	108.48	52	0	2086.15	9.51
ZK6-5-10	2.23	116.99	60.6	0	1930.53	8.30
ZK8-5-13	2.13	115.10	66	0	1743.94	6.47

3.2 软岩黏土矿物成分及结构特征

3.2.1 X 射线衍射试验

在进行高铁穿越采空区稳定性分析时,除通过室内物理力学性能试验获得常规试验参数外,还须对其矿物成分及结构特征有一个清楚的认识,以便于对该地区岩土体做出全面可靠的宏观评价。

对该地区粉砂岩及泥岩样品进行 X 射线衍射分析,取样情况见表 3-7。

表 3-7 取样情况

试验编号	试样编号	深度/m	岩性
1	ZK1-5-8	143.6～143.8	粉砂岩
2-1	ZK2-5-6	43.20～43.40	泥岩
2-2	ZK2-5-23	94.30～94.50	泥岩
3-1	ZK3-5-6	36.55	泥岩
3-2	ZK3-5-19	89.50	泥岩

1. 粉砂岩和泥岩样品 X 射线衍射全矿物试验结果

基于电子显微镜观察和 X 射线衍射图谱的峰值强度及相应面积大小的量算,对主要矿物相对百分含量做了概略计算。表 3-8 为该地区粉砂岩和泥岩样品 X 射线衍射全岩矿物成分表,图 3-13 所示为 X 射线衍射全岩矿物成分分析图。由图 3-13 和表 3-8 可知,贵南高铁(南宁市区段)穿越软岩地层采煤沉陷区主要岩石粉砂岩和泥岩中石英及黏土矿物含量较大。

表 3-8 X 射线衍射全岩矿物成分表

试验编号	试样编号	岩性	矿物含量/%						黏土矿物总量/%
			石英	钾长石	钠长石	方解石	白云石	岩盐 NaCl	
1	ZK1-5-8	粉砂岩	89.2	—	1.1	—	—	—	9.7
2-1	ZK2-5-6	泥岩	29.4	—	—	—	—	—	70.6
2-2	ZK2-5-23	泥岩	57.0	—	0.5	1.0	3.0	—	38.5
3-1	ZK3-5-6	泥岩	39.7	0.3	—	—	—	—	60.0
3-2	ZK3-5-19	泥岩	75.9	0.5	—	—	—	—	23.6

2. 粉砂岩和泥岩样品 X 射线衍射黏土矿物试验结果

由上述分析可知,该地区粉砂岩和泥岩样品中黏土矿物含量较大,因此对其黏土矿物成分进行 X 射线衍射分析,试验结果见表 3-9 及图 3-14。

根据电子显微镜观察和 X 射线衍射图谱的峰值强度及相应面积大小的量算,对主要黏土矿物相对百分含量做了概略计算。由表 3-9 及图 3-14 可知,样品 1 中含有 $(Ni,Mg,Al)_6(Si,Al)_4O_{10}(OH)_8$(Nimite,镍绿泥石)、$Mg_3Mn_2AlSi_3AlO_{10}(OH)_8$(Clinochlore,斜绿泥石)及 $CaAl_2Si_2O_8 \cdot 4H_2O$(Gismondine,斜方钙沸石)三种组成黏土的典型矿物,样品 2-1 中含有 $(Ni,Mg,Al)_6(Si,Al)_4O_{10}(OH)_8$、$Mg_3Mn_2AlSi_3AlO_{10}(OH)_8$ 两种组成黏土的典型矿物,样品 3-1 中含有 $Mg_3Mn_2AlSi_3AlO_{10}(OH)_8$ 及 $CaAl_2Si_2O_8 \cdot 4H_2O$ 两种组成黏土的典型矿物,样品 3-2 中含有 $Mg_3Mn_2AlSi_3AlO_{10}(OH)_8$ 典型黏土矿物;贵南高铁(南宁市区段)穿越软岩地层采煤沉陷区粉砂岩和泥岩样品中黏土矿物主要为伊蒙混层、高岭石和伊利石。

综上所述,该矿样的主要矿物为石英、$(Ni,Mg,Al)_6(Si,Al)_4O_{10}(OH)_8$、$Mg_3Mn_2AlSi_3AlO_{10}(OH)_8$ 及 $CaAl_2Si_2O_8 \cdot 4H_2O$。

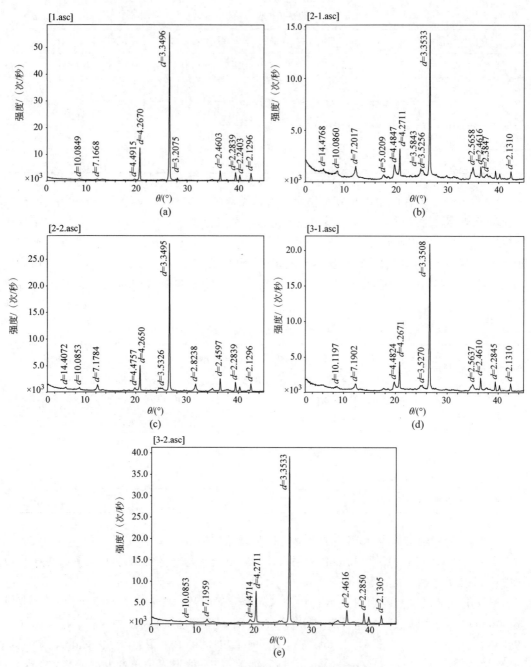

图 3-13 X 射线衍射全岩矿物成分分析图
(a) 粉砂岩 1；(b) 泥岩 2-1；(c) 泥岩 2-2；(d) 泥岩 3-1；(e) 泥岩 3-2

表 3-9 X 射线衍射全岩黏土矿物成分表

试验编号	试样编号	岩性	主要黏土矿物种类及含量/%						混层比/%	
			S	I/S	I	K	C	C/S	I/S	C/S
1	ZK1-5-8	粉砂岩	—	27	19	36	18	—	65	—
2-1	ZK2-5-6	泥岩	—	29	19	28	18	6	35	—

续表

试验编号	试样编号	岩性	主要黏土矿物种类及含量/%						混层比/%	
			S	I/S	I	K	C	C/S	I/S	C/S
2-2	ZK2-5-23	泥岩	—	26	18	38	18	—	35	—
3-1	ZK3-5-6	泥岩	—	30	14	31	15	10	45	—
3-2	ZK3-5-19	泥岩	—	25	17	35	18	5	35	—

说明：S—蒙皂石（包括蒙脱石和皂石）；I/S—伊蒙混层；I—伊利石；K—高岭石；C—绿泥石；C/S—绿蒙混层。

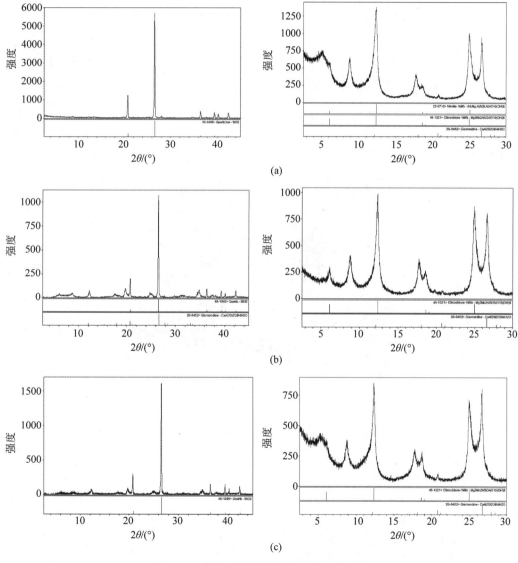

图 3-14 样品 X 射线衍射及精细扫描结果

(a) 粉砂岩 1；(b) 泥岩 2-1；(c) 泥岩 3-1；(d) 泥岩 3-2

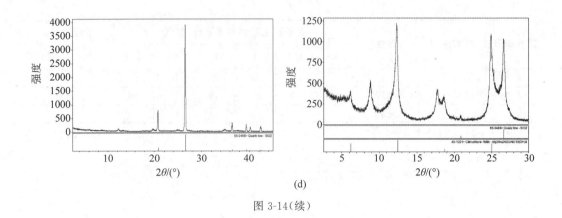

(d)

图 3-14(续)

3.2.2 电镜扫描试验

为确定该地区粉砂岩和泥岩的微观结构之间的连接特征对高铁穿越采空区稳定性的影响,采用 TESCAN VEGA 扫描电镜(见图 3-15),对具有新鲜断面的粉砂岩和泥岩样品进行电镜扫描试验,试验结果见图 3-16～图 3-20。

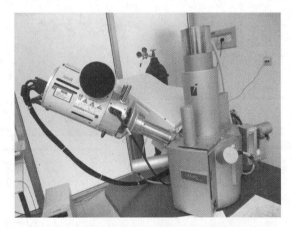

图 3-15 TESCAN VEGA 扫描电镜

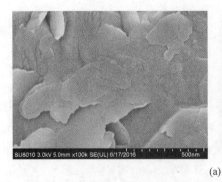

(a)

图 3-16 粉砂岩样品 1 电子显微镜微观结构分析

(a) 500 nm 微观结构;(b) 1 μm 微观结构;(c) 2 μm 微观结构;(d) 5 μm 微观结构

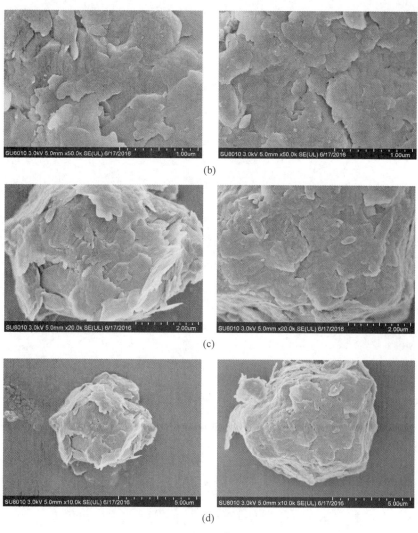

(b)

(c)

(d)

图 3-16(续)

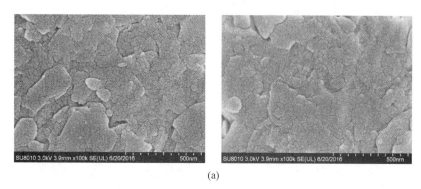

(a)

图 3-17　泥岩样品 2-1 电子显微镜微观结构分析

(a) 500 nm 微观结构；(b) 1 μm 微观结构；(c) 2 μm 微观结构；(d) 5 μm 微观结构

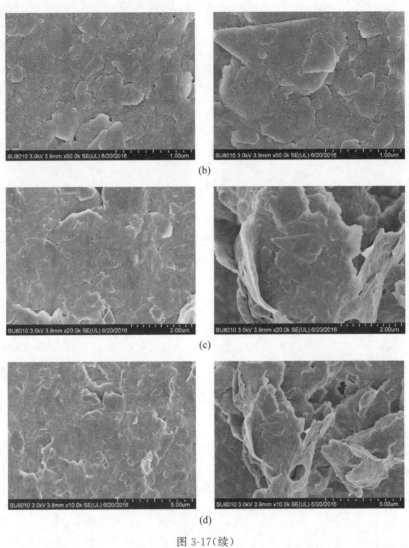

图 3-17(续)

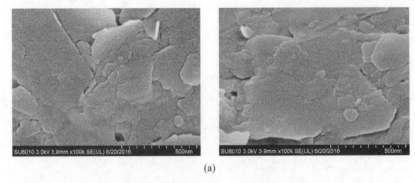

图 3-18 泥岩样品 2-2 电子显微镜微观结构分析

(a) 500 nm 微观结构；(b) 1 μm 微观结构；(c) 2 μm 微观结构；(d) 5 μm 微观结构

第3章 软岩地层物理力学特性试验 61

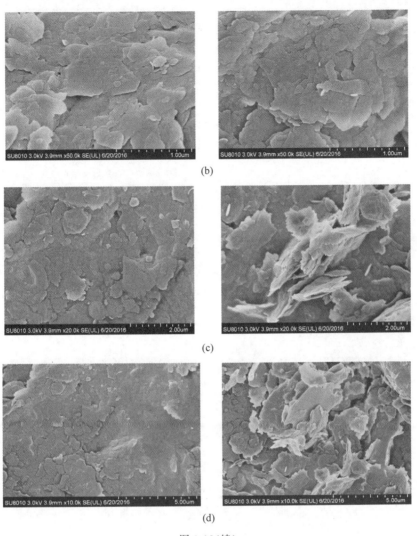

(b)

(c)

(d)

图 3-18(续)

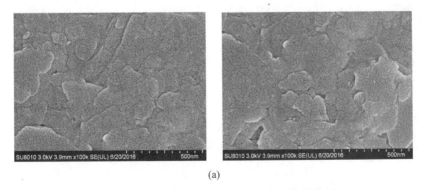

(a)

图 3-19 泥岩样品 3-1 电子显微镜微观结构分析

(a) 500 nm 微观结构;(b) 1 μm 微观结构;(c) 2 μm 微观结构;(d) 5 μm 微观结构

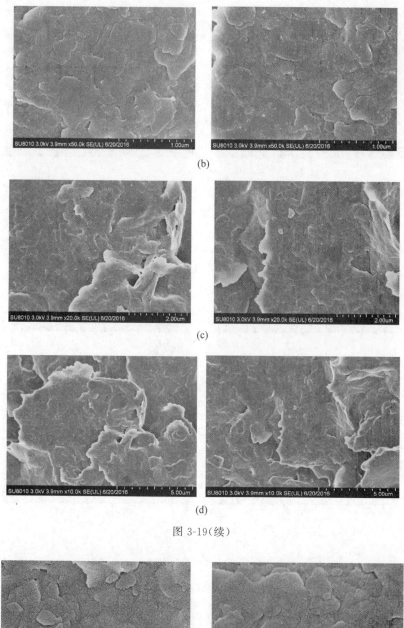

图 3-19(续)

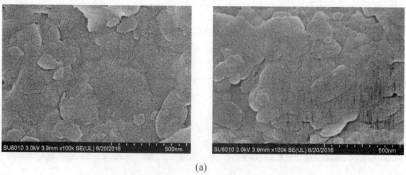

图 3-20 泥岩样品 3-2 电子显微镜微观结构分析

(a) 500 nm 微观结构;(b) 1 μm 微观结构;(c) 2 μm 微观结构;(d) 5 μm 微观结构

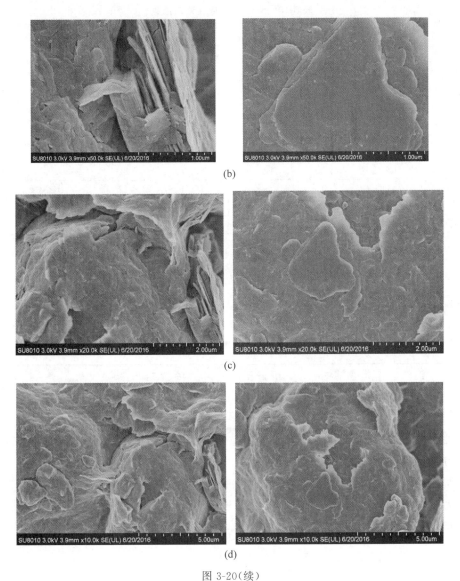

图 3-20(续)

由以上图可知,含有黏土矿物的岩石,伊蒙混层在岩石颗粒表面呈片状、定向分布,局部有溶蚀孔洞发育,综合判断该地区泥岩为质量较差的强膨胀性极软岩。

3.3 岩土层物理力学指标及围岩分类评价

3.3.1 物理力学指标

基于《岩土工程勘察规范(2009 年版)》(GB 50021—2001),对通过室内试验获得的岩土体物理力学参数进行统计、分析及数据检验后,整理如表 3-10 所示。

表 3-10　物理力学特性试验结果

岩土层	孔隙比 e	重度 $\gamma/(kN/m^3)$	抗压强度 σ_c/MPa	压缩模量 E_{s1-2}/MPa	内摩擦角 $\varphi/(°)$	黏聚力 c/kPa	基本承载 σ_0/kPa
素填土①	1.20	18.0	—	7.2	7	15	—
圆砾②	0.45	22.0	—	25.0	34	0	350
泥岩③	0.72	19.8	0.66	14.4	14	88	260
粉砂岩③$_1$	0.65	21.5	0.78	18.0	28	25	300
泥岩④	0.46	21.5	1.03	21.0	17	123	300
粉砂岩④$_1$	0.63	21.7	1.39	25.0	30	35	350
泥岩⑤	0.41	22.0	2.15	26.0	21	179	800
粉砂岩⑤$_1$	0.53	22.7	2.52	28.0	33	45	850
煤岩	1.00	17.0	3.00	16.0	16	40	250

3.3.2　围岩分类评价

根据《岩土工程勘察规范(2009年版)》(GB 50021—2001)中对岩石坚硬程度的分类见表 3-11。

表 3-11　岩石坚硬程度分类

类　　别	坚硬岩	较硬岩	较软岩	软岩	极软岩
单轴抗压强度/MPa	$\sigma_c>60$	$60\geqslant\sigma_c>30$	$30\geqslant\sigma_c>15$	$15\geqslant\sigma_c>5$	$\sigma_c\leqslant5$

该地区粉砂岩、泥岩及煤岩的饱和单轴抗压强度均小于 5 MPa,由表 3-11 可以判定其为极软岩。

第4章

采空区地表变形及考虑断层效应的采空区场地稳定性

4.1 贵南高铁采空区场地地表移动与变形

4.1.1 开采沉陷预计系统

开采沉陷预计采用青岛理工大学王旭春教授及其团队基于概率积分法开发的"开采沉陷环境资源损害可视化评价系统"(SERDVES 2008),该系统实现了开采沉陷工程分析设计中的沉陷预测和开采方案优化设计两大技术工作的计算机系统化,可以为开采方案决策提供全面、快速、准确的科学依据。系统总体流程图见图4-1,系统启动界面如图4-2所示。

该系统具有以下特色。

(1) 一体化:实现开采沉陷预测与开采方案设计的一体化。

(2) 集成化:实现多种采法预计及方案设计的集成化、多种绘图处理及工程分析系统的集成化。

(3) 可视化:系统操作可视化、计算成果可视化及GIS空间可视化。

(4) 标准化:系统操作界面标准化、输出成果数据格式标准化。

4.1.2 计算范围选取

大盘井采区采空区范围较大,分布较广且平面形状复杂。而本项目三种线位方案只有部分线路穿越部分采空区。因此为简化计算,仅对部分区域进行开采沉陷计算。在一定程度上对采空区平面形状进行合理简化。计算范围取正方形,边长约1600 m,简化后的采空区边界见图4-3。

4.1.3 计算参数确定

结合《煤矿采空区岩土工程勘察规范》(GB 51044—2014)及矿区工程勘察报告,确定开采沉陷预计计算参数如表4-1、表4-2所示。

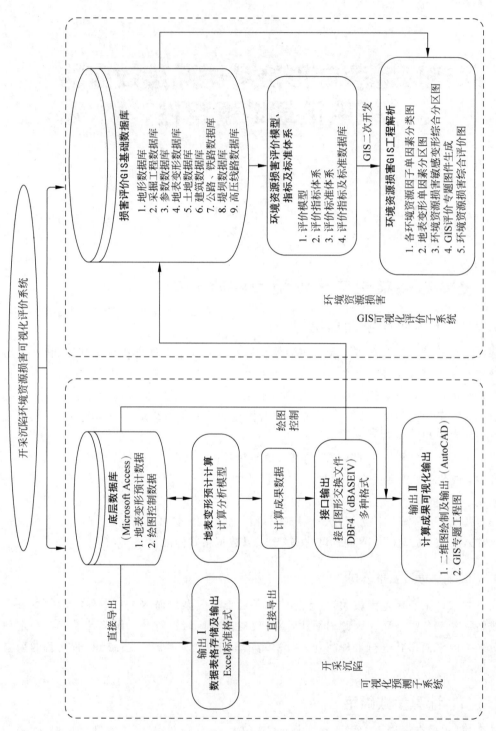

图 4-1 系统总体流程图

图 4-2　SERDVES 2008 系统启动界面

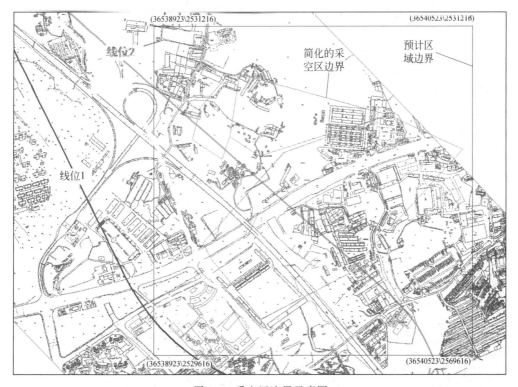

图 4-3　采空区边界示意图

表 4-1 开采沉陷计算参数

覆岩类型	覆岩岩性 主要岩性	覆岩岩性 饱和单轴抗压强度 σ_c/MPa	下沉系数 q	水平移动系数 b	移动角/(°) δ	移动角/(°) γ	移动角/(°) β	边界角/(°) δ_0	边界角/(°) γ_0	边界角/(°) β_0	主要影响角正切值 $\tan\beta$	拐点偏移距/采深 (S_0/H)	影响传播角 θ/(°)
坚硬岩	主要成分为中生代地层硬砂岩、硬灰岩	>60	0.27~0.54	0.2~0.3	75~80	75~80	$\delta-(0.7\sim0.8)\alpha$[①]	60~65	60~65	$\delta_0-(0.7\sim0.8)\alpha$	1.20~1.91	0.31~0.43	90°-(0.7~0.8)α
较硬岩	主要成分为中生代地层中硬砂岩、石灰岩、砂质页岩	30~60	0.55~0.84	0.2~0.3	70~75	70~75	$\delta-(0.6\sim0.7)\alpha$	55~60	55~60	$\delta_0-(0.6\sim0.7)\alpha$	1.92~2.40	0.08~0.30	90°-(0.6~0.7)α
较软岩~极软岩	主要成分为新生代地层砂质页岩、页岩、泥灰岩及黏土、砂质黏土等松散层	<30	0.85~1.00	0.2~0.3	60~70	60~70	$\delta-(0.3\sim0.5)\alpha$	50~55	50~55	$\delta_0-(0.3\sim0.5)\alpha$	2.41~3.54	0~0.07	90°-(0.5~0.6)α

① α是煤层倾角。

表 4-2 地表移动参数取值

参数	厚度/m	倾角 δ/(°)	下沉系数 q	水平移动系数 b	主要影响角正切值 $\tan\beta$	拐点偏移距 S_0	影响传播角 θ/(°)
取值	1360	1	0.9	0.25	2.41	$0.05H$[①]	89

① H 为采深。

4.1.4 计算结果分析

基于采掘工程平面图及所选计算范围和预计参数,可计算出煤层开采引起的地表沉降变形及水平位移如图 4-4 和图 4-5 所示。由图中沉陷等值线可知,地表最大沉降值约为 1330 mm,但其并非处于采空区的几何中心位置,而是位于采空区西北侧即断层上盘区域。水平位移在采空区中部最小,其最大值为 320 mm,位于采空区边界地带,且在采空区边界位置变化较大;将沉降值为 10 mm 的边界线定义为地表移动盆地边界,该边界线距采空区边界约 45 m;线位方案 2 自南向北横穿整个采空区,线位方案 3 紧邻地表移动盆地边界,两条线路均受采动作用影响。

为查明线位 2、线位 3 局部区域沉陷详细情况,选取两条剖切线分别进行计算,其中剖切线 1 自西向东穿越采空区,剖切线 2 与线位方案 2 重合,其位置示意图见图 4-6,计算结果如图 4-7~图 4-9 所示。

由图 4-7 和图 4-8 可知,当剖切线 1 与采空区两侧边界距离较近时,其水平移动、竖向沉降及倾斜程度均明显增大,随后水平移动与倾斜程度逐渐变小,在采空区中部位置达到极小

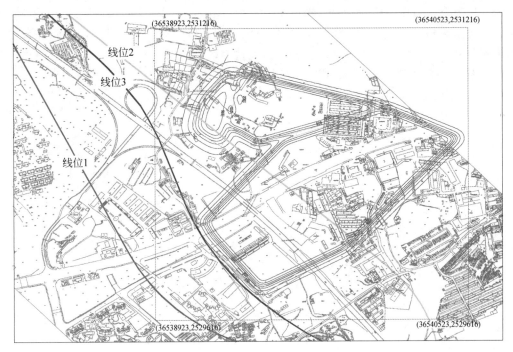

图 4-4 地表沉降变形

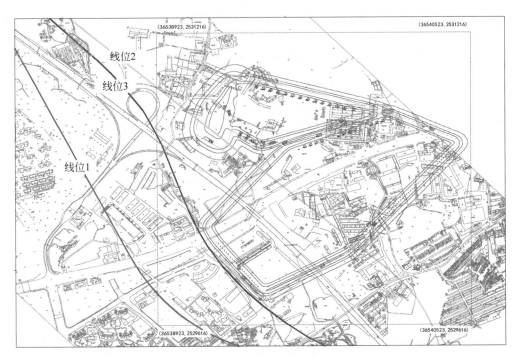

图 4-5 地表水平位移

值,而竖向沉降在采空区边界达到峰值后一直保持稳定直至穿越采空区。剖切线 2 与剖切线 1 变化规律的不同之处是,其在断层处水平移动、竖向沉降及倾斜度均达到峰值,说明断层对线位方案 2 影响较大,在进行动荷载及稳定性分析时应重点考虑断层效应。

线位方案 1 与地表移动盆地边界最小距离约 280 m,可认为其不受采动作用影响;线位方案 2 水平移动较小可以忽略,但其受采空区影响区段长 1240 m,且竖向沉降分布受断层影响显著;而线位方案 3 途经地表移动盆地边界,其水平移动较小且竖向沉降明显小于线位方案 2,但其倾斜度较大,施工时可能会出现路基倾斜问题。

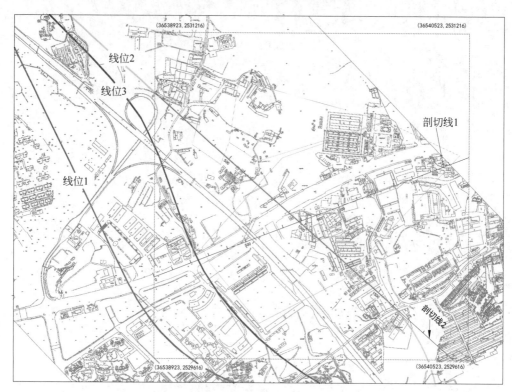

图 4-6　剖切线位置示意图

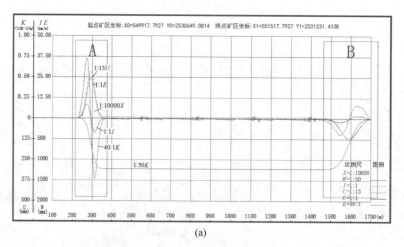

(a)

图 4-7　地表沉降变形图(剖切线 1)
(a)剖切线 1;(b) A 区域放大图;(c) B 区域放大图

第4章 采空区地表变形及考虑断层效应的采空区场地稳定性

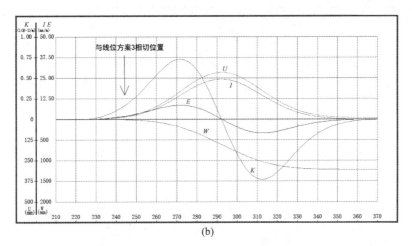

(b)

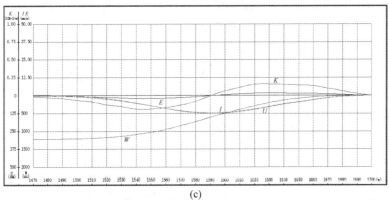

(c)

图 4-7(续)

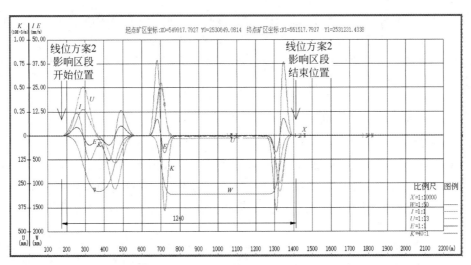

图 4-8 地表沉降变形图(剖切线 2)

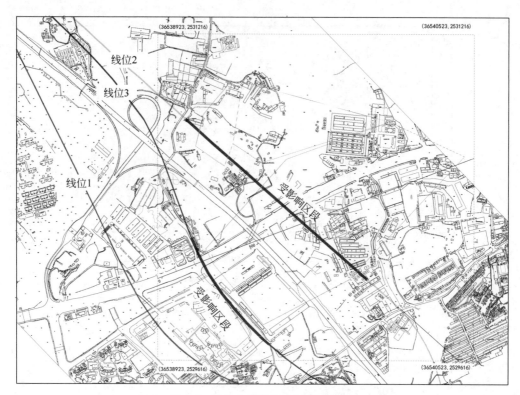

图 4-9 线位方案受影响区段示意图

4.2 煤层开采后地表变形与沉降规律分析

4.2.1 数值模拟方法

数值模拟方法可以较全面地考虑地层变化、断层空间分布的影响以及回采工作面的推进过程，实现对地表变形特性及沉陷规律的合理分析，因此本节拟采用 MIDAS/GTS-FLAC3D 耦合的三维数值模拟方法探究煤层开采引起的地表变形与沉降规律，其模型转换流程如图 4-10 所示。

4.2.2 计算模型构建

1. 边界范围确定

以贵南高铁（南宁市区段）穿越大盘井采煤沉陷区为工程背景，基于开采沉陷环境资源损害可视化评价系统计算结果及工程地质剖面图（见图 4-11），确定模型边界范围如图 4-12 所示。值得注意的是，边界范围内存在多个断层。

2. 模型网格剖分

基于上述工程地质剖面图及所确定边界范围构建三维工程地质模型，在 MIDAS/GTS 软件中建立采空区、望胜岭断层和线位方案平面相对位置关系如图 4-13 所示。按前述耦合建模方法导入 FLAC3D 后完成材料属性赋值，得到地层分布、采空区及望胜岭正断层空间

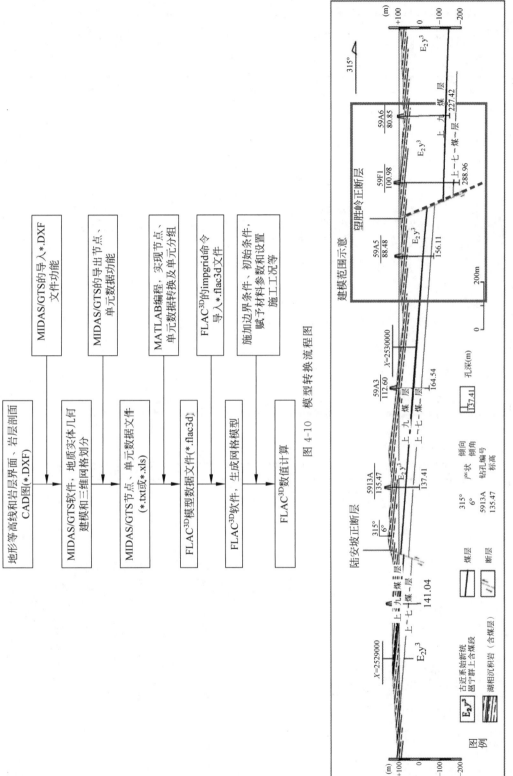

图 4-10 模型转换流程图

图 4-11 工程地质剖面图

展布特征见图 4-14 和图 4-15。采用适应复杂形状能力较强的四面体单元对其进行网格剖分，三维网格模型如图 4-15 所示。模型范围内有望胜岭正断层穿过采空区，在 MIDAS/GTS 有限元软件中一般采用 interface 单元模拟断层，该断层的位置及网格划分如图 4-16 所示。

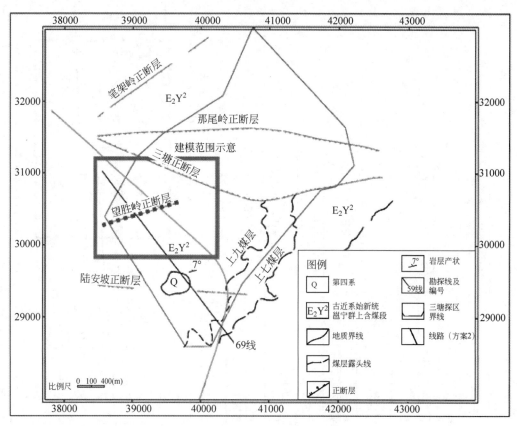

图 4-12　模型边界范围及地质构造简图

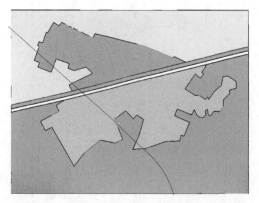

图 4-13　线位方案与采空区位置关系示意图

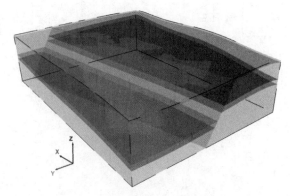

图 4-14　三维透明地质模型图（含断层）

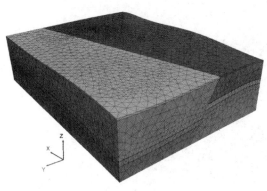
图 4-15 三维网格模型图(含断层)

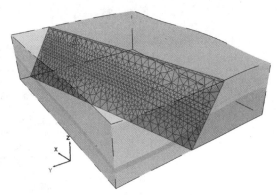
图 4-16 望胜岭断层位置及网格划分图

3. 岩土体物理力学参数选取

结合工程勘察报告及现场原位测试试验结果,综合确定岩土体物理力学参数,见表 4-3。

表 4-3 岩土体物理力学参数

名 称	密度 ρ/(kg/m³)	弹性模量 E/MPa	泊松比 μ	内摩擦角 φ/(°)	黏聚力 c/kPa
素填土①	1800	50	0.35	7	15
全风化泥岩③	1980	70	0.33	14	88
全风化砂岩③$_1$	2150	90	0.33	28	25
强风化泥岩④	2160	630	0.30	18	146
强风化砂岩④$_1$	2170	750	0.30	30	35
中风化泥岩⑤	2120	910	0.28	25	185
中风化砂岩⑤$_1$	2270	980	0.28	33	45
煤岩	1700	400	0.31	16	40

4.2.3 模拟结果分析

1. 地表沉降变形

基于前文所述地表影响范围划定标准,以沉降值为 10 mm 的等值线作为地表移动盆地边界线,大盘井采空区地表沉降云图及其影响范围如图 4-17 所示。由图可知,其地表移动盆地边界范围与前文开采沉陷系统得出的范围基本一致,这在一定程度上验证了开采沉陷系统的合理性与精确性。地表变形分析以竖向沉降为主,最大沉降量为 1320 mm,但受望胜岭断层影响,最大沉降量并未处于采空区中心位置,而是位于断层北侧采空区中心处。望胜岭断层两侧地表变形均表现为竖向沉降但不连续,断层上盘采空区沉降明显大于断层下盘的地表沉降。线位方案 2 受采空区影响区段较长,且竖向沉降分布受断层影响显著,而线位方案 3 途经地表移动盆地边界,两者均受到采动作用影响。

为进一步研究采动作用对采空区上覆地层的影响,选取四个斜穿大盘井采空区的垂直剖面进行分析,如图 4-18 所示,其沉降变形云图如图 4-19 所示。沿线设置三个地表沉降监测点,见图 4-20,沉降变形发展曲线如图 4-21 所示。

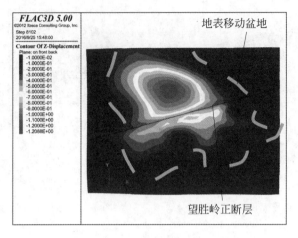

图 4-17 地表沉降云图

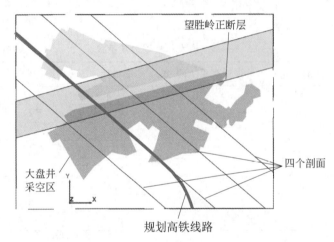

图 4-18 剖面线布置示意图

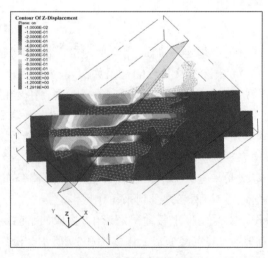

图 4-19 地表沉降云图

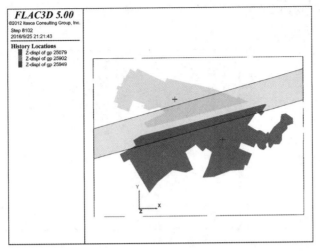

图 4-20 地表沉降监测点布置

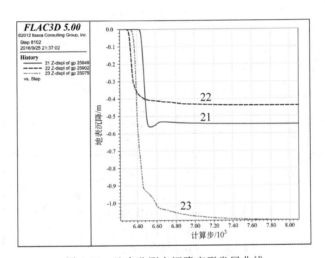

图 4-21 地表监测点沉降变形发展曲线

由图 4-21 可知,煤层开采引起的高速铁路沿线地表沉降变形在望胜岭断层两侧差距较大,如对该不连续变形处理不当,则修建高铁路基时易产生倾斜变形。断层上盘地表监测点沉降量最大,变形稳定所需时间最长,这与开采沉陷预计系统计算结果相近,从而验证了开采沉陷系统的合理性与精确性,同时可将理论计算与数值模拟结果进行对比分析,为后续高铁穿越采空区的稳定性计算分析提供依据。

2. 地表水平位移

地表水平位移云图如图 4-22 和图 4-23 所示。望胜岭断层上盘东西向水平位移较大,最大值约 457 mm;南北向水平位移均布于望胜岭断层上、下盘,最大位移约 311 mm。线位方案有较长距离处于水平移动变形区域内,受采动作用影响较大,其水平移动变形可达 300 mm。与竖向沉降分布规律相似,地表水平变形同样是在望胜岭正断层上盘区域发展较为显著。断层的存在一方面会切断其两侧地层变形的连续性,另一方面断层自身的空间展布也会影响地层变形的发展。

彩图

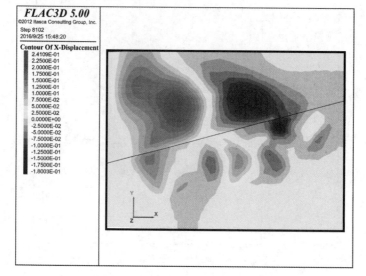

图 4-22　东西向地表水平移动云图

彩图

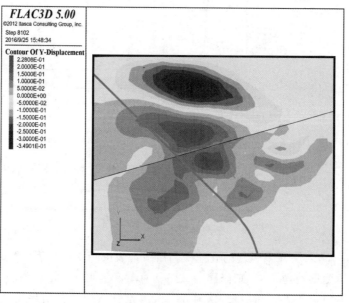

图 4-23　南北向地表水平移动云图

4.3　考虑断层效应的采空区场地稳定性分析

4.3.1　有限元模型构建

数值模拟方法可以较全面地考虑地层变化、断层空间分布的影响以及回采工作面的推进过程，实现对地表变形特性及沉陷规律的合理分析，因此本节拟采用 PLAXIS 2D 有限元软件探究高铁动荷载对软岩采空区地表沉降及路基变形的影响机理。PLAXIS 2D 有限元计算软件是一款专注于解决岩土工程问题的二维有限元程序，其由荷兰代尔夫特理工大学于 1987 年研发并于 1998 年正式推广商用。该软件适用于绝大多数岩土工程问题,尤其擅长分析计算隧道工程、边坡工程及公路工程中岩土的变形与稳定性分析。其具有界面友好、简单易操作的优点,且支持自动划分网格并可进行局部加密以达到较好的计算精度。PLAXIS 2D 软件的计算流程如图 4-24 所示。后处理方面,相较于 ABAQUS、ANSYS 等通用有限元软件,该软件专门用于解决岩土类工程问题,具有强大的岩土分析与输出功能,可动态显示计算过程的基本信息,方便使用者对计算过程进行实时监控并按需提取计算结果。

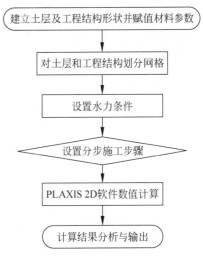

图 4-24 PLAXIS 2D 计算流程图

以贵南高铁(南宁市区段)穿越大盘井采煤沉陷区为工程背景,基于综合勘探结果及工程地质剖面图对其进行适当合理的简化,确定模型边界范围如图 4-12 所示。为有效降低边界效应影响,模型边界范围沿线路走向取 2100 m,沿深度方向取 500 m,同时在数值模拟中考虑到动力影响,模型底部边界及左右边界均采用黏性边界,该类型边界可有效消除动力波在边界处发生折射或反射造成的影响,使结果更加真实合理。

采用 PLAXIS 2D 岩土工程分析软件,建立地层分布、采空区、望胜岭断层,如图 4-25 所示。采用适应复杂形状能力较强的三角形单元对其进行网格剖分,网格模型如图 4-26 所示。为便于对计算结果进行分析,在软岩采空区上覆岩土层及断层处设置监测点如图 4-27 所示,其中 S1~S10 为地表变形及应力监测点,F1~F7 为断层不同深度变形及应力监测点,G1~G6 为采空区变形及应力监测点,K1~K6 为采空区上方垮落带变形及应力监测点。

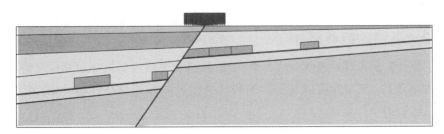

图 4-25 有限元数值模型示意图

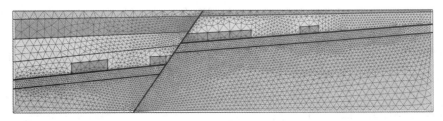

图 4-26 模型网格剖分

岩土体采用 Mohr-Coulomb 本构模型。结合工程勘察报告及现场原位测试结果,综合确定计算模型岩土体物理力学参数,见表 4-4。需要注意的是,为简化计算,本研究采用弱

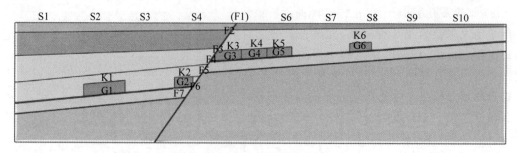

图 4-27 监测点布置

化的岩土体物理力学参数来模拟采空区及断层。

表 4-4 计算模型岩土体物理力学参数

名 称	密度 $\rho/(kg/m^3)$	弹性模量 E/MPa	泊松比 μ	内摩擦角 $\varphi/(°)$	黏聚力 c/kPa
素填土①	1800	50	0.35	7	15
全风化泥岩③	1980	70	0.33	14	88
全风化砂岩③$_1$	2150	90	0.33	28	25
强风化泥岩④	2160	630	0.30	18	146
强风化砂岩④$_1$	2170	750	0.30	30	35
中风化泥岩⑤	2120	910	0.28	25	185
中风化砂岩⑤$_1$	2270	980	0.28	33	45
煤岩	1700	400	0.31	16	40
强风化砂岩(垮落)	220	37	0.36	25	15
全风化砂岩(垮落)	205	8	0.4	23	5
充填煤岩	175	20	0.37	11	10

4.3.2 高铁动荷载施加

本节主要研究动荷载对地基土的影响,考虑到高铁动荷载的循环周期往复特征以及出于简化计算的考虑,采用静荷载与正弦函数的叠加函数来模拟高铁动荷载,见式(4-1)及式(4-2)。

$$F(t) = P_0 + P\sin\omega t \tag{4-1}$$

$$P = m_0 a \omega^2 \tag{4-2}$$

式中,t 为时间,s;P_0 为车轮静荷载,kN;ω 为圆频率,rad/s;P 为振动荷载,kN;m_0 为簧下质量,kg;a 为矢高,mm。

由于周围轮重的应力叠加及路基对动应力的吸收与衰减作用,施加在地基土体上的动荷载应取为 $0.15F(t)$,kN。

4.3.3 动力特性分析

图 4-28 所示为不同动力时间地表处监测点动应力随水平距离变化曲线图。由图可知,不同动力时间点处动应力沿高铁前进方向均呈波动形变化趋势,当动力时间 $t=12$ s 时,即高铁驶过断层区域时,断层处动应力变化最为明显,说明断层处动力响应更敏感,相较于其

余各处易发生失稳滑移。受断层效应影响显著,断层上盘动应力变化幅度及峰值明显大于断层下盘动应力变化幅度及峰值,且其变化更为剧烈。由于地表距各采空区相对较远,因此采空区对动荷载引起的地表动应力沿高铁行驶方向分布影响较小。

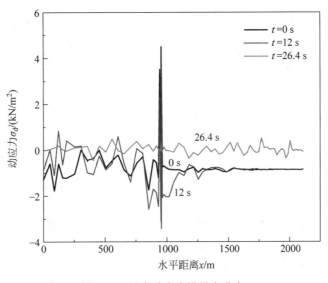

图 4-28　地表动应力沿纵向分布

动力时间 $t=12$ s 时不同深度处高铁动荷载引起的动应力沿纵向分布见图 4-29。由图可知,不同深度处的动应力在断层处变化幅度最为明显,且动应力峰值位于断层上盘。与地表动应力分布不同的是,其变化趋势随着纵向深度的增加受采空区影响愈发明显。图 4-29(a)中,由于采空区 G1、G3 及 G4 采深较大,$h=-40$ m 处的动应力变化趋势受采空区影响较小;而采空区 G2、G5 及 G6 距 $h=-40$ m 剖面较近,因此动应力变化趋势在相应采空区所在位置上方变化较为明显。图 4-29(b)及(c)中,动应力分布受采空区 G1、G2 影响相对较小,受采空区 G3、G4、G5 及 G6 影响较大;图 4-29(d)中,由于采空区 G1 及 G2 距 $h=-320$ m 剖面较近,因此动应力在相应位置处波动较大,而其余采空区对 $h=-320$ m 处高铁动荷载引起的动应力分布影响较小。基于上述分析,可以得出以下结论:随着纵向深度的不断增加,动应力分布及峰值大小由断层滑移主导逐渐转变为断层及采空区共同控制。

图 4-30 所示为动应力峰值随纵向深度变化曲线。由图可知,动应力在向下传播过程中受岩土体阻尼作用影响呈衰减趋势,在 $h=80$ m 处动应力衰减至地表动应力的 10%,说明考虑断层效应及采空区影响作用后,高铁动荷载对软岩采空区上覆岩土层动力特性的影响深度约为 80 m,即在进行高铁路基设计时,应将动应力考虑地表以下 80 m 内的地基承载力验算,而纵向深度 h 大于 80 m 时,高铁动荷载对软岩采空区的影响需结合位移结果进行分析判断。

4.3.4　沉降变形分析

高铁驶出断层分布的软岩采空区后上覆岩土层位移云图如图 4-31 所示。由图可知,总位移最大值约为 1.837 mm,竖向沉降最大值约为 1.712 mm,因此可认为动荷载对软岩采空区的形变影响主要表现在竖向沉降变形上。总位移最大值及竖向位移最大值均位于断层

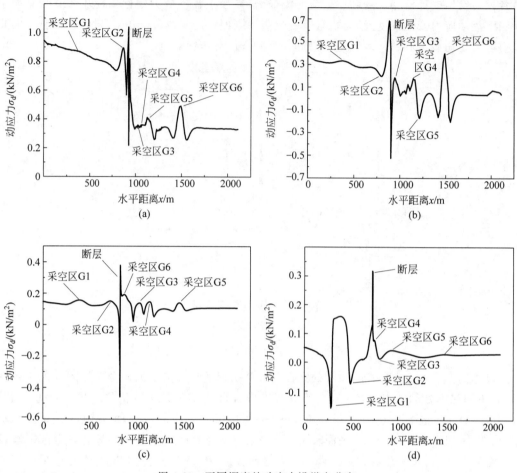

图 4-29 不同深度处动应力沿纵向分布

(a) -40 m;(b) -80 m;(c) -160 m;(d) -320 m

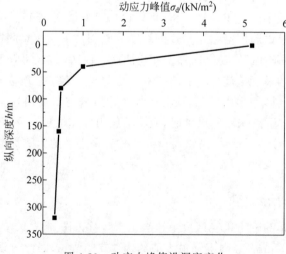

图 4-30 动应力峰值沿深度变化

上盘靠近断层处地表,且上盘位移明显大于断层下盘位移,说明高铁动荷载作用下,采空区地表变形受断层效应影响显著。

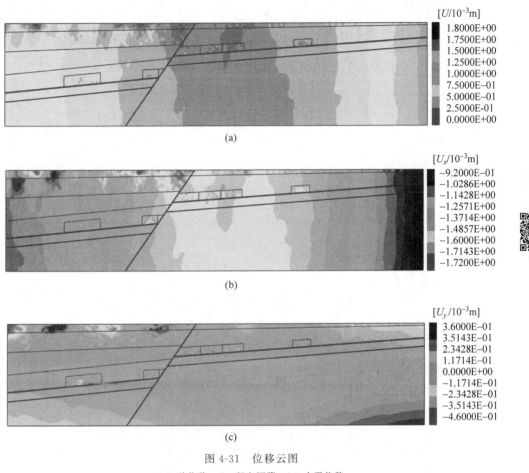

图 4-31 位移云图
(a) 总位移;(b) 竖向沉降;(c) 水平位移

由上述分析可知,高铁动荷载引起的地表变形主要表现在竖向沉降上,鉴于此,绘制地表竖向沉降变形随动力时间变化曲线,如图 4-32 所示。动力时间 $t=0$ s 时,即对应高铁即将驶入模型边界范围;$t=12$ s 时,对应高铁驶过断层正上方;$t=24.6$ s 时,对应高铁驶出模型边界范围。由图 4-32 可知,断层上盘监测点竖向沉降明显大于断层下盘监测点竖向沉降,这与前文动应力分析结果一致,在一定程度上验证了该模型的合理性与精确性。值得注意的是,相比于断层上盘监测点竖向沉降变化,断层下盘监测点竖向沉降变化呈现出一定的滞后性,其在高铁驶过断层后(即动力时间 $t=12$ s 后)才开始发生明显变化。监测点 S5(监测点 F1)即断层与地表交点处竖向沉降变化最为明显,其余各监测点竖向沉降随着与监测点 S5 距离的增大而逐渐减小,说明地表处竖向沉降主要受断层效应控制。

图 4-33 所示为断层处监测点竖向沉降随动力时间变化曲线。由图可知,断层处各监测点竖向沉降均在 $t=12$ s 时达到峰值,且地表监测点 F1 竖向沉降峰值最大,监测点 F7 竖向沉降峰值最小,其余各监测点竖向沉降峰值随着纵向深度的增加不断减小。

为分析动荷载采空区及垮落带竖向沉降的影响,绘制采空区及垮落带竖向沉降随动力

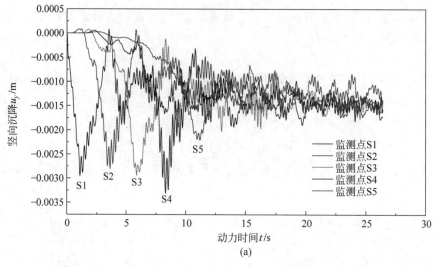

(a)

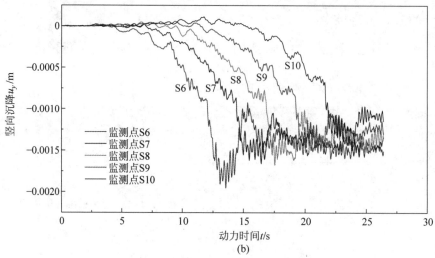

(b)

图 4-32 地表竖向沉降随时间变化曲线

(a) 断层上盘；(b) 断层下盘

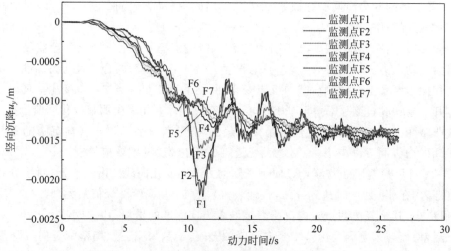

图 4-33 断层监测点竖向沉降变化曲线

时间变化曲线,如图 4-34、图 4-35 所示。由图 4-34 及图 4-35 可知,采空区及垮落带竖向沉降变化趋势相似,且受断层效应影响较小。其竖向沉降峰值出现在监测点 G3 及监测点 K3 处,监测点 G4 及监测点 K4 竖向沉降大小次之,分析其原因为:采空区 G3、G4 及垮落带 K3、K4 紧邻断层,且采深较浅,受动荷载及断层效应影响显著。

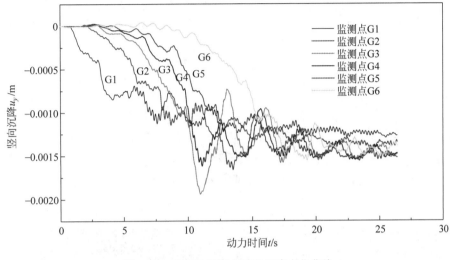

图 4-34　采空区监测点竖向沉降变化曲线

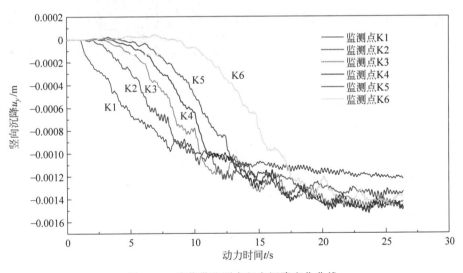

图 4-35　垮落带监测点竖向沉降变化曲线

图 4-36 所示为竖向沉降峰值随动力时间变化曲线,图 4-37 所示为 $t=12\ \mathrm{s}$(高铁驶过断层)时竖向沉降变形分布云图。由图可知,高铁穿越软岩采空区过程中,其竖向沉降峰值先增大后减小,在高铁穿越断层时其峰值达到极值 2.210 mm,该竖向沉降极值小于《高速铁路设计规范》(TB 10621—2014)中所要求的 15 mm。由于在达到强度破坏之前变形已经超限,因此变形控制是高速铁路设计考虑的主要因素,鉴于此可认为高铁穿越该软岩采空区的稳定性较好。高铁在经过采空区 G1~G6 时,竖向沉降峰值明显大于其余行驶区间的竖向沉降峰值,说明虽然采空区采深较大,但其变形仍受到高铁动荷载的影响。

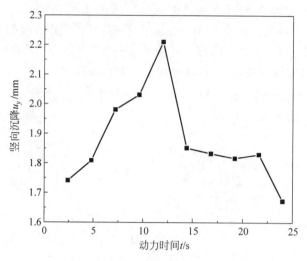

图 4-36　竖向沉降峰值变化曲线

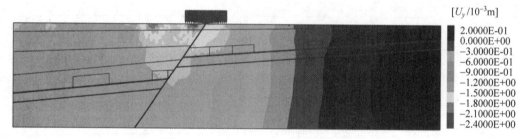

图 4-37　$t=12$ s 竖向沉降变形分布云图

第5章

基于PSP-InSAR高铁下伏老采空区稳定性监测分析

5.1 PSP-InSAR 测量技术及优势

5.1.1 InSAR 测量技术的原理

InSAR 是合成孔径雷达技术和干涉测量技术相结合的一项技术,该技术利用两幅或多幅合成孔径雷达(synthetic aperture radar,SAR)图像中的相位数据,能获取大范围、高精度的地表形变信息和变化信息,实现从空间长时间对全球地表变形进行监测的目的,其基本原理如图 5-1 所示。与传统测量技术相比,InSAR 测量技术具有非接触式测量、可进行全天时、全天候及高精度和全覆盖形变监测等优点。

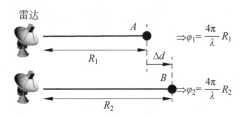

图 5-1 InSAR 技术基本原理示意图

注:R_1、R_2 分别为形变发生前后距雷达的距离;A、B 分别表示形变发生前后的位置;Δd 为形变量;φ_1、φ_2 分别为形变发生前后的形变相位;λ 为雷达信号的波长。

5.1.2 传统 InSAR 形变测量法

20 世纪末,作为传统的 InSAR 形变测量算法的二轨法最早由 Massonnet 提出,该方法是基于变化前后的 SAR 图像干涉相位图与数字高程模型(digital elevation model,DEM)数据模拟干涉相位图之差获得地表形变信息。

利用二轨法获得的几何模型如图 5-2 所示。SAR 卫星发生形变前后的位置分别用 M 和 S 表示。在现实情况下,两颗卫星之间会有一定的空间基线 B 而不是完全重轨。因此,在发生形变之后,目标点的位置由 A 移动到了 A'。在得到干涉相位与模拟地形相位之差后,SAR 视线(LOS)方向上的目标点的形变量 Δr 与形变相位 φ_{def} 的关系可表示为

$$\varphi_{def} = -\frac{4\pi}{\lambda}\Delta r \tag{5-1}$$

式中,λ 为雷达信号的波长。

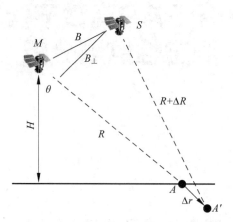

图 5-2 传统 InSAR 形变测量技术的几何模型

注:M、S 分别表示卫星发生形变前后的位置;R 表示卫星发生形变前距目标点 A 的距离;$R+\Delta R$ 表示卫星发生形变后距目标点 A' 的距离;Δr 表示目标点的形变量;B 表示两颗卫星之间的空间基线;$B_\perp$ 与 R 垂直;H 表示卫星发生变形前的高度;θ 表示 R 与 H 两线的夹角。

由式(5-1)可知,雷达波长 λ 为分母,对 D-InSAR 测量技术的精度影响较大。

5.1.3 PS-InSAR 形变测量方法

由 InSAR 理论可知,目标点的地形相位利用二轨法补偿之后,其残余干涉相位可表示为

$$\varphi_{int,resi} = \varphi_{def} + \Delta\varphi_{topo} + \Delta\varphi_{atmo} + \Delta\varphi_{track} + \Delta\varphi_{noise} \tag{5-2}$$

式中,φ_{def} 为形变引入的相位项;$\Delta\varphi_{topo}$ 为外部 DEM 不精确引入的误差相位项;$\Delta\varphi_{atmo}$ 为大气相位项;$\Delta\varphi_{track}$ 为卫星定轨误差引入的相位项;$\Delta\varphi_{noise}$ 为其他未建模因素引入的随机相位项。

由于非理性因素导致上式的后四项数值较大,因此,传统的二轨法对于有高精度需求的形变信息来说不适用,这也导致 InSAR 形变测量技术无法在工程实践上广泛应用。Ferretti 等提出的 PS-InSAR 方法很大程度上改善了这种情况。PS-InSAR 方法是利用 SAR 图像进行分析,并选出长时间范围内具有高度相关性的目标点,即 PS 点。PS 点还具有一个特性,即 $\Delta\varphi_{noise}$ 相位项很小。在选定 PS 点之后,可对 $\Delta\varphi_{topo}$、$\Delta\varphi_{atmo}$ 和 $\Delta\varphi_{track}$ 进行建模,并基于信号估计理论进行误差相位项的估计与补偿,最终利用公式所表示的方法获取 PS 点形变信息。并且,由于对外部 DEM 误差相位项进行了估计,因此除获得 PS 点的形变信息外,还可以获得 PS 点的准确位置信息。

5.1.4 PSP-InSAR 形变测量方法

虽然 PS-InSAR 算法在工程中应用较为广泛,且形变测量的精度达到了毫米量级,但是仍存在一些局限性,如传统 PS-InSAR 算法事先要对运动模型的形变进行分析,若预估模型

与实际模型的匹配度低,就会导致形变反演无法实现;在非城市区域,由于选出的 PS 点数量较少,PS-InSAR 算法难以进行有效的形变反演。

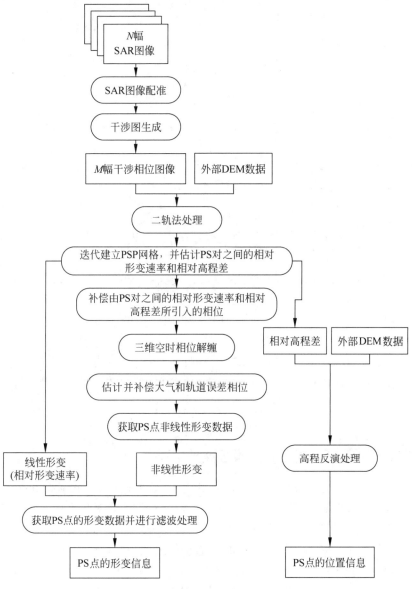

图 5-3 PSP 算法的基本处理流程图

Constatini 等为了解决传统的 PS-InSAR 方法存在的局限性,提出了永久散射体对(persistent scatterer pair,PSP)方法,该方法的流程图如图 5-3 所示,其核心步骤为迭代建立 PSP 网格(见图 5-4)。由于 PS 点有相同的相位特征,因此把具有相同相位特征的像素点对利用 PSP 的方法进行连接,建立 PS 网格并不断扩建,最终在 SAR 图像中选出 PS 点对的集合。由于 PSP 算法的核心是通过对比不同 PS 点对之间的相位特性来选择 PS 点,因此不会过多地依赖预估模型,即使在非城市区域也能选出较多的 PS 点,所以该技术在实际工程中应用更为广泛,实用性更好。

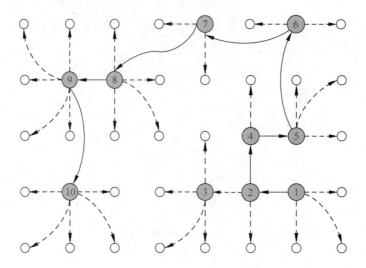

图 5-4 PSP 网格示意图

注：黄色目标点为 PS 点对，PS 点对中的数字表示 PS 点对建立的顺序；白色目标点为非 PS 点对；实线为 PS 点对；虚线为非 PS 点对。

通过 PS 点对判断理论，从第 1 个 PS 点对连接到第 N 个 PS 点对，最终在整幅图像中选出 PS 点对集合并建立网格。

PSP-InSAR 技术作为一种能显著增加 PS 点对数量的先进 InSAR 技术，得到了中国众多 InSAR 相关科研院所的认同以及应用。该算法的设计理念与实用软件实际运行操作等知识成果也在中外学术交流的背景下向国内有效转化，因此本研究采用永久散射体对合成孔径雷达干涉测量（persistent scatter pair InSAR，PSP-InSAR）技术对贵南高铁穿越大盘井采煤沉陷区进行地表监测，以获得高速铁路线位方案下伏老采空区的沉降变形分布规律。

5.2　PSP-InSAR 监测结果分析

通过对大盘井采空区 2011—2015 年共 62 期数据进行计算，分别得到 2011 年 6 月—2013 年 12 月和 2014 年 1 月—2015 年 12 月大盘井采空区 PS 点对年平均沉降速率，如图 5-5、图 5-6 所示，其 PS 点对年平均沉降速率统计见表 5-1、表 5-2。

由图 5-5 及表 5-1 沉降速率统计可知，交通设施线状地物（公路、桥梁等）及建筑密集区的房屋等的 PS 点对分布较为集中。采空区在 2011 年 6 月至 2013 年 12 月期间共提取出 3041 个 PS 点对，其平均覆盖密度约为每平方千米 3000 个，如此密集的监测采样频率是传统测量技术所无法比拟的。

通过分析整个研究区域地表形变场的空间分布特征发现，2011 年 6 月至 2013 年 12 月采空区范围内垂直向年平均形变速率在 −13.8~8 mm/a 之间，PS 点对最大线性形变速率为 13.8 mm/a。地面沉降速率的分布为：采空区中心范围附近地面沉降速率分布较为分散，且未出现单一沉降中心，采空区东部为主要沉降区。大部分 PS 点对的形变速率在 −4~4 mm/a 之间，占比约 82.8%，均布于采空区场地。最大沉降速率主要分布于 A、B、C 三个区域，其中 A 区域位于望胜岭断层上盘，B、C 区域位于望胜岭断层下盘，由此可见沉降速率分布受断层效应影响较大。

图 5-5　大盘井采空区年平均沉降速率图(2011-06—2013-12)

图 5-6　大盘井采空区年平均沉降速率图(2014-01—2015-12)

表 5-1　2011—2013 年 PS 点对年平均沉降速率统计

年平均沉降速率/(mm/a)	PS 数量/个	比例/%
<-8	104	3.4
-8～-6	99	3.3
-6～-4	195	6.4
-4～-2	473	15.6

续表

年平均沉降速率/(mm/a)	PS 数量/个	比例/%
−2~0	910	30.0
0~2	758	24.6
2~4	373	12.3
4~6	87	2.9
6~8	28	1.0
8~10	14	0.5
总计	3041	100.0

注：年平均沉降速率在−4~−2、−2~0、0~2、2~4 区段的年竖向位移处于−4~4 mm 的点对占 82.8%。

表 5-2　2014—2015 年 PS 点年平均沉降速率统计

年平均沉降速率/(mm/a)	PS 数量/个	比例/%
<−14	56	1.1
−14~−12	85	1.7
−12~−10	105	2.1
−10~−8	235	4.7
−8~−6	589	11.8
−6~−4	1110	22.3
−4~−2	1539	31.0
−2~0	740	14.9
0~2	354	7.1
2~4	97	2.0
4~6	23	0.5
6~8	27	0.5
8~10	12	0.3
总计	4972	100.0

注：年平均沉降速率在−8~−6、−6~−4、−4~−2、−2~0、0~2、2~4 区段的年竖向位移处于−8~4 mm 的点占 89.1%。

由表 5-2 可知，在 2014 年 1 月—2015 年 12 月共提取出 4972 个 PS 点对，其平均覆盖密度约为 4900 个/km^2。2014 年 1 月—2015 年 12 月采空区范围内垂直向年平均形变速率范围为−19.4~10 mm/a，最大线性形变速率为 19.4 mm/a，沉降中心范围比较分散，未出现单一沉降中心，采空区东部为主要沉降区域。大部分 PS 点对的形变速率在−8~4 mm/a 之间，占比约 89.1%。最大沉降速率主要分布于 D、E、F 三个区域，其中 D 区域位于望胜岭断层上盘，E、F 区域位于望胜岭断层下盘，由此可见时间因素不是沉降速率分布的主要影响因素，沉降速率受断层效应影响较大。相较于 2011 年 6 月—2013 年 12 月采空区范围内垂直向年平均形变速率分布，其最大沉降速率明显增大，但总体占比明显减小。

由图 5-5、图 5-6 还可以看出，研究区内的几个沉降区域均位于交通设施或房屋建筑上，地面沉降并未形成明显的漏斗，主要是一些零星的沉降区域，因此可推测认为这些建筑的地面沉降主要是由地面建筑工程施工导致的地面沉降，或者是由高大建筑静荷载和交通车辆动荷载导致的地面沉降。此外，工厂、工棚及库棚 PS 点沉降速率多在−8~4 mm/a 区间之外，分析其原因为棚顶材质多为塑料，受风吹日晒及昼夜温差的影响较大，因此可认为这些点的沉降并不是由地面沉降或变形引起的。

5.3 采煤沉陷区已有建筑物变形调查

为了验证 PSP-InSAR 地面沉降调查结果,开展了沉陷区地面沉降调查,沉陷区包括采空区及采空区边缘地带。调查重点为大盘井采空区及线位所经范围,以下为调查的两个典型实例。

实例 1 位于大盘井采空区南东侧边缘,坐落于 2 号小井采空区上,建成于 2006 年至 2013 年间的联排楼房数十间(高 3～6 层),仅极少数楼房出现轻微水平裂缝,没有出现有沉陷特征的纵向裂缝(见图 5-7)。

图 5-7　大盘井采空区南东侧边缘、坐落于 2 号小井采空区上方的 5 层楼房

实例 2 位于大盘井原井口附近原属广西煤炭地质局的场地,该处楼房群坐落于煤柱上,从北往南依次分布有建成于 1970 年、1980 年、2000 年、2003 年、2013 年及最近 5 年的仓库、楼房、别墅,房高 1～6 层,仅极少数房出现轻微水平裂缝,没有出现有沉陷特征的纵向裂缝(见图 5-8、图 5-9)。

图 5-8　原广西煤炭地质局场地上的建筑群(线范围内)

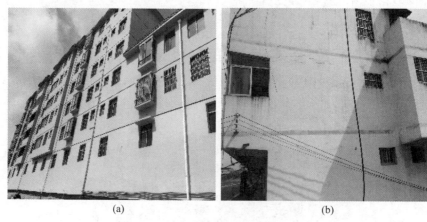

图 5-9 原广西煤炭地质局场地上楼房

(a) 调研点 1(建成于 2003 年);(b) 调研点 2(建成于 2013 年)

通过实际调研发现,自 2005 年至今,大盘井采空区及其周边相继建造了 9～18 m 的楼层、停车场、工厂及公路,均未出现地表沉降及破裂的情况。

5.4 采空区地表残余变形分析

由于该矿区闭坑年代已久,缺乏可靠实测资料,根据《煤矿采空区岩土工程勘察规范》(GB 51044—2014)(以下简称《规范》),地表移动延续时间 T 可按式(5-3)、式(5-4)进行估算。

当 $H_0 \leqslant 400$ 时,

$$T = 2.5 H_0 \tag{5-3}$$

当 $H_0 > 400$ 时,

$$T = 1000 \exp\left(1 - \frac{400}{H_0}\right) \tag{5-4}$$

式中,H_0 为煤层埋藏深度,m;T 为地表移动延续时间,d。

大盘井采区煤层埋藏深度不超过 200 m,取 $H_0 = 200$ m,按式(5-3)计算得到地表移动延续时间为 500 d。基于所收集资料,该采空区停采时间大于 730 天且大于 $1.2T$(T 为地表移动延续时间),因此由《规范》表 12.2.3-1(见表 5-3)可知,其场地目前已处于稳定状态。

贵南铁路客运专线项目属重要拟建工程,对变形要求高。根据上述计算与分析以及现有的历史资料,可按《规范》表 12.3.2.3(见表 5-4)将采空区对工程影响程度确定为"中等"。

表 5-3 采空区场地稳定性判断

稳定等级	不稳定	基本稳定	稳定
采空区终采时间 t/d	$t < 0.8T$ 或 $t < 365$ d	$0.8T < t < 1.2T$ 且 $t > 365$ d	$t > 1.2T$ 且 $t > 730$ d

表 5-4 采空区对工程的影响程度

影响程度	采空区特征			活化影响因子
	采空区深度 H	采空区的密实状态及充水状态	地表变形特征及发展趋势	
大	$H<50$ m 或 $H/M<30$	存在空洞,钻探过程中出现掉钻、孔口窜风	正在发生不连续变形,或现阶段相对稳定,但存在发生不连续变形的可能性大	活化的可能性大,影响强烈
中等	50 m$\leqslant H<200$ m 或 $30\leqslant H/M<80$	基本密实,钻探过程中采空区部位大量漏水	现阶段相对稳定,但存在发生不连续变形的可能	活化的可能性中等,影响程度一般
小	$H>200$ m 或 $H/M>80$	密实,钻探过程中不漏水、微量漏水但返水或间断返水	不再发生不连续变形	活化的可能性小,影响小

对于中等和偏硬岩性地层而言,上覆岩层残余沉降不超过地表最大下沉量的 15%～20%;对比分析二塘煤矿大盘井采区极软岩性地层和实际采煤情况,上覆岩层残余沉降不超过地表最大下沉量的 10%(为 133 mm)。该采区终采时间已达 35 年,70% 的残余沉降已经发生;预计剩余 30% 的残余沉降约 40 mm 将在未来 15 年统计期内产生。

第6章

采空区场地高铁地基缩尺模型的尺寸效应分析

6.1 工程概况

6.1.1 太焦高铁概况

太原至焦作城际铁路客运专线位于华北中部,线路北起太原枢纽太原南站,经太原市、晋中市、太谷县、武乡县、沁县、襄垣县、潞城市、长治市、长治县、高平市、泽州县、沁阳市、博爱县,终点为郑焦城际终点站焦作站。太原至焦作正线里程范围为:石太K219+679~DK359+550(郑焦城际K71+167130)~K70+106.323(焦作站中心),线路长度358.77 km。其中,山西省境内325.36 km,河南省境内33.41 km。

太原至焦作城际铁路客运专线(山西晋城段):跨越晋城市两个县(市),即高平市、泽州县。本段设计里程桩号起点为DK251+300,止于DK327+300。路线长约80.56 km,途经主要村镇有:池院、焦家沟、神农镇、大北沟、姬家庄、靳家庄、孟家庄、张家庄、大冯庄、段庄、风和、小北庄、赵庄、张庄、西南庄、川起、官庄、常乐、西里门、牛家庄、下朵沟、西党庄、东党庄、山后、南坡、续家、里沟、司马掌、十字坂、龙门口、卢窑、牛家庄、东陕、乱木掌、谷堆窑、孔庄、草谷堆、东禅房。

太焦高铁全线共铺设有砟轨道193.61 km,无砟轨道157.80 km,太原至焦作正线长度超过1 km隧道及隧道群地段均铺设CRTSⅠ型双块式无砟轨道,其余地段铺设有砟轨道,在有砟轨道与无砟轨道间设置过渡段。其中太原南至晋城段共铺设有砟轨道169.04 km、无砟轨道143.49 km,无砟轨道中隧道、桥梁、路基地段铺设长度分别为134.70 km、4.32 km、4.46 km。晋城至焦作段共铺设有砟轨道24.57 km,无砟轨道14.31 km,无砟轨道中隧道、桥梁、路基地段铺设长度分别为14.19 km、0.11 km、0.02 km。

高铁路堤基床表层填筑级配碎石,厚0.7 m;基床底层填筑A、B组土,厚2.3 m,其中基床底层上部填筑非冻胀A、B组土,厚0.5 m;基床以下填筑A、B组土或C组碎石、砾石类土,防护高程以下填筑渗水土。路堤边坡率为1:1.5,路堑边坡坡率为1:1.5,路基技术参数如图6-1所示,路基面宽如表6-1所示。

图 6-1　高铁路基技术参数

表 6-1　路基宽度

线路形式	单线	双线
宽度/m	8.8	13.8

6.1.2　矿山采空区情况

1. 交通位置

店上煤业井田位于高平市城区东北约 2.3 km 处,隶属于高平市东城街道办事处管辖。2012 年 6 月 11 日,山西省国土资源厅颁发采矿许可证(证号 C1400002009111220045369),批准开采 3~15 号煤层,井田面积 2.15 km^2,批采标高 830~570 m,有效期自 2012 年 6 月 11 日至 2020 年 6 月 11 日。井田周边无相邻生产矿井,矿区交通如图 6-2 所示。

井田东距太(原)焦(作)铁路米山集运站 7.5 km,长(治)晋(城)二级公路(207 国道)从井田东 0.5 km 处经过,二广高速公路(太原—晋城段)高平出口距井田 8 km,高平至团池公路从井田的东南部穿过,交通便利。矿区地形如图 6-3 所示。

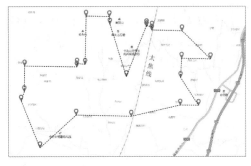

图 6-2　矿区交通

图 6-3　矿区地形

铁路:既有线主要有太原至焦作、邯长、石太、石太客专、太宁、新焦、焦柳、侯月等线。2014 年太原至焦作线开行客车 5 对,区段最大货运密度 7004×104 t/s,目前在建大西客专、山西中南部铁路、太原铁路西南环线、太兴线和邯长线扩能改造等;石太线、阳涉线等扩能改造,并新建沁源至沁水、嘉峰至南陈铺、洛焦城际、运三等铁路。

公路:主要有 G55 二广高速和 G20 青银高速,以及国道 G208、G207 等。沿线区域 2013 年末公路通车里程 50376 km,其中高速公路 1662 km,公路网密度 99.15 km/102 km^2。G55 二广高速基本与本线平行,未来发展重点为完善公路运输网。

民航：沿线目前仅有太原武宿和长治王村两个机场。2014年太原武宿机场完成旅客吞吐量799.2万人，较上年增长1.6%，在全国排列第28位；长治王村机场完成旅客吞吐量62.3万人，较上年增长8.1%，在全国排列第85位。年度规划加强太原武宿机场基础设施建设。

2. 煤炭开采

2010年9月，太原正越工程设计有限公司编制了《山西煤炭运销集团店上煤业有限公司矿井兼并重组整合项目初步设计》，矿井的设计生产能力为45万t/a，晋城市煤炭工业局以晋市煤局综字〔2010〕508号文批复通过。因生产系统进行了调整，2013年12月，太原正越工程设计有限公司编制了《山西煤炭运销集团店上煤业有限公司矿井兼并重组整合项目初步设计变更》，晋城市煤炭煤层气工业局以晋市煤局安字〔2013〕1110号文批复通过。

矿井采用立井开拓，划分三个水平，一水平分3个采区开采3号煤层，二水平分2个采区开采9号煤层，三水平分2个采区开采15号煤层。采用走向长壁式采煤方法，全部垮落法管理顶板，3号煤层采用综采放顶煤采煤工艺，9号、15号煤层采用综采一次采全高采煤工艺。

工程建设于2011年4月15日开工，施工期14个月。完成的井巷工程为副立井、回风立井、井底车场、硐室、轨道大巷、030201工作面运输顺槽、回风顺槽及工作面切眼，总工程量为1475 m。2013年6月25日矿井联合试运转结束，处于停产待验收阶段。

首采区位于3号煤层北东部的二采区，现已布置了1个回采工作面030201工作面，1个掘进工作面030202工作面。矿井采用走向长壁式综采采煤方法，全部垮落法管理顶板，矿井主采3号煤层和15号煤层。

6.1.3 工程地质条件

1. 工程地质

太原至焦作城际铁路工程从北到南经过的地貌单元有晋中平原区、太岳山低中区及低山丘陵区、长治盆地及盆地间山丘陵区、晋城盆地、太行山低中山区、焦作山前斜坡平原区，整体呈现中间高、南北两端低的特点，最高点位于北部的太岳山脉，海拔约1700 m。

晋中平原地形平坦开阔，南北长约150 km，宽30～40 km，海拔700～900 m，包括冲洪积平原及山前倾斜平原。

太岳山脉山体走向近于南北，山峦起伏，地形陡峭，南北长约200 km，宽约30 km，海拔1500～2500 m。线路穿过区最高海拔1700 m。

太岳山南侧武乡县故城至襄垣县夏店、长治韩店至高平市三甲镇长治盆地与晋城盆地分水岭段为低山丘陵，东良至襄垣一带及长治－晋城盆地间丘陵区海拔1000～1200 m，相对高差50～200 m。

长治-晋城盆地呈北东—西南向展布，北起于襄垣县夏店，南至晋城市金村附近。它介于太行山脉与太岳山脉之间，盆地中部地形平坦，四周地形起伏较大，周边整体地势东高西低，南高北低，南北长约80 km，东西宽30～40 km，海拔800～1000 m，推荐方案南北穿越盆地。

太行山脉山体走向呈东北—西南走向，是中国地形第二阶段的东缘、黄土高原的东部界限，山峦起伏较大，地形陡峭，沟壑发育。绵延400余km，宽约40 km，海拔1500～3000 m，北端最高峰为小五台山,海拔高 2882 m,南端最高峰为佛子山、板山,海拔分别为 1745 m、1791 m。线路穿越低、中山区地段,海拔 160~900 m,相对高差 50~500 m。

太焦城际铁路晋城段全线地势总体为两侧高中间低,地面标高为 440~1217 m,最大相对高差为 777 m。

店上煤业井田位于沁水煤田的东南部,井田内赋存地层由老至新有:奥陶系中统峰峰组,石炭系中统本溪组和上统太原组,二叠系下统山西组和下石盒子组,第四系中上更新统,如图 6-4 所示。

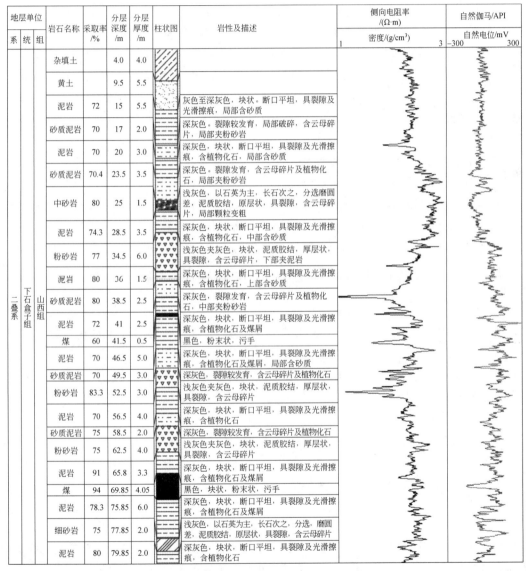

图 6-4 店上煤炭采空区煤层综合柱状图

井田总体为一地堑,地堑内为一倾向南南东—南东的单斜构造,地层倾角 2°~3°。地堑的西北界为高庙山正断层,倾向南东,落差 135 m;东南界为高平正断层,倾向北西,落差 180 m。未发现岩浆侵入现象,构造复杂程度为简单类。

井田内主要含煤地层为二叠系下统山西组与石炭系上统太原组。

山西组含煤3层,自上而下分别为1、2、3号煤层,其中3号为可采煤层,1、2号为不可采煤层。可采煤层含煤系数为9.65%。

太原组含煤7层,自上而下分别为5、8、9、11、12、13、15号煤层,其中9号、15号为可采煤层,其余均属不可采煤层。可采煤层含煤系数为4.79%。

3号煤层位于山西组下部。煤层厚度4.20～5.30 m,平均4.86 m,含0～2层夹矸,结构简单,为稳定的全区可采煤层。现开采该煤层,形成采空区面积为614287 m^2。

9号煤层位于太原组中部,上距3号煤层49.8～60.4 m,平均53.8 m。煤层厚度1.20～2.10 m,平均1.53 m。一般不含夹矸,结构简单,为稳定的全区可采煤层,尚未开采。

15号煤层位于太原组下段顶部,上距9号煤层33.4～40.3 m,平均36.2 m。煤层厚度1.80～3.40 m,平均2.96 m。含0～1层夹矸,结构简单,为稳定的全区可采煤层,尚未开采。

2. 水文特征

1) 地表水

测区地表河流分属海河和黄河两大水系,海河水系有清漳河、浊漳河、吕源河、涅河等,黄河水系有丹河、白水河、青天河、石盆河等。

海河水系河道蜿蜒曲折,河床较开阔,上游成树枝状,下游水量较大,主要以清漳河和浊漳河为最大支流,两河交汇向东流入太行山区,流量较大,流速较快,主要以冲刷作用为主。

黄河水系以丹河为最大支流,向南穿越太行山脉,河谷深切,两岸峭壁悬崖,河道弯曲,河床狭窄,水流湍急,以冲刷作用为主。河水流量随季节变化明显,一般夏秋季节水量大,春冬季节流量小。

2) 地下水

沿线地下水为第四系上层滞水、孔隙潜水、基岩裂隙水及岩溶水,分述如下。

(1) 上层滞水

上层滞水多分布于第四系地层中,以黏性土、碎石类土为主,不连续。水量小,主要接受大气降水补给,主要排泄方式为蒸发。

(2) 孔隙潜水

河谷阶地及冲沟中的地下水主要为第四系孔隙潜水,部分孔隙水具承压性,埋藏于冲洪积的砂类土及碎石土层中,一般埋深0～30.0 m。以大气降水及河水补给,水位变幅一般在2～4 m之间,水量较丰富。主要排泄方式为人工开采、径流和蒸发。

(3) 基岩裂隙水

基岩裂隙水主要赋存于各类基岩的风化带及构造裂隙中,一般埋深大于20 m,部分地段埋藏较浅。大气降水多沿裂隙下渗,为地下水的主要补给源,地下水位随季节变化显著。排泄方式主要为人工开采、径流。山岭区域部分多以泉的形式出露。

(4) 岩溶水

岩溶水主要分布于碳酸盐岩地层和泉域。石灰岩区由于溶蚀作用,形成规模不等的岩溶,成为地下水的主要赋存及径流区域,规模不等,较大的岩溶水对隧道施工存在灾害性,可有突泥、突水等风险,施工中应加强预报,并采取防护措施。

3. 气象特征

晋城区属东亚温带大陆性气候,一年内四季分明,冬季寒冷,降雪较少,春季多风少雨,夏季温暖,秋季温差较大,降水主要集中在夏秋两季。无霜期191天左右,降水多集中在7、8、9三个月,多年平均降水量567.1 mm,最大年降水量为870.7 mm(2003年),最小年降水量为305.9 mm(1997年),最大日降水量为136.1 mm(1980年6月29日),最大时降雨量为900 mm,多年平均蒸发量1827.8 mm,超过降水量的3倍。旱季为12月到次年2月。多年平均气温10.2℃,6—8月气温最高,极端最高温度可达38.5℃(1978年6月30日);12月至次年2月气温最低,极端最低温度为−23.1℃(1972年1月2日)。每年11月至次年4月为冰冻期,最大冻土深度为54 cm,结冻与降雪期为11月至次年3月。每年春秋冬三季多西北风,夏季多东南风,夏季最大风速17.0 m/s,冬季最大风速18.4 m/s。沿线主要城镇气象要素见表6-2。

表6-2 沿线主要城镇气象要素(2004—2014年)

项 目	地 名						
	太谷	祁县	榆社	高平	晋城	泽州	沁阳
历年平均气温/℃	10.4	10.6	9.1	11	12.05	12.05	15.6
极端最高气温/℃	40.5	41.0	39.1	38.3	38.6	38.6	43.4
极端最低气温/℃	−22.7	−25.6	−25.1	−21.8	−17.4	−17.4	−16.4
最冷月平均气温/℃	−10.8	−11.0	−11.9	−7.36	−6.6	−6.6	−6.45
最热月平均气温/℃	30.7	30.7	29.2	29.31	29.4	29.4	27.98
历年平均相对湿度/%	58.2	59.0	59.0	64.3	59.6	59.6	60.4
历年平均降水量/mm	397.1	387.0	508.1	546.8	572.72	572.72	547.2
历年平均蒸发量/mm	1588.8	1661.3	1370.3	1597	1774.64	1774.64	1443
最大积雪深度/cm	24	33	29	25	22	22	25
历年平均风速/(m/s)	1.8	1.7	1.6	1.72	1.84	1.84	1.4
大风日数/d	8.6	4.7	7.8	7	11.5	11.5	1.1
最多风向	SW	NNE	NNW	SE	SE	SE	E
极大风速(单位:m/s)及风向	31.4W	19.7N	18.3NE	15.3WNW	18.1WNW	18.1WNW	20.6NW
历年雾日数/d	9.9	10.8	10.3	12.1	19.1	19.1	8.4
降水日数(日降水量20.0 mm)/d	71.2	71.2	85.1	83.6	85.3	85.3	72.8

6.1.4 高铁下伏采空区地基适宜性判别

对于采空区地基这一特殊岩土工程地质,在煤层开采之前,地基自重应力随深度线性增大。当地下资源被开采后,上部岩层受到开挖扰动,采空区地基中出现煤层开采产生的垮落带、裂隙带和弯沉带,使得高铁下伏采空区地基中初始地应力发生了复杂变化。对于一般地基而言,上部附加荷载在地基中产生的附加应力小于对应深度处地基土体自重的10%时,可认为上部附加荷载在该位置及以下深度的影响可忽略不计,即可确定上部附加荷载对地基的影响深度。然而,该荷载影响深度的判定标准过于粗略,且并不一定适用于受到开挖扰动的采空区地基。

此外,将一般地基中附加应力的传统计算方法应用于采空区地基工程中,并粗略地以 $\sigma_z = 0.05\sigma_{cz}$ 作为附加荷载影响深度的判别依据是不合适的,而且计算结果误差较大。加之,高速铁路行驶速度快,对地基及轨道结构沉降变形控制要求严格,因此,研究高铁下伏采空区地基的适应性具有重要的工程意义和实用价值。

利用大型通用的 ABAQUS 有限元数值分析软件,建立长×宽×高=400 m×300 m×150 m 的有限元数值模型。其中,煤层埋深选取太焦高铁沿线煤矿采空区平均埋深103 m,煤层平均厚度为3 m,煤层开采的尺寸为长×宽×高=350 m×250 m×3 m。地表有35 m厚表土层,岩层为泥岩、砂岩等坚硬岩。计算模型岩土体采用摩尔-库伦本构模型,岩土体的动力参数如表6-3所示。将路基简化为均布荷载,每1 m高的路基荷载等效为20 kPa的均布荷载。采用长壁全垮落法分步对煤层进行推进开采,形成大面积采空区,并在采空区上覆岩体中形成垮落带、裂隙带及弯沉带等破裂岩体,以模拟煤层开采前后地基中附加应力,如图 6-5 所示。

表 6-3 岩土体的动力参数

名称	密度/(kg/m³)	黏聚力/kPa	内摩擦角/(°)	弹性模量/MPa	泊松比
黄土	1920	31	21	60	0.25
中砂岩	1860	2500	22	4500	0.20
煤	1400	530	23	1000	0.30
泥岩	2200	1560	25	5500	0.19

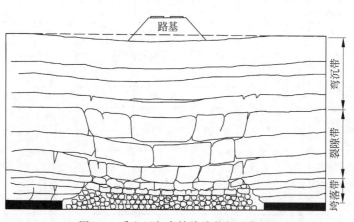

图 6-5 采空区与高铁线路的相对位置

选取判别标准 $\sigma_z = 0.10\sigma_{cz}$、$\sigma_z = 0.05\sigma_{cz}$ 以及 Ren 的判别标准(对于软弱缺陷地基取 $\sigma_z = 0.056\sigma_{cz}$,地质条件良好的地基取 $\sigma_z = 0.071\sigma_{cz}$),将不同判别标准下的计算结果和数值模拟结果进行对比分析,如图6-6和图6-7所示。从图中可以看出,随着荷载值以及荷载作用范围的增大,不同地基条件下,上部荷载的影响深度均呈现出非线性增大的变化特征。地基上部土层较疏松,随着荷载增大,该土层密实度增大,上部荷载影响深度增加速率逐渐变缓。

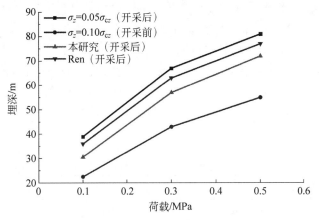

图 6-6　不同荷载大小作用下的影响深度

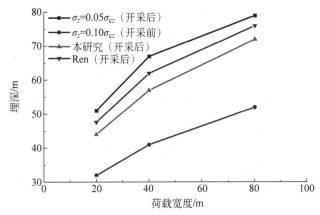

图 6-7　不同荷载作用范围下的影响深度

从图 6-6 和图 6-7 还可以看出,判别标准不同,在地基中上部附加荷载的影响深度也各不相同。由具体分析可知,煤层开采前上部附加荷载在地基中的影响深度 $H_{z1}(\sigma_z=0.05\sigma_{cz})>H_{z3}(\text{Ren})>H_{z2}(\sigma_z=0.10\sigma_{cz})$,煤层开采后,在数值模拟分析中,上部附加荷载在地基中的实际影响深度与以上三种判别结果均有较大的误差。其中,$\sigma_z=0.05\sigma_{cz}$ 判别标准下的荷载影响深度与荷载实际影响深度相比总体上偏大;$\sigma_z=0.10\sigma_{cz}$ 判别标准下的荷载影响深度与荷载实际影响深度相比总体上偏小;上述结果与 Ren 的判别标准计算的荷载影响深度相差最小,约 5 m,但与荷载实际影响深度之间仍存在超过 10% 的误差。因此,现有上部荷载作用到地基,对地基影响深度的判别标准,对采空区地基工程的适用性还不够充分。

基于煤层未开采条件下,上部附加荷载在地基中影响深度 $\sigma_z=0.10\sigma_{cz}$ 的判别标准,引入采空区地基上部附加荷载影响深度放大系数 δ,即

$$\delta=\frac{H_z}{H_{cz}} \tag{6-1}$$

式中,H_z 为采空区地基上部附加荷载的影响深度;δ 为采空区地基上部附加荷载影响深度放大系数;H_{cz} 为 $\sigma_z=0.10\sigma_{cz}$ 判别标准下的荷载影响深度。

在采空区地基上部作用不同附加荷载条件下数值模拟分析得到的荷载影响深度 H_z 与 $\sigma_z=0.10\sigma_{cz}$ 判别标准下的荷载影响深度 H_{cz} 相除,得到采空区地基上部附加荷载的影响深度放大系数 δ,如表 6-4 所示。从表中可以发现,δ 值在 1.3~1.5 内上下浮动,同一荷载大小或荷载作用范围下,荷载影响深度放大系数 δ 值越大,附加荷载对地基的影响深度越大。此外,对于复杂地质条件地基,如采空区、软弱地基,以及当建筑物安全等级较高时,可适当提高荷载影响深度放大系数,以确保上部建(构)筑物工程的施工安全以及工后的安全运维。

表 6-4 不同荷载条件下采空区荷载影响深度放大系数

内容	荷载/MPa		
	0.1	0.3	0.5
放大系数 δ	1.36	1.39	1.38
荷载宽度/m	20	40	80

一般来说,煤层被开采以后,采空区上覆岩层自下而上会逐渐形成垮落带、裂隙带和弯沉带。其中,垮落带和裂隙带的发育高度主要与煤层开采厚度、倾角、开采尺寸、覆岩岩性和顶板管理方法等因素有关。一般情况下,垮落带的发育高度为煤层采厚的 3~5 倍,裂隙带的发育高度为煤层采厚的 9~35 倍。根据场地勘察结果和有关规范,上覆岩层考虑坚硬覆岩,垮落带高度 H_m 和裂隙带高度 H_{li} 的计算公式如下:

$$H_m = \frac{100\sum M}{2.1\sum M + 16} + 2.5 \tag{6-2}$$

$$H_{li} = 30\sqrt{\sum M} + 10 \tag{6-3}$$

式中,$\sum M$ 为煤层的累计开采厚度,m。

以采空区上部荷载最大影响深度是否到达采空区裂隙带的范围作为采空区"活化"的判定依据,即煤层最小开采深度应大于采空区上部荷载最大影响深度与垮落带裂隙带发育高度的和,即

$$H_{min} > H_z + H_m + H_{li} \tag{6-4}$$

式中,H_{min} 为煤层最小开采深度;H_z 为上部荷载最大影响深度;H_m 为采空区覆岩垮落带高度;H_{li} 为覆岩裂隙带高度。

由式(6-2)和式(6-3)可以看出,当煤层开采高度一定时,采空区上覆岩层的垮落带和裂隙带的高度基本可以确定。结合式(6-4)分析可知,当垮落带和裂隙带高度确定后,采空区的埋深越大,采空区地基上部附加荷载引起采空区二次活化的可能性就越小。

根据《高速铁路路基与轨道工程》(2015 年同济大学出版社出版)可知,高速铁路的路基高度一般为 3~4 m,本研究将地基高度范围扩大至 2~5 m,并以店上煤矿作为高速铁路下伏采空区地基。由于高速铁路路基工程属于安全等级较高的建(构)筑物且其穿越煤炭采空区,因此,荷载影响深度放大系数适当取大一些。本研究选取 $\delta=1.44$ 作为放大系数,其中,高铁地基的上部荷载影响深度 H_z 按条形基础附加荷载为土体自重应力 10% 时进行确定。

由式(6-2)和式(6-3)计算可得不同路基高度工况下,采空区地基上部附加荷载的最大

影响深度 H_z 和采空区不发生"二次活化"情况下煤层的最小开采深度 H_{min}，如图 6-8 所示。图 6-8 中虚线为太焦高铁沿线煤矿采空区最小埋深，路基高度小于 3 m，采空区不发生"二次活化"；当路基高度大于 3 m，地基附加荷载影响深度到达采空区裂隙带，即，$H_{min} < H_z + H_m + H_{li}$，导致裂隙带进一步压密，采空区存在二次活化的潜在风险。

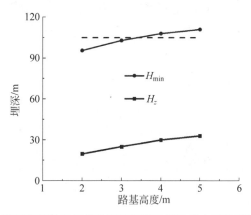

图 6-8　不同路基高度与荷载影响深度和煤层最小开采深度的关系

6.2　高铁地基能量衰减应力波分析与表征

尺寸效应是由于室内缩尺模型与原型之间的物理力学特性无法完全满足相似比原理而导致两者试验结果产生的偏差。缩尺模型试验相较于相似模拟试验，省去了相似材料配比的复杂过程，可直接利用原状土进行铺设，大大节省了试验周期。因此，为研究模型尺寸效应产生的原因以及模型物理力学性质与尺寸效应之间的联系，国内外学者已经做了大量的研究。这些研究主要基于理论推导、室内模型试验和数值分析等方法开展工作，并取得了一定的成果，但仍未找到产生尺寸效应的根本原因。因此，本节基于土体中能量吸收特性，对不同缩尺比例下高铁地基模型的尺寸效应进行研究。

一般来说，在高铁运营过程中，地基会受到振动荷载引起的动应力、振动加速度等动态响应的影响。为了探究高铁地基的动态响应特征并确保其稳定性，国内外学者常通过现场试验、数值分析等方面进行研究。但由于现场试验场地、外界环境干扰以及数值分析参数选取等条件的限制，从室内模型试验的角度研究地基在长期动荷载作用下的动态响应特征具有重要的理论意义和应用价值。

6.2.1　能量衰减应力波解析表征

由于介质本身的几何阻尼和材料阻尼的影响，应力波在传播过程中，振动波能量由近及远会出现逐渐衰减的现象。应力波在土体中沿深度方向传播时能量满足指数型衰减规律：

$$I = I_0 e^{-\alpha H} \tag{6-5}$$

式中，I 为土中 H 深度处的波强；I_0 为初始波强；α 为应力波波强的衰减系数，与波频率及土体性质有关。

土体中某点波强 I 按正弦函数周期性变化，应力波幅值为

$$I = \rho \omega^2 D^2 \tag{6-6}$$

式中，I 为土体中某点波强的幅值；ρ 为土的密度；ω 为圆频率；D 为应力波的振幅。

高铁振动荷载、路基及地基的空间位置关系如图 6-9 所示。由《地基动力特性测试规范》(GB/T 50269—2015)知，振源的振动幅值以正弦函数周期性变化，在土体中某点处的振动幅值同样以正弦函数周期性变化，并在土体中以负指数的形式向远离振源方向进行衰减。因此，根据牛顿第二定律，位移与加速度之间呈两次导数的关系，故通过对振动幅值的正弦周期函数进行两次微分，即可得到振动加速度与振幅之间的关系：

$$a = \omega^2 D \tag{6-7}$$

式中，a 为振动加速度；ω 为圆频率；D 为振幅。

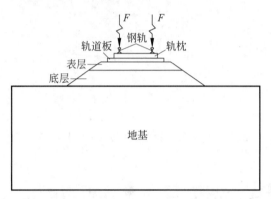

图 6-9 高铁荷载、基床、地基三者的空间位置关系

由式(6-6)可知应力波的波强与振幅的平方成正比，同时由式(6-7)可知振幅与振动加速度成正比。因此，联立式(6-6)和式(6-7)可得应力波波强与振动加速度的关系为

$$I = \rho\omega^2 \left(\frac{a_{\max}}{\omega^2}\right)^2 = \rho \frac{a_{\max}^2}{\omega^2} \tag{6-8}$$

联立式(6-5)、式(6-8)，可得

$$a = \omega \sqrt{\frac{I_0}{\rho}} \, \mathrm{e}^{-\frac{\alpha H}{2}} \tag{6-9}$$

在固定振源产生的应力波传播过程中，I_0、ω、ρ 均为不变量。令 $\omega \sqrt{\dfrac{I_0}{\rho}} = a_0$，$a_0$ 为振源初始振动加速度，再令 $\alpha/2 = \beta$，β 为振动加速度衰减系数，则式(6-9)可简化为

$$a = a_0 \mathrm{e}^{-\beta f H} \tag{6-10}$$

式中，f 为荷载作用频率。

由式(6-10)可以看出，振动加速度沿土体深度方向的传递呈现出负指数函数衰减规律，与应力波波强和振幅的衰减规律是一致的。

从理论分析的角度来说，在路基运营的中、前期车辆荷载引起的路基土动应变很小，土体一般处于弹性变形阶段。因此，车辆荷载在地基土中产生的应力波可以近似看作弹性波，于是可以得出

$$\sigma_d = \frac{D}{H} E_d \tag{6-11}$$

式中，σ_d 为土体内动应力；E_d 为动弹性模量。

再由式(6-7)可得

$$\sigma_d = \frac{\sigma}{H\omega^2} E_d \tag{6-12}$$

由式(6-7)和式(6-12)可以看出振动加速度与动应力和振幅均存在一定的内在联系。因此,利用振动加速度在地基中的传播规律来表征能量波在土体中的衰减是合适的。

6.2.2 土层界面能量波衰减规律

在实际工程中,地基土质复杂且大多为多层土,不同类型土的几何阻尼和材料阻尼也不尽相同,因此,不同类型土的能量波阻抗也不同。与光在不同介质中传播遵循不同的规律类似,能量波在不同土层中遵循不同的衰减规律。当振动荷载以入射应力波的形式传递至土层界面时,在土层界面上会产生折射应力波和反射应力波。基于能量守恒原理,入射波=反射波+透射波,能量波经过土层界面后,其能量在一定程度上势必会被削弱,如图6-10所示。

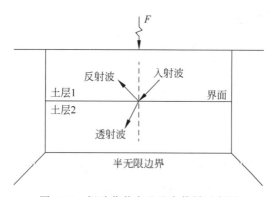

图6-10 振动荷载在地基中传播示意图

在层状地基中,由于不同土质的弹性模量及材料阻尼不同,当能量波穿越土层界面时,能量波在土层界面两侧不同的土层中衰减规律不同,如图6-11所示,在此引入土层界面能量反射系数:

$$\gamma = \frac{a_1 - a_2}{a_1} = \frac{\Delta a}{a_1} \tag{6-13}$$

式中,a_1为土层界面处上层土的振动加速度;a_2为土层界面处下层土的振动加速度。

图6-11中a_1、a_2分别对应能量波在土层界面的入射波和折射波,而Δa则对应反射波。

将式(6-10)代入式(6-13),并运算得

$$\gamma = 1 - e^{-Hf(\beta_2 - \beta_1)} \tag{6-14}$$

式中,H为土层界面所处的深度;f为荷载作用频率。

由式(6-14)可以看出能量反射系数γ不仅与界面两侧土体的能量衰减系数β有关,而且与土层界面的埋深存在一定的联系。此外,由式(6-14)还可以看出,当荷载加载频率和土体能量衰减系数一定时,土层界面的埋深越深,界面的能量反射系数越大。当土层界面深度和荷载加载频率确定,且地基土为均质土时,无土层界面存在,此时界面能量反射系数$\gamma = 0$。

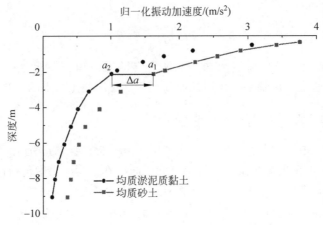

图 6-11 层状地基振动加速度衰减规律

6.2.3 数值模拟验证分析

为验证式(6-10)的正确性,利用有限元数值分析软件 ABAQUS 建立等比例均质地基土有限元模型,并以行车速度 350 km/h、轮轨力 20 kN 为例的半正弦脉冲荷载作为地基表层的振动荷载进行动力数值模拟分析。对高速铁路地基的动力响应分别以振动荷载加载时程范围内的振动幅度和振动加速度的峰值作为归一化基准,并采用式(6-10)的函数形式对数值分析结果进行拟合,可得到地基中振动幅度及振动加速度随埋深的变化规律,如图 6-12 和图 6-13 所示。从图中可以看出,地基中振动加速度沿地基深度方向的衰减规律与振动幅度衰减规律基本一致,均满足指数函数关系。地基中振动加速度及其振动幅度在地基的表层中急剧衰减,随地基埋深的增加,振动加速度及其幅度的衰减速率先快后慢,最终趋于稳定。

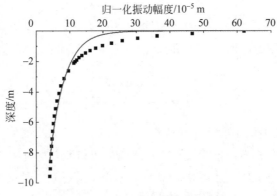

图 6-12 振动幅度沿深度变化曲线

此外,王树仁和 Cilingir 等建立数值分析模型和半解析模型,Ye 和 Zeng 等通过现场试验研究了高铁振动荷载作用下振动加速度在地基中的衰减规律。结果表明:高铁运行时产生的振动加速度影响范围主要在距振源 10 m 以内,振动加速度强度由近及远逐渐减弱。此外,振动加速度在距振源 4 m 范围内急剧衰减,衰减幅度高达 70%～80%,随后衰减速率逐渐减慢,最终趋于 0,振动加速度的衰减曲线具有指数函数分布特征。上述文献利用数值模拟、半解析模型和现场试验等,从多角度验证了本研究振动加速度衰减理论推导的正确

第6章 采空区场地高铁地基缩尺模型的尺寸效应分析

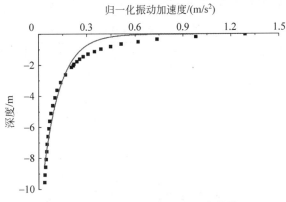

图 6-13 振动加速度沿深度变化曲线

性,同时,考虑在室内模型试验中,振动荷载作用下高速铁路地基中的振幅数据采集较困难,因此,利用振动加速度代替能量波振幅表征列车振动荷载在地基土中的能量衰减规律。

6.3 高铁地基能量衰减与尺寸效应关联分析

6.3.1 构建数值计算模型

1. 地基模型建立

针对振动荷载作用下高铁地基缩尺模型的尺寸效应问题,在岩土体各材料属性参数不变的前提下,将各物理量按照缩尺模型的相似准则进行缩放,如表 6-5 所示。其中,1∶1 原尺寸模型中振动荷载分为高、中、低三个加载等级,分别为 30 kN、20 kN、10 kN。利用国际大型通用有限元数值分析软件 ABAQUS 分别建立 5 种比例 1∶1、1∶2、1∶5、1∶10、1∶20 的缩尺模型。由上文分析可知,振动荷载作用下,地基土体中的振动加速度衰减速度较快,在地基表层中振动加速度衰减达到 80% 左右。因此,在建立层状地基模型时,上层土的厚度要远小于下层土的厚度,且上层土的厚度也应适当降低,以避免能量波在上层土中完全耗散,无法传递至土层界面。以 1∶1 原尺寸模型为例,层状地基模型中上层土的厚度为 1 m。

表 6-5 缩尺模型相似准则

模型比例	有限元单元模型尺寸 长×宽×高/(m×m×m)	无限元单元模型尺寸 长×宽×高/(m×m×m)	振动荷载加载面积 /m²	振动荷载 /kN
1∶1	40×30×20	120×110×60	1	20
1∶2	20×15×10	60×55×30	0.25	10
1∶5	8×6×4	24×22×12	0.04	4
1∶10	4×3×2	12×11×6	0.01	2
1∶20	2×1.5×1	6×5.5×3	0.0025	1

数值分析模型根据地基土层数的不同分为两大类:均质土地基模型和层状土地基模型。模型中岩土体均采用 Mohr-Coulomb 本构模型,各地基土的物理力学参数如表 6-6 所示,其中,各缩尺比例模型的土体力学参数保持不变。为了确保数值模型的计算精度,取 1∶1 原尺寸模型的网格尺寸为 0.2 m,在荷载作用位置和土层界面处适当加密网格,其他

缩尺模型的网格尺寸按相应的缩尺比例进行缩放,如图 6-14 所示。

表 6-6　计算模型岩土体动力学参数表

编号	土质类型	密度/(kg/m³)	黏聚力/kPa	内摩擦角/(°)	动弹性模量/MPa	泊松比
①	淤泥质黏土	1704	12	19	32	0.31
②	黏土	1798	30	24	65	0.29
③	砂土	1860	65	31	100	0.30

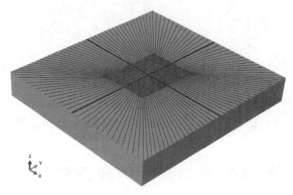

图 6-14　计算模型及其网格划分

2. 施加动力荷载

在本模型分析中仅考虑竖向振动荷载的作用,且振动荷载在空间上的分布与某型动车组轮对位置相对应。假定动力车和拖车轴重均按照动力车最大轴重考虑,通过在轮轨接触点上施加正弦周期性振动荷载来表示轮轨相互作用力,采用半正弦波形脉冲:

$$p(t) = P_0 \sin(2\pi f t) \tag{6-15}$$

式中,p 为接触点上的接触压力;P_0 为接触点上的最大压力;f 为荷载加载频率。

经分析,对于 CRH3 型动车组,转向架固定轴距为 2.5 m,车辆定距为 17.5 m,以行车速度 350 km/h 为例,则列车荷载作用频率为 5.56~38.89 Hz。但由于高速铁路基础结构的振动以低频占优,故本研究中脉冲荷载的频率取 5 Hz,整个动力计算时间取 1.0 s,振动时程曲线如图 6-15 所示。由《高速铁路设计规范》(TB 10621—2014)知,列车不同行车速度

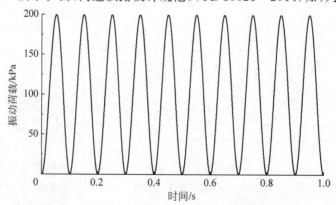

图 6-15　速度 350 km/h 振动荷载振动曲线

产生的轮轨振动荷载作用频率是不同的。本研究通过调整振动荷载施加频率来模拟列车不同时速下地基土的动力响应,在本次模拟计算中采用不同尺寸模型模拟同一时速时施加相同的荷载作用频率。不同时速下轮轨振动荷载作用频率如表 6-7 所示。

表 6-7　列车不同时速下轮轨振动荷载作用频率

列车速度/(km/h)	振动荷载作用频率/Hz	
	低频	高频
200	3.18(3)	22.24(22)
250	3.97(4)	27.78(28)
300	4.76(4.5)	33.33(33)
350	5.56(5)	38.89(40)

注:括号中为频率简化值。

3. 边界条件设置

在岩土工程中,地基在本质上是一个半无限空间体,为与实际工程相吻合,模型分析的区域应是无限大的。然而,使用数值分析软件 ABAQUS 建立无限大的数值分析模型是不可能且不现实的。此外,当模型太大时,网格数量也会随之呈几何倍数增长。同时,设备硬件的限制导致模型多次分析的周期性急剧增大,极大地增加了分析计算的时间成本。因此,ABAQUS 数值分析软件提供了另一种思路来解决地基半无限体问题,即将距离模型分析区域一定远位置处的单元类型设置为无限单元。无限单元与有限单元之间紧密连接,以此来模拟数值模型中的无限远区域。岩土工程的动力学分析中,边界条件的选取对计算结果的准确度与可信度起着至关重要的作用,而且模拟无限地基辐射阻尼是进行土-结构动力学相互作用分析的关键环节。

为了消除静力学边界对应力波反射的影响,应用 ABAQUS 进行动力分析,Lysmer 和 Kuhlemeyer 等在无限边界理论方面做了大量的研究工作。人为设定模型边界最大的问题就是应力波在边界上的反射作用,而在实际工程中能量波是向无限远方向传播的。然而,不需要过分关注能量波在远场边界的传播情况,只需确保能量波不会被边界反射回来,并保证其对分析和关注的区域的影响可忽略不计。ABAQUS 中的无限单元法可以很好地满足这一要求。

以一维应力波的传递为例,假设在动力分析中无限单元的材料是线弹性的,则动力平衡方程为

$$-\rho \ddot{u} + E \frac{\partial^2 u}{\partial x^2} = 0 \tag{6-16}$$

式中,E 为弹性模型;ρ 为材料密度;x 为一维轴向坐标。

对式(6-16)进行求解可得

$$u = f(x \pm ct) \tag{6-17}$$

式中,t 为时间;c 为应力波波速,且 $c = \sqrt{E/\rho}$。

假定有限单元与无限单元存在分界面,当能量波传递至分界面时,入射能量波的传播形式为 $u = f_1(x - ct)$,反射能量波的传播形式为 $u = f_2(x - ct)$。此时,无限元边界上的应力为

$$\sigma = E\frac{\partial u}{\partial x} = E(f'_1 + f'_2) \tag{6-18}$$

在无限元边界上设置一个阻尼边界条件：

$$\sigma = -d\frac{\partial u}{\partial t} = -d(-cf'_1 + cf'_2) \tag{6-19}$$

为保证在边界处不发生反射，令

$$E(f'_1 + f'_2) + d(-cf'_1 + f'_2) = 0 \tag{6-20}$$

由于在无限元边界上不允许能量反射波存在，故令 $f'_2 = 0$。将其代入式(6-20)推导可得

$$d = \rho c \tag{6-21}$$

由式(6-21)可以看出，只要边界阻尼参数的选择合适，就可在 ABAQUS 中实现边界无反射的要求。

Lysmer 和 Kuhlemeyer 将一维能量波在无限元边界传递的基础上推广应用到了三维数值分析模型：

$$d_p = \rho\sqrt{\frac{\lambda + 2G}{\rho}} \tag{6-22}$$

$$d_s = \rho\sqrt{\frac{\lambda}{\rho}} \tag{6-23}$$

目前的 ABAQUS/CAE 版本还不支持实体无限元的相关定义，只能在 inp 文件中对单元类型进行修改。如三维有限元实体单元类型 C3D8，将代表无限元单元的字符"IN"添加到有限元单元的关键词中，即可得到三维无限元实体单元 CIN3D8。

此外，应用 ABAQUS 进行无限元模拟分析时需要注意以下几点：

在平面问题的分析中，若施加荷载不是自我平衡的，那么无限远处的位移场通常为 $u = \ln r$ 的形式，此时，$r \to \infty$，有 $u \to \infty$，这和无限元中 $r \to \infty$，$u \to 0$ 不对应。

在进行隐式直接积分法动力分析、频域内的稳定动力分析以及显式动力分析时，无限元单元在有限元边界上提供了"稳态"边界，这就意味着无限元在其与有限元的交界面上保留了计算分析开始时的静力状态。

由于 ABAQUS 中无限元单元不能定义体力，因此，在初始应力平衡中，ABAQUS 会自动在无限元的节点上施加自平衡力，相当于在无限元中施加了初始应力场。此外，值得注意的是，如果对无限元施加初始应力，必须将模型分析中的第一个分析步设置为 Geostatic 类型。

基于以上分析，使用无限元边界可以有效模拟无限地基的辐射阻尼和弹性恢复性能。采用三维无限元实体单元 CIN3D8 来模拟无限远边界场，以此消除应力波在边界的反射作用对模型分析数据准确性的影响。

6.3.2 不同条件下均质地基能量衰减与尺寸效应分析

由于篇幅限制，在此仅列出缩尺比例为 1∶5 数值模型的计算结果，并对其进行总结分析。按照 1∶5 的缩尺比例，缩尺模型中施加的振动荷载分别为 6 kN、4 kN、2 kN，模拟列车不同时速的荷载作用频率分别为 3 Hz、4 Hz、4.5 Hz、5 Hz。

通过对数值分析结果进行最值归一化处理,可得到不同条件下地基中归一化振动加速度随埋深的变化规律,如图 6-16 所示。将图 6-16(a)、(b)和(c)进行对比分析可知:整体而言,在不同列车振动荷载、不同行驶速度和不同土质类型等条件下地基中归一化振动加速度沿土体深度方向的传播均呈现指数型衰减规律,即地基中振动加速度与埋深之间大致呈负相关关系。具体表现为:在地基表层振动加速度随埋深的增加急剧减小,随着埋深的继续增加,振动加速度的减小速率逐渐减慢,最终趋于稳定。此外,从图 6-16 中还可以看出,动应力和行驶速度越大,初始归一化振动加速度幅值越大。具体分析可知,列车振动荷载越大,行驶速度越快,随埋深的增加地基中振动加速度的衰减速度越快。然而,地基土的土质越差,振动加速度的衰减反而越快,即土质越松软,其能量衰减能力越大,这主要是由于模型自身的材料阻尼大小不同,导致能量波在传播过程中衰减速率不同。同时,对计算结果进行拟合可知,数值计算结果与拟合曲线吻合度较高,且拟合误差在 5% 以内,与上节中的理论推导结果一致,基本验证了数值模拟结果的可靠性。

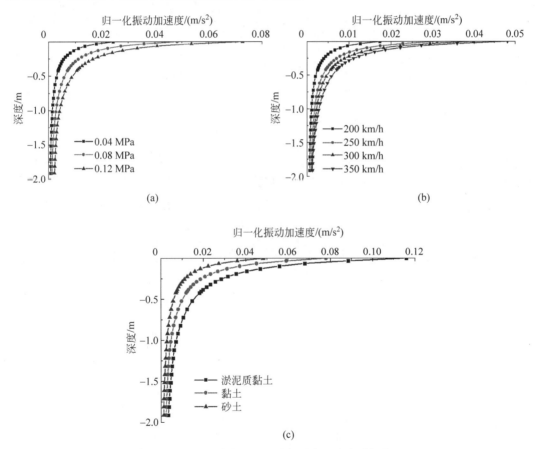

图 6-16 不同条件下地基中振动加速度衰减规律
(a) 不同振动荷载;(b) 不同列车行驶速度;(c) 不同土质类型

利用 Origin 数据处理软件中的非线性拟合功能,对图 6-16 中不同列车振动荷载、不同行驶速度和不同土质类型等条件下的能量衰减曲线进行拟合,并通过数学反演的方法可以得到对应条件下的能量衰减系数 β。假定模型缩尺比例为 k,以模型缩尺比的倒数 $1/k$ 为横坐标,地基中的能量衰减系数 β 为纵坐标,绘制 $1/k-\beta$ 关系曲线,如图 6-17～图 6-19 所示。图 6-17、图 6-18 和图 6-19 分别示出了我们在实际工程中经常会遇到的列车振动荷载大小、土质类型以及列车行驶快慢等不同工况。

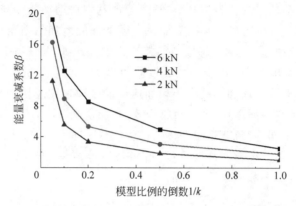

图 6-17　不同振动荷载下能量衰减系数 β 与模型比例倒数的关系

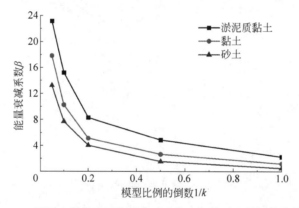

图 6-18　不同土质类型下能量衰减系数 β 与模型比例倒数的关系

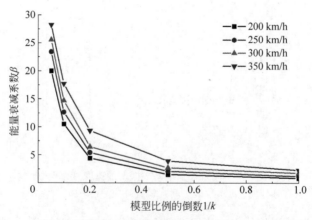

图 6-19　不同列车行驶速度下能量衰减系数 β 与模型比例倒数的关系

从图 6-17～图 6-19 中可以看出,列车行驶速度越大和振动荷载越大,地基中振动加速度的衰减越快。整体而言,列车振动荷载大小、土质类型以及列车行驶速度快慢等不同条件下,地基土的能量衰减系数 β 与模型缩尺比例的倒数 $1/k$ 具有相似的变化规律,均与模型的缩尺比例 k 呈正相关关系。具体表现为:列车振动荷载、土质类型以及列车行驶速度等不同条件下,随模型缩尺比例 k 的增加地基中的能量衰减系数 β 的增长速率急剧增加。此外,从图 6-17~图 6-19 中还可以看出,列车振动荷载、土质类型以及列车行驶速度等不同条件下,模型缩尺比例越大,地基中振动加速度衰减系数相差越大。从图中不同工况条件下,振动加速度能量衰减系数与模型缩尺比例的变化规律大致可以看出,地基中振动加速度能量衰减系数 β 与模型缩尺比例的倒数 $1/k$ 之间仍满足指数型分布规律:

$$\beta = a\mathrm{e}^{-\frac{b}{k}} + c \tag{6-24}$$

式中,β 为能量衰减系数;k 为缩尺比例;a、b、c 为常数。

利用 Origin 绘图软件中自定义函数拟合方法,并按照式(6-24)的函数形式对图 6-17~图 6-19 中振动加速度的衰减系数 β 与模型缩尺比例的倒数 $1/k$ 之间的变化规律进行拟合反演,可得到拟合方程(6-24)中参数 a、b、c 的值。

本节以不同列车振动荷载为例,在同一变量情况下(如图 6-17 中不同列车振动荷载),对数值模拟的计算结果进行拟合分析。从图 6-17 中可以看出,列车振动荷载由 2 kN 逐渐增加,此时,式(6-24)中的 a、b、c 三个待定参数的数值则会相应增加。然而,待定系数 a、b、c 控制着拟合曲线的变化特征。其中,参数 a 表示在 $1/k \in (0,1]$ 这个值域内的极差,振动荷载由小变大,曲线极差会逐渐增加;参数 b 表示曲线减小速率的快慢,振动荷载由小变大,曲线将由平缓变得陡峭,该系数使得地基中振动加速度的衰减系数的增长速率随模型缩尺比例的增加而逐渐加快;参数 c 控制拟合曲线的上、下平移,与地基中能量衰减系数的大小有关。此外,列车振动荷载由小变大,曲线将整体向上平移,导致地基土的能量衰减系数增大。

利用参数反演的方法确定图 6-17 中的拟合曲线参数,可得到参数的取值范围:参数 a(20.08,26.12),参数 b(8.13,15.21),参数 c(1.63,3.71)。再利用插值法可确定原型实际列车振动荷载区间范围内参数 a、b、c 的值,令式(6-24)中模型缩尺比例 $k=1$,可得到地基原尺寸模型中的能量衰减系数 β。然后,将能量衰减系数 β 代入式(6-10),可对实际工程中土体深度 H 处的振动加速度幅值进行预测。同时,若确定了列车振动荷载的大小也可以得到相应模型缩尺比例下地基土的能量衰减系数 β,进而对不同地基深度处的振动加速度进行准确预测。同理,可对其他变量下原尺寸模型中地基振动加速度幅值进行预测。

6.3.3 层状地基土层界面的能量反射与尺寸效应分析

列车振动荷载在层状地基中产生的振动加速度的数值分析结果,同样以数值模型的缩尺比例 1:5 为例进行说明,在该模型缩尺比例下,上、下土层的分界面位于距地表 0.2 m 处。在上、下土层的土质类型不同条件下,层状地基的振动加速度沿地基深度方向的变化规律如图 6-20 所示。其中,图 6-20(a)是层状地基土质类型为上层淤泥质黏土下层砂土型振动加速度的分布特征,图 6-20(b)是层状地基土质类型为上层砂土下层淤泥质黏土型振动加速度的分布特征。

从图 6-20 中可以看出:列车荷载作用下,振动加速度在层状地基中传播时,振动加速度的衰减曲线在土层界面处出现转折点,其不再沿着地基为均质土的衰减变化轨迹向地基

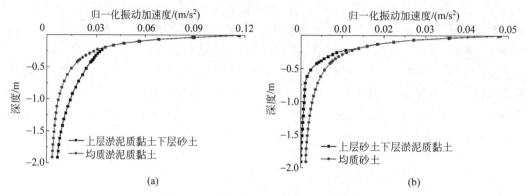

图 6-20　层状地基振动加速度衰减规律
(a) 上层淤泥质黏土下层砂土；(b) 上层砂土下层淤泥质黏土

深度方向进行传播。具体表现为，以层状地基中上、下不同土质类型的土层分界面为界，振动加速度在土层分界面以上的土层中遵循上层土土质类型的衰减变化路径，向地基深度方向进行传播，与振动加速度在均质地基中的衰减曲线基本吻合。当振动加速度由地表传播至土层分界面时，振动加速度衰减曲线出现拐点，逐渐偏离原有沿深度方向的衰减传播轨迹，在分界面以下的土层中遵循下层土土质类型的衰减规律。

由上述分析知，当能量波透过土层界面时，绝大部分能量穿越并透射过土层界面继续向深度方向传播，但仍存在一定量的能量被土层界面反射和吸收。通过对图 6-20 进行分析，结合式(6-24)可以看出，土层界面能量反射系数不仅与分界面上、下土层的土质类型及其能量衰减系数密切相关，还与上层土的厚度密不可分。由上节内容知，地基土的能量衰减系数与模型的缩尺比例的倒数呈指数函数关系。因此，可以推断土层界面的能量反射系数与模型的缩尺比例也存在密不可分的内在联系。

利用式(6-24)对层状地基中土层界面的能量反射系数进行计算分析，得到土层界面上下不同土质类型的能量反射系数与模型缩尺比例之间的关系曲线，如图 6-21 所示。从图 6-21 中可以看出，在均质土地基中，由于无土层分界面，不存在能量反射现象，故地基中的能量反射系数恒为 0。当地基为层状地基时，由于分界面上、下土层的土质类型不同导致其能量衰减程度也不尽相同，因此，在土层界面处存在能量波的反射现象。从图 6-21 中还可以看出，土层分界面上、下土层的土质强度差别越大，二者对能量波的阻尼相差就越大，导致在土层界面处的能量反射系数越大。同时，由于层状地基中的土层界面对能量波也具有一定的吸收和反射作用，使得能量反射系数恒小于 1。此外，分析可知土层界面能量反射系数随着模型缩尺比例的减小而减小，能量反射系数减小速率也随着模型缩尺比例的减小而减小。通过对计算结果进行拟合，发现能量反射系数随模型缩尺比例的倒数 $1/k$ 的变化曲线以二次函数的拟合效果最好，拟合曲线相关度系数 R^2 均超过 99%，可以得到界面能量反射系数尺寸效应公式：

$$\gamma = p\left(\frac{1}{k}\right)^2 + q\left(\frac{1}{k}\right) + r \tag{6-25}$$

式中，p、q、r 为待定常数；k 为模型的缩尺比例。

土层界面上、下层土质差别由小变大，三个待定参数的数值也会相应增加。可以通过上

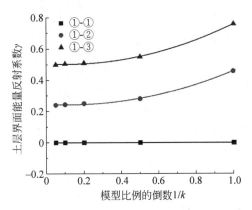

图 6-21 土层界面能量反射系数与缩尺比例的关系

节的方法,首先由土层界面上、下土质的土质类型,并利用插值法来确定待定参数 p、q、r 的取值。最终将待定系数 p、q、r 代入式(6-25),再令 $k=1$,即可得到原尺寸模型下的土层界面能量反射系数。同时,还可以通过对三种不同相似比的缩尺模型进行试验,得到三组 β_1、β_2 值,然后联立式(6-14)和式(6-25),即可得到 p、q、r 的准确值,令 $k=1$,并代入式(6-25),同样可以得到原型地基土层界面能量反射系数。

6.4 高铁地基能量衰减与尺寸效应试验验证分析

6.4.1 缩尺模型相似原理

缩尺模型试验与相似模型试验均是为了重现与原尺寸模型相似的物理现象,并从中找出相应规律来还原。通过相似原理利用省时省力的缩尺模型试验数据来还原原尺寸模型的物理力学特征,发现二者之间的内在联系,可对原型性能进行预测或校验原型所得结论。缩尺模型要求试验材料与原型试验几何尺寸相同,外荷载大小、动荷载频率遵循相似比规律。原型和模型之间相对应的物理量之比称为相似比 C,定义长度为 L,位移为 D,弹性模量为 E,密度为 ρ,应力为 σ,应变为 ε,黏聚力为 c,内摩擦角为 φ,泊松比为 μ,集中力为 F,频率为 ω,速度为 v,加速度为 g。其中,上述物理参数中与模型材料有关的参数相似比均为 1,如 E、ρ、σ、ε、c、φ、μ。

1. 静力相似准则

在静力条件下,地基的受力关系可以表示为

$$f(F,L,\rho,\mu,\varphi,E,g,c)=0 \tag{6-26}$$

根据相似第二准则和利用量纲分析法,取长度 L、密度 ρ、弹性模量 E 为基本量纲,得到以下相似判据:

$$\begin{cases} \pi_1 = \dfrac{\sigma}{\rho^0 E L^2}, & \pi_2 = \dfrac{F}{\rho^0 E L^2}, & \pi_3 = \dfrac{g}{\rho^{-1} E L^{-1}} \\ \pi_4 = \dfrac{\mu}{\rho^0 E^0 L^0}, & \pi_5 = \dfrac{c}{\rho^0 E L^0}, & \pi_6 = \dfrac{\varphi}{\rho^0 E l^0} \end{cases} \tag{6-27}$$

相似常数为

$$\begin{cases} C_F = C_E C_L^2, & C_g = C_E C_\rho^{-1} C_L^{-1} \\ C_\sigma = C_E = C_C, & C_\mu = C_\varphi \end{cases} \tag{6-28}$$

2. 动力相似准则

弹性连续介质的动力学特征可用下列方程表示：

$$Cv + Ma + K\mu = F \tag{6-29}$$

式中，C 为阻尼矩阵；v 为速度矩阵；M 为质量矩阵；a 为加速度矩阵；K 为静力刚度矩阵；μ 为位移矩阵；F 为荷载矩阵。

对于动力学问题，这些物理量的函数为

$$f(F, L, \rho, \mu, E, g, a, t, v) = 0 \tag{6-30}$$

同理，根据相似准则和利用量纲分析法，取长度 L、密度 ρ、弹性模量 E 为基本量纲，得到以下相似判据：

$$\begin{cases} \pi_1 = \dfrac{v}{\rho^{-0.5} E^{0.5} L^0}, & \pi_2 = \dfrac{g}{\rho^{-1} E L^{-1}}, & \pi_3 = \dfrac{\mu}{\rho^0 E L^0} \\ \pi_4 = \dfrac{t}{\rho^{0.5} E^{-0.5} L}, & \pi_5 = \dfrac{\omega}{\rho^{-0.5} E^{0.5} L^{-1}} \end{cases} \tag{6-31}$$

相似常数为

$$\begin{cases} C_t = C_\rho^{-0.5} C_E^{-0.5} C_L^1, & C_v = C_E^2 C_\rho^{-1} \\ C_a = C_E C_\rho^{-1} C_L^{-1}, & C_\omega = C_\rho^{-0.5} C_L^{-1} C_E^{0.5} \end{cases} \tag{6-32}$$

6.4.2 室内模型试验设计

从试验室条件和经济条件等方面综合考虑，缩尺模型试验采用自主设计、制作的模型试验装置。其中，模型箱长×宽×高=1.2 m×0.8 m×0.6 m，试验加载装置采用电动小型激振器 DH40500、扫频信号发生器 DH1301 和动态数据采集仪 DH5923，荷载激励及信息采集设备均由江苏东华测试技术股份有限公司生产，各设备如图 6-22 所示。由于缩尺模型施加振动荷载响应缩小，地基土中由荷载作用产生的振动加速度也会相应变小，因此，振动荷载采用高振动荷载，传感器采用高灵敏度的电容式加速度传感器。

利用该装置进行三组缩尺比例为 1∶50、1∶75、1∶100 的室内模型试验，模型箱内土层与原土质保持一致，土层铺设前为消除模型箱边界效应以及应力波的反射作用，在该装置内侧设置一层厚度为 100 mm 的聚苯乙烯泡沫塑料板。此外，模型土体铺设前，在聚苯乙烯泡沫塑料板的内侧壁涂抹一层凡士林，以减小土体与泡沫塑料板侧壁的摩擦。在铺设地基土时，分层铺设并压实。在地基铺设过程中，在振动荷载作用位置的正下方每隔 4 cm 埋设一个加速度传感器，用于监测地基土中振动加速度的大小。模型制作完成后，将模型箱密封静置，待土壤自然固结后进行激振试验。

6.4.3 室内模型试验验证

不同模型缩尺比例条件下，地基中振动加速度沿深度方向的衰减规律如图 6-23 所示。对图 6-23(a)、(b)、(c)进行对比分析可知，整体而言，在不同缩尺比例模型中，振动加速度沿地基深度方向均呈现出先快后慢的衰减规律。此外，随着模型缩尺比例的减小，地基中振动

图 6-22 室内模型试验设备
(a) 缩尺模型箱；(b) 加载装置；(c) 信息采集系统

加速度在数值上也相应减小,且随着埋深的增加振动加速度逐渐减小,衰减速率变得缓慢。具体分析可知,在砂土地基中,模型缩尺比例为 1:50、1:75 和 1:100 的地基表层振动加速度分别为 0.035 m/s²、0.023 m/s²、0.008 m/s²。此外,在地基表层,不同土质类型的振动加速度相差较大,但随着埋深的增加这种差异性逐渐缩小。对图 6-23 中的试验数据进行拟合得到试验模型的能量衰减系数,如表 6-8 所示。

从表 6-8 中选取砂土、黏土和淤泥质黏土的能量衰减系数 β_1、β_2 和 β_3。将该三组数据代入式(6-25)求得 p、q、r 分别为 0.2、0.09、0.463,可得土层界面能量反射系数的尺寸效应公式。令 $k=1$,计算得原型土层界面能量反射系数为 0.753,预测值与数值分析和理论分析结果误差小于 6%,验证了依据能量衰减系数所提出的尺寸效应公式的可靠性。

根据上述理论推导及数值分析,并结合室内缩尺模型试验结果可知,振动荷载大小、荷载振动频率与能量衰减系数的关系均可以用指数型函数表示。因此,由式(6-33),可建立均质地基的能量衰减系数和模型缩尺比例与振动荷载大小和荷载振动频率的双因素关系方程：

$$\beta = (A + Be^{-cx})(D + Ee^{-Fy}) \tag{6-33}$$

式中,A、B、C、D、E、F 为常数,可以通过最小二乘拟合得到,如表 6-9 所示；x 为振动荷载大小或加载频率；y 为模型缩尺比例的倒数。

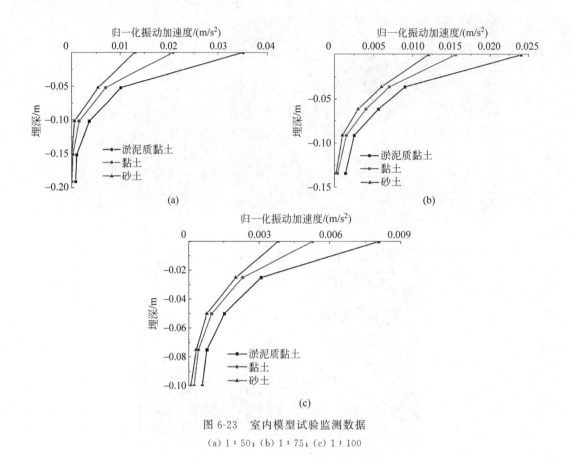

图 6-23 室内模型试验监测数据
(a) 1∶50；(b) 1∶75；(c) 1∶100

表 6-8 不同缩尺模型能量衰减系数

能量衰减系数	缩尺比例		
	1∶50	1∶75	1∶100
β_1	24.341	28.316	32.315
β_2	23.183	24.852	31.052
β_3	21.156	23.284	26.286

表 6-9 拟合参数

拟合参数	A	B	C	D	E	F	R^2
振动荷载	42.783	317.258	13.557	−4.985	5.104	0.107	0.977
振动荷载频率	26.987	487.341	11.597	3.857	−3.842	0.341	0.989

限于篇幅，本研究仅以砂土为例，以上文的数值分析结果和室内模型试验（1∶50、1∶75 和 1∶100）为背景，分别构建了不同振动荷载和振动频率条件下的均质路基理论计算模型。相应的振动荷载大小和振动频率与模型缩尺比例和能量衰减系数关系的三维关系图如图 6-24 所示。其中，红色曲面是由试验数据组成的，蓝色曲面是由数值分析结果组成的，可以看出两组数据具有很高的重合度，基本验证了数值模拟结果的可靠性。利用式(6-33)对试验数据和数值模拟数据进行拟合，式(6-33)中各参数的取值如表 6-9 所示。相关系数分

别为 0.977 和 0.989，说明拟合方程是合理的。

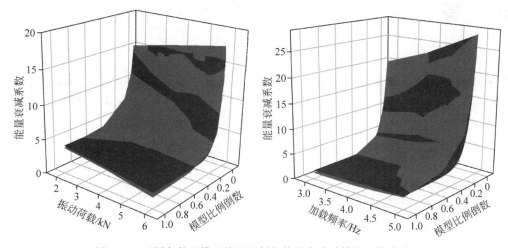

图 6-24　不同条件下模型缩尺比例与能量衰减系数的三维关系面

准确确定土层中的能量衰减系数和能量反射系数是分析动力响应特征的关键因素，对预测循环荷载作用下地基的累积变形起到至关重要的作用。在实际工程中，采用现场试验的手段来获取地基土的能量衰减系数和土层界面的反射系数比较困难，而利用缩尺模型试验可极大程度地节省人力物力，结合本研究提出的尺寸效应公式能更加准确、快速地确定能量衰减系数和界面反射系数，对工程实际可以起到一定的预测作用。

第7章

采空区地基与轨道结构耦合变形对应关系

7.1 考虑地基沉降的轨道—路基系统力学模型

采空区地基是受到地下开采扰动的一种具有特殊缺陷的地基类型,为保证高速铁路的安全平稳运营,对地基沉降及路基工后变形控制提出了更加严苛的标准和要求。由于可利用土地资源短缺以及高铁的迅猛发展,一些高铁线路不可避免地穿越采空区场地,采空区地基的剩余变形以及高铁路基工后沉降变形,对高速铁路的安全运维构成潜在安全隐患。

煤矿采空区发生剩余变形及软弱地基工后产生不均匀沉降时,上部的路基—轨道系统在车辆荷载及其自重的影响下,将随沉降变形的地基发生跟随性或非跟随性变形。当轨道结构变形量过大时,将导致轨道结构的几何形态恶化,轨面的不平顺性加剧,同时,轨道结构上的附加应力也会急剧增大。此外,地基的进一步变形将使得轨道与路基结构间变形的协调性变差,导致两结构间产生一定的空隙,进而出现局部脱空现象,使得轨道系统与路基结构之间无法保持良好的协调变形。在列车的长期动荷载作用下,采空区地基不均匀沉降引起的轨道结构变形还会引起动力响应的加剧,并反向作用于地基导致采空区地基沉降变形进一步恶化。列车经过局部脱空区域时,对脱空区域内的路基和轨道结构造成周期性的"拍打",进而对轨道结构的使用寿命以及行车安全造成影响。

随着我国"八纵八横"高速铁路网的加密,在研发和掌握高铁技术的同时,确保高速铁路运营的长期安全和稳定也逐渐成为日益突出的问题。因此,研究高速铁路穿越采空区这一特殊缺陷地基的沉降变形对轨道结构的变形特征及动态响应具有重要的理论意义和实用价值。此外,揭示采空区地基不均匀沉降导致的轨道系统的变形特征,可服务于轨道系统的安全性评估及轨道结构设计优化。

7.1.1 地基与轨道系统耦合变形力学模型

地基和路基的不均匀沉降成因复杂、形式多样,这种不均匀的沉降变形将会引起轨道不平顺加剧,并对无砟轨道结构造成不可逆的损伤。从理论上来说,这种工后沉降变形大致可分为"缓变型"和"突变型",其中,严寒地区地基的冻胀变形、软土地区地基沉陷、地下水位降低以及采空区场地剩余变形等地质条件导致的不均匀沉降变形均可归为"缓变型"不均匀沉降,而在不同土质类型交界处以及过渡段的沉降变形则属于"突变型"不均匀沉降。因此,利用"缓变型"不均匀沉降波形曲线来综合表征采空区场地的剩余变形符合工程实际。

在对高铁的研究方面,日本走在了世界的前列。在研究路基不均匀沉降对列车行驶的平顺性及无砟轨道结构受力的影响时,日本通常采用半波正弦型曲线作为路基不均匀沉降波形,而我国采用较多的则是下凹全波余弦型曲线,如图7-1所示。图中,l 为下凹全波余弦型曲线的波长,A 为余弦型曲线的沉降幅值。

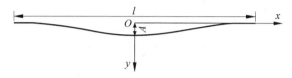

图 7-1　下凹全波余弦型曲线

在后续的数值仿真和理论计算分析中,选用该下凹全波余弦型曲线来表征采空区场地剩余变形的不均匀沉降。通过调整余弦型曲线的波长和幅值来改变不均匀沉降变形范围和沉降量,其描述函数为

$$f(x) = \frac{A}{2}\left(1 - \cos\frac{2\pi}{l}\right) \tag{7-1}$$

式中,x 为沿线路纵向的某点坐标;A 为余弦型沉降幅值;l 为余弦型沉降的波长。

分析路基沉降时选取路基纵断面,将路基截面简化为梁结构,建立由路基和采空区地基组成的地基梁模型,如图7-2所示,根据地基梁的基本挠曲微分方程,可得

$$EI\frac{\mathrm{d}^4 w}{\mathrm{d}w^4} + kw = \gamma h + kf(x) \tag{7-2}$$

式中,EI 为地基梁的刚度;w 为梁的挠度;k 为地基反力系数。

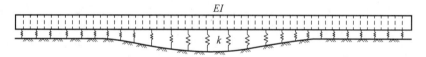

图 7-2　考虑地基不均匀沉降的路基无限长梁模型

根据沉降曲线的对称性,仅考虑沉降曲线右半段的变形,则式(7-2)可写为

$$\begin{cases} EI\dfrac{\mathrm{d}^4 w_1}{\mathrm{d}x^4} + kw_1 = \gamma h + kf(x), & 0 \leqslant x \leqslant \dfrac{l}{2} \\ EI\dfrac{\mathrm{d}^4 w_1}{\mathrm{d}x^4} + kw_1 = \gamma h, & x > \dfrac{l}{2} \end{cases} \tag{7-3}$$

式(7-3)中方程的齐次通解为

$$w_0 = \mathrm{e}^{\delta x}(C_1 \cos\delta x + C_2 \sin\delta x) + \mathrm{e}^{-\delta x}(C_3 \cos\delta x + C_4 \sin\delta x) \tag{7-4}$$

式中,δ 为弹簧地基的柔度特征值,$\delta = \sqrt[4]{k/4EI}$;C_1、C_2、C_3、C_4 为待定系数。

当 $0 \leqslant x \leqslant l/2$ 时,由方程右边的形式可推知其通解为

$$w_1 = \mathrm{e}^{\delta x}(C_1 \cos\delta x + C_2 \sin\delta x) + \mathrm{e}^{-\delta x}(C_3 \cos\delta x + C_4 \sin\delta x) + \\ B_1 \cos\theta x + B_2 + \frac{\gamma h}{k} \tag{7-5}$$

式中,$B_1 = \dfrac{kA}{4(k+16EI\pi^4/l^4)}$,$B_2 = A/2$,$\theta = 2\pi/l$。

根据沉降曲线的对称性,有

$$\begin{cases} w_1' = 0 \\ w_1''' = 0 \end{cases}$$

可得 $C_1 = C_2$,$C_3 = -C_4$,则式(7-5)可改写为

$$w_1 = 2C_1\cosh\delta x \cos\delta x + 2C_2\sinh\delta x \sin\delta x + B_1\cos\theta x + B_2 + \dfrac{\gamma h}{k} \tag{7-6}$$

当 $x \geq l/2$ 时,由方程右边的形式可推知其通解为

$$w_2 = e^{\delta x}(C_1\cos\delta x + C_2\sin\delta x) + e^{-\delta x}(C_3\cos\delta x + C_4\sin\delta x) + \dfrac{\gamma h}{k} \tag{7-7}$$

当 $x \geq l/2$ 时,路基位于地基的非沉降区,在无穷远处地基梁的挠度 $w_2 = \gamma h/k$。将以上条件代入式(7-7),可将路基梁的挠度表达式化简为

$$w_2 = e^{-\delta x}(D_1\cos\delta x + D_2\sin\delta x) + \dfrac{\gamma h}{k} \tag{7-8}$$

式中,D_1、D_2 为待定系数。

综上,可得地基产生不均匀沉降时上部弹性路基梁的挠度曲线表达式为

$$w(x) = \begin{cases} 2C_1\cosh\delta x\cos\delta x + 2C_2\sinh\delta x\sin\delta x + B_1\cos\theta x + B_2 + \dfrac{\gamma h}{k}, & 0 \leq x \leq \dfrac{l}{2} \\ e^{-\delta x}(D_1\cos\delta x + D_2\sin\delta x) + \dfrac{\gamma h}{k}, & x > \dfrac{l}{2} \end{cases} \tag{7-9}$$

由地基梁变形的连续性可知

$$\begin{cases} w_1(l/2) = w_2(l/2), & w_1'(l/2) = w_2'(l/2) \\ w_1''(l/2) = w_2''(l/2), & w_1'''(l/2) = w_2'''(l/2) \end{cases}$$

对于式(7-9),在实际求解时,C_1、C_2 的值通常很小,因此,在沉降区域内道床板和支承层的变形 w_1 主要受后三项控制,仍表现为余弦型。

7.1.2 地基短梁路基的倾斜变形计算分析

当地基不均匀沉降并非关于路基对称分布时,路基和轨道结构会产生倾斜变形。路基倾斜变形使原有直线路段变为曲线路段,引起铁路轨道间上下高差,高速行驶的列车经过时将产生高于列车自身重力的离心力,可能造成车辆向外侧滑移或加剧行车动量变化进而造成车辆颠簸。此外,路基倾斜会加速轨道结构系统的破坏,当路基倾斜程度较大时,导致高速行驶的车辆重心偏移,严重时列车存在侧翻的安全隐患和潜在风险。

对于路基倾斜往往根据其横断面进行分析,从路基的横断面来看,地基梁并非无限远长梁。在长梁问题中,荷载的影响在无限远处趋向于零,利用这个特性,可知常数 C_1、C_2 都等于0,见式(7-8),这样可以使确定积分常数的工作得到简化。而在短梁问题中,由于上部附加荷载的影响在梁端尚未消失,常数 C_1、C_2 仍为未知数,不宜采用上节的方法。因此,对非对称荷载或边界条件下路基梁挠度和内力一般采用初参数法进行计算分析,且有载段挠度

表达式仅比无载段多了一个挠度修正项 y_x，即

$$y_x = \frac{P}{4EI\delta^3}\cosh\delta^2(x-z)\sin\delta^2(x-z) - \sinh\delta^2(x-z)\cos\delta^2(x-z) \quad (7-10)$$

式中，P 为集中力；z 为无载段的长度。

考虑地基不均匀沉降的路基短梁模型如图 7-3 所示，OA 相当于有载段，AB 相当于无载段。在 AB 段中，$f(x)=0$，基本微分方程为齐次微分方程，其挠度 y_1 由式(7-4)得出，而 θ、M、Q 则可对 y 求微分得出，故 AB 段的挠度和内力表达式为

$$\begin{cases} y_1 = e^{\delta x}(C_1\cos\delta x + C_2\sin\delta x) + e^{-\delta x}(C_3\cos\delta x + C_4\sin\delta x) \\ \theta = \delta\{e^{\delta x}[(C_1+C_2)\cos\delta x + (C_1-C_2)\sin\delta x] - e^{-\delta x}[(C_3-C_4)\cos\delta x + (C_3+C_4)\sin\delta x]\} \\ M = -2EI\delta^2[e^{\delta x}(C_2\cos\delta x - C_1\sin\delta x) - e^{-\delta x}(C_4\cos\delta x - C_3\sin\delta x)] \\ Q = -2EI\delta^2\{e^{\delta x}[(C_2-C_1)\cos\delta x + (C_2+C_1)\sin\delta x] - \\ \qquad e^{-\delta x}[(C_4+C_3)\cos\delta x - (C_3-C_4)\sin\delta x]\} \end{cases}$$

$$(7-11)$$

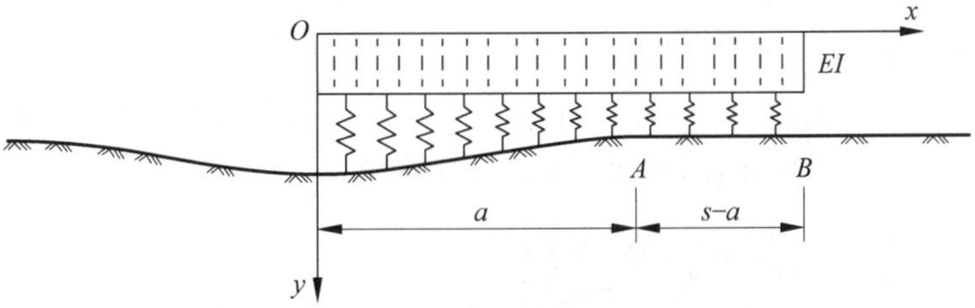

图 7-3 考虑地基不均匀沉降的路基短梁模型

在初参数法中，上述的解答需改写成初参数形式，其中的四个积分常数 C_1、C_2、C_3、C_4 改用端点的四个初参数 y_0、θ_0、M_0、Q_0 来表示，经转换可得

$$y_1 = y_0\cosh\delta x\cos\delta x + \frac{\theta_0}{2\delta}(\sinh\delta x\cos\delta x + \cosh\delta x\sin\delta x) - \\ \frac{M_0}{2EI\delta^2}\sinh\delta x\sin\delta x - \frac{Q_0}{4EI\delta^3}(\cosh\delta x\sin\delta x - \sinh\delta x\cos\delta x) \quad (7-12)$$

对于 OA 段下部有沉降变形的情况，由 Winkler 地基梁假设知，地基梁沉陷与荷载的关系为

$$P(x) = kf(x) + \gamma h \quad (7-13)$$

如图 7-3 所示，设从 O 点开始到 A 点施加不均匀沉降位移边界 $f(x)$，即

$$P(x) = \begin{cases} k\dfrac{A}{2}\left(1-\cos\dfrac{2\pi x}{l}+\gamma h\right), & 0<x<a \\ \gamma h, & a<x \end{cases} \quad (7-14)$$

对于 OA 段内的截面 $x(0<x<a)$，将均布荷载分解为多个集中力，根据集中力来求解修正项。为此，在截面 x 的左边、离端点的距离为 z 处取微段 $\mathrm{d}z$，微段上的荷载 $\mathrm{d}P=P(x)\mathrm{d}z$，荷载 $\mathrm{d}P$ 在它右边的截面 z 处引起的挠度修正值可由式(7-14)得出，即

$$y_x = \frac{1}{EI\delta^3}\int_0^x P(x)\cosh\delta^2(x-z)\sin\delta^2(x-z) - \sinh\delta^2(x-z)\cos\delta^2(x-z) \quad (7-15)$$

由上文知，OA 段挠度值 y_2 与 AB 段挠度值 y_1 仅相差一个挠度修正项，即

$$y_2 = y_1 + y_x \tag{7-16}$$

利用式(7-12)、式(7-16)可求得路基上任意位置处的挠度值,它表征路基的倾斜程度。引入倾斜系数 τ,即

$$\tau = \frac{y_O - y_C}{s} \tag{7-17}$$

式中,y_O 为点 O 处的挠度;y_C 为地基梁上任一点处的挠度;s 为路基宽度。

7.2 采空区地基与轨道结构变形对应关系计算模型

7.2.1 地基—路基—轨道数值模型

穿越沁水煤田采空区的某段双线高速铁路的设计速度为 350 km/h,路基段所在线路为直线段。依据工程设计文件,利用有限元数值分析软件 ABAQUS 建立与实际高速铁路结构一致的地基—路基—轨道系统的非线性三维数值分析模型,该模型系统由轨道、扣件、轨枕、轨道板、基床表层、基床底层、路基本体、采空区地基等结构组成,如图 7-4 所示。其中,数值分析模型沿线路纵向的长度为 450.0 m,地基表面最大宽度为 120.0 m,总高度为 107.8 m。此外,路基为梯形结构,高度为 3.0 m,顶面宽度为 13.6 m,底面宽度为 34.3 m。相邻轨枕沿线路纵向的距离为 0.625 m,路基及地基动力学参数如表 7-1 所示。

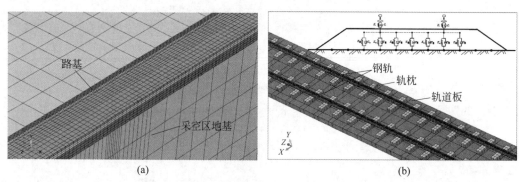

图 7-4 采空区地基—路基—轨道系统有限元模型
(a) 路基/地基;(b) 轨道系统

表 7-1 路基及地基动力学参数

名称	密度/ (kg/m³)	黏聚力/kPa	内摩擦 角/(°)	动弹性 模量/MPa	泊松比	瑞利阻尼系数	
						α	β
素填土	1800	20	19	40	0.30	0.26	0.02
新黄土	1860	32	21	38	0.25	0.21	0.02
老黄土	1920	36	22	63	0.25	0.14	0.01
泥岩	2200	1560	25	5500	0.19	0.11	0.01
基床表层	1950	32	28	380	0.30	0.26	0.02
基床底层	1900	26	25	160	0.30	0.23	0.02
路基	1860	28	22	100	0.20	0.27	0.03

压载轨道的物理建模是根据以下假设进行的：轨道轴在卸载状态下是直线形，并且轨道表面的不规则性被忽略。在弯曲和剪切中可变形的梁单元用于轨道建模，使用无质量的一维垂直定向的弹簧和阻尼器模拟紧固系统。模拟扣件的定向弹簧由力和位移之间的分段线性弹性关系来定义，而阻尼器具有恒定的阻尼系数。路堤和地基采用八节点实体元素进行建模，轨枕被建模为具有适当约束的刚性梁，以使其能够上下垂直移动，而压载层被建模为一组垂直的非线性弹簧和阻尼器，如图 7-4(b) 所示，其中，每个轨枕下方设置有 7 对非线性定向弹簧和阻尼器单元。最后，荷载通过质量单元分配到位于轨道板和下部土层的节点中，轨道的几何和力学参数如表 7-2 所示。

表 7-2 轨道几何和力学参数

部件	参数		单位	数值
UIC60 钢轨	横截面面积, A		mm²	7670
	密度, ρ		kg/m³	7850
	杨氏模量, E		GPa	210
	泊松比, ν			0.3
Vossloh 300-1 扣件	静态压缩刚度	荷载 0~18 kN, k_{v1}	kN/mm	17
		荷载 0~18 kN, k_{v2}	kN/mm	30
	静态拉伸刚度, k_{v3}		kN/mm	3
	等效黏性阻尼系数, c_v		N·s/mm	2.5
SB3 扣件	静态压缩刚度	荷载 0~18 kN, k_{s1}	kN/mm	50
		荷载 0~18 kN, k_{s1}	kN/mm	100
	静态拉伸刚度, k_{s1}		kN/mm	3
	等效黏性阻尼系数, c_s		N·s/mm	4.2
B320 轨枕	质量, m_s		kg	0.366
道砟	密度, ρ		kg/m³	2000
	夏季时静压缩刚度, k_{bs}		kN/mm	60
	等效黏性阻尼系数, c_{bs}		N·s/mm	14.0

研究和测试结果均表明，轮轨接触点上的接触压力分布相当复杂且非常不均匀，接触点上复杂的受力情况会给数值模型计算的收敛性带来严峻挑战。为兼顾动力计算稳定性和数值分析结果的精确性，轨道和轨枕的网格需要划分得足够小。本节数值模型中钢轨和轨枕的网格划分尺寸分别为 0.05 m、0.06 m，整个模型总节点数为 553466，总单元数为 366940，总自由度数为 1622598。

7.2.2 高铁移动荷载施加

在计算过程中为了实现列车荷载的移动，首先沿荷载移动方向设置荷载移动带，移动带沿轨道横向的宽度与施加的均布荷载宽度相同，移动带沿钢轨纵向的长度即为车轮荷载行驶的距离。

采用 Mezeh 提出的数值格式"L-AMN"对移动列车荷载进行建模。将位于荷载轨迹上长度为 l 的钢轨划分为 n 个单元。其中，Δt 表示以恒定速度 v 经过每个单元所需的时间，表示为

$$\Delta t = \frac{1}{nv} \tag{7-18}$$

在 t 时刻,移动荷载被认为作用在左侧节点 i(荷载从左到右移动)。它保持在同一位置,直到时间 $t+\Delta t$ 中第一个临时节点导入网格,以便确定加载方向。在删除之前,创建下一个临时节点,以此类推。这种在固定参考系统中进行的自适应网格划分过程引出了"移动节点"的概念。需要说明的是,在每个计算步骤结束时,即 $t+j\Delta t$ 时刻,如在 $1 \leqslant j \leqslant S_{x-1}$ 时,使用 Hermite 插值多项式初始化 j_{th} 临时节点的位置,从而保证相邻单元的挠度和坡度的兼容性。因此,加载有限元局部参考系统 x 中表示垂直位移场 u 和平面旋转场 e 的三次多项式为

$$u(x_l) = N_1 u_h + N_2 \theta_h + N_3 u_{i+1} + N_4 \theta_{i+1} \tag{7-19}$$

$$\theta(x_l) = N'_1 u_h + N'_2 \theta_h + N'_3 u_{i+1} + N'_4 \theta_{i+1} \tag{7-20}$$

式(7-19)与式(7-20)中出现的指标 h 为临时有限元的节点,结果如下:

$$h = \begin{cases} i, & j=1 \\ j-1, & \text{其他} \end{cases} \tag{7-21}$$

另一方面,$N_k (1 \leqslant k \leqslant 4)$ 为形函数,用无量纲变量 r 表示如下:

$$\begin{cases} N_1 = 1 - 3r^2 + 2r^3, & N_2 = (r - 2r^2 + r^3) l_e \\ N_3 = 3r^2 - 2r^3, & N_4 = (-r^2 + r^3) l_e \end{cases} \tag{7-22}$$

式中,r 表示临时节点的相对距离,$r = x_l / l_e$。

$$\dot{u}_j = N_1 \dot{u}_h + N_2 \dot{\theta}_h + N_3 \dot{u}_{i+1} + N_4 \dot{\theta}_{i+1} \tag{7-23}$$

$$\dot{\theta}_j = N'_1 \dot{u}_h + N'_2 \dot{\theta}_h + N'_3 \dot{u}_{i+1} + N'_4 \dot{\theta}_{i+1} \tag{7-24}$$

此外,可以通过创建多个移动节点来概括该过程,以对多个移动荷载进行模拟分析。

以和谐号 CRH3 动车组列车的两节车厢为例,每节车厢的尺寸为:长×宽×高=20 m× 2.9 m×3.8 m。其中,每节列车的车厢下方共有 4 组轮对,列车前后各分布两对轮组,该轮组间距为 2.5 m,前后轮对的间距为 13.2 m。列车轮对位置对应的荷载分布如图 7-5 所示。

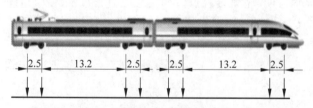

图 7-5 列车轮对位置对应的荷载分布图(单位:m)

ABAQUS 软件中内置了大量的单元库和求解模型可供用户调用,但实际工程十分复杂,往往无法直接利用 ABAQUS 的内置求解模型进行求解。因此,ABAQUS 为用户提供了各类的用户自定义程序(User Subroutine)接口,以便用户自定义适用于工程问题的单元类型和求解模型。ABAQUS 用户子程序必须根据软件提供的对应类型的用户子程序接口,并按照 Fortran 语言编写代码。此外,ABAQUS 用户子程序必须是以 .for 为扩展名的文件。

ABAQUS 有限元软件提供了 42 个用户子程序接口,13 个应用程序接口,涵盖了从模型建立、边界条件、材料属性、荷载施加到单元类型等各个方面,极大地扩充了 ABAQUS 软

件的功能及适用性,几乎可以满足用户的所有数值分析需要。

在本节模型分析中,采用 ABAQUS 所提供的用户自定义荷载子程序(SUBROUTINE DLOAD)来模拟列车行驶产生的移动荷载。通过调整用户自定义荷载子程序中的参数可实现不同荷载移动速度及荷载大小的模拟分析,用户自定义荷载子程序如下所示:

```
      用户自定义移动荷载 .for 子程序
      SUBROUTINE DLOAD(F,KSTEP,KINC,TIME,NOEL,NPT,LAYER,KSPT,COORDS,
     1               JLTYP,SNAME)
C
      INCLUDE 'ABA_PARAM.INC'
C
      DIMENSION TIME(2),COORDS(3)
      CHARACTER * 80 SNAME
C     ******    standard fatigue car JTG D64 - 2015 modle Ⅲ        ******
C     ******    vel = 97.2 m/s EQ2 350 km/h                        ******
      VEL = 97.2
      PLENGTH = 0.050579
      pi = 3.141592653589793238462644
      ZSTART = 0.49
C     ******    ZF = Z front & ZB = Z BEHIND                       ******
      ZF1 = ZSTART + VEL * TIME(1)
      ZB1 = ZF1 - PLENGTH
      ZF2 = ZF1 - 2.5
      ZB2 = ZB1 - 2.5
      ZF3 = ZF2 - 13.2
      ZB3 = ZB2 - 13.2
      ZF4 = ZF3 - 2.5
      ZB4 = ZB3 - 2.5
      ZF5 = ZF4 - 13.2
      ZB5 = ZB4 - 13.2
      ZF6 = ZF5 - 2.5
      ZB6 = ZB5 - 2.5
      ZF7 = ZF6 - 13.2
      ZB7 = ZB6 - 13.2
      ZF8 = ZF7 - 2.5
      ZB8 = ZB7 - 2.5
C
      F = 0
C     ******    unit of F is N/m^2 or Pa                           ******
C
      IF(COORDS(3).LE.ZF1.AND.COORDS(3).GE.ZB1)THEN
          F = 105000000 * sin(10 * pi * TIME(1)) * sin(10 * pi * TIME(1))
      END IF
      IF(COORDS(3).LE.ZF2.AND.COORDS(3).GE.ZB2)THEN
          F = 105000000 * sin(10 * pi * TIME(1)) * sin(10 * pi * TIME(1))
      END IF
      IF(COORDS(3).LE.ZF3.AND.COORDS(3).GE.ZB3)THEN
          F = 105000000 * sin(10 * pi * TIME(1)) * sin(10 * pi * TIME(1))
      END IF
      IF(COORDS(3).LE.ZF4.AND.COORDS(3).GE.ZB4)THEN
          F = 105000000 * sin(10 * pi * TIME(1)) * sin(10 * pi * TIME(1))
      END IF
      IF(COORDS(3).LE.ZF5.AND.COORDS(3).GE.ZB5)THEN
```

```
            F = 105000000 * sin(10 * pi * TIME(1)) * sin(10 * pi * TIME(1))
        END IF
        IF(COORDS(3).LE.ZF6.AND.COORDS(3).GE.ZB6)THEN
            F = 105000000 * sin(10 * pi * TIME(1)) * sin(10 * pi * TIME(1))
        END IF
        IF(COORDS(3).LE.ZF7.AND.COORDS(3).GE.ZB7)THEN
            F = 105000000 * sin(10 * pi * TIME(1)) * sin(10 * pi * TIME(1))
        END IF
        IF(COORDS(3).LE.ZF8.AND.COORDS(3).GE.ZB8)THEN
            F = 105000000 * sin(10 * pi * TIME(1)) * sin(10 * pi * TIME(1))
        END IF
C
        RETURN
        END
```

7.2.3 计算模型的边界条件

1. 无限元边界

在岩土工程的动力学分析中,边界条件的选取对计算结果的准确度与可信度起着至关重要的作用。为了消除静力学边界对应力波反射的影响,本节仍采用第 6 章中提到的无限元单元 CIN3D8 来模拟无限远边界场,无限元边界可以有效地模拟无限地基的辐射阻尼和弹性恢复性能。

2. 采空区地基沉降边界

地基不均匀沉降成因复杂、形式多样,从理论上来说,不均匀沉降可大致分为"突变型"和"缓变型"两种。由上节分析可知,软土地区的地基沉降、地下煤层开采等原因导致的地基不均匀沉降变形均归为"缓变型"不均匀沉降。因此,高铁下伏采空区场地的剩余变形以及上部荷载长期作用下产生的累积变形均可能导致轨道系统产生不同程度的损坏,进而影响高速铁路的安全运营和日常维护。本节选取的采空区场地沉陷区与高速铁路路基的空间位置关系如图 7-6 所示。

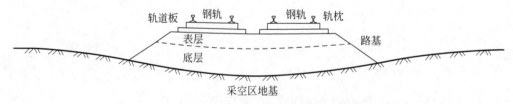

图 7-6 沉降区域与高铁路基的空间位置关系

在研究地基基础的"缓变型"不均匀沉降对列车走行的平顺性以及无砟轨道结构受力的影响时,日本通常采用半波正弦型沉降曲线,而我国采用较多的是下凹全波余弦型曲线。在高铁下伏采空区地基沉陷区域的三维有限元数值模型中,将式(7-1)沿 z 轴旋转一周,可得到余弦型采空区场地三维沉陷曲面,如图 7-7 所示,其描述函数为

$$f(x) = \frac{A}{2}\left[1 + \cos\left(\frac{2\pi}{l}\sqrt{x^2+y^2}\right)\right] \tag{7-25}$$

式中,(x,y) 为沉降区域内任一点的平面坐标。

将图 7-7 中的下凹全波余弦型不均匀沉陷曲面作为高铁下伏采空区地基不均匀沉降区

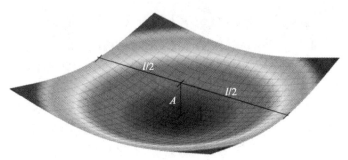

图 7-7　下凹全波余弦型曲面

域,以 10 m 的沉降波长为增量,在余弦型曲面的沉降幅值为 0～1.5 m、沉降波长为 10～60 m 的不均匀沉降条件下,对上部高速铁路路基及轨道结构的变形演化特征及内在机理进行系统研究。

7.2.4　路基—轨道层间接触

在以往有限元数值分析中,选取不同材料层间接触类型时,许多学者通常采用操作简单的 Tie 连接层间接触类型。然而,这种方式仅适用于层间连接紧密的情况,往往不适用于层间分界面两侧材料刚度相差过大,且约束并不十分紧密的层间连接情况。

高速铁路无砟轨道结构间的层间连接方式的设置尤为重要,考虑到静力状态下高速铁路无砟轨道结构的层间接触紧密,且不同结构间的相对滑动很小,几乎可以忽略实体结构接触面的摩擦。该层间接触情况下采用 ABAQUS 有限元数值模拟软件中的 Tie 连接方式,该种层间连接方式既可以保证相邻表面间的变形协调,同时又可以保证两个面上对应节点的转动自由度不产生约束,与共用节点的连接方式相比更接近工程实际。然而,高速铁路无砟轨道的支承层与路基表面之间的连接并非十分紧密,在下部采空区地基不均匀沉降的作用下极有可能出现离层、滑移甚至脱空等现象。因此,在两结构分界面的上、下表面间进行层间接触设置时,切向与法向方向应选用不同的接触类型:法向接触选取 ABAQUS 软件中的"硬接触"类型,即两个面只有在紧密接触的状态下才能相互传递法向力,这种行为限制了数值模拟计算中可能发生的穿透现象;而切向接触则采用库仑摩擦,结合 ABAQUS 软件中引入的"弹性滑移变形"以方便数值计算,具体接触特性如图 7-8 所示。采用上述面与

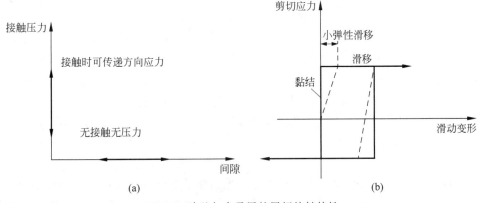

图 7-8　路基与支承层的层间接触特性
(a) 法向接触;(b) 切向接触

面的接触类型,可以有效地模拟高速铁路无砟轨道结构各层之间的真实连接状态,从而准确地反映出下伏采空区地基不均匀沉降向上传递至轨道结构的变形规律。

利用 ABAQUS 建立高速铁路无砟轨道系统—路基数值计算模型,并采用上述两种不同类型的层间接触方式进行对比分析,得到高铁下伏采空区地基不均匀沉降引起的轨道结构变形特征,如图 7-9 所示。从图中可以看出,在采空区地基不均匀沉降作用下,钢轨、道床板和支承层因较高的整体变形基本保持一致,而由于支承层与路基之间的接触行为不同,其变形特征出现了明显差异。从图 7-9 中还可以看出,采用面与面的接触方式可以准确地反映轨道与路基之间可能出现的离层甚至脱空现象,从而得到更接近于工程实际的高速铁路无砟轨道变形特征。

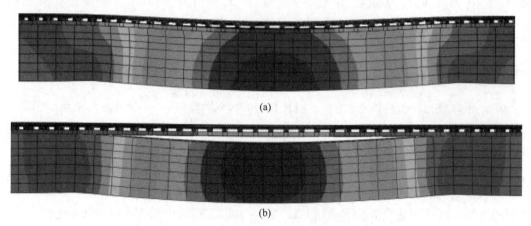

图 7-9 采空区地基不均匀沉降引起轨道系统变形剖面图
(a) Tie 连接(无离层现象);(b) 面与面接触(出现离层现象)

7.3 采空区地基沉降与轨道结构变形对应关系

7.3.1 地基不均匀沉降对轨道结构变形影响分析

双块式无砟轨道地基不均匀沉降曲面的沉降幅值取 0.2 m,沉降波长从 10 m 等间隔增加到 60 m 时,高速铁路钢轨沿路基纵向的几何变形特征如图 7-10(a)所示。从图 7-10(a)中可以看出:当高铁下伏采空区场地不均匀沉降曲面的沉降幅值一定时,沉降波长越小,钢轨的下沉变形相对越小。同时,由于路基与地基之间材料属性的差异与路基和轨道板等轨道结构之间的材料属性相比较小,在结构几何变形的跟随性方面,路基与轨道结构之间表现较差,即轨道结构与路基变形的几何协调变形差异越大,意味着轨道支承层与路基表层之间的脱空间隙越大,同时对轨道结构受力和列车运营性能的影响越显著。

高速铁路轨道系统的沉降变形和轨道结构与路基间的脱空量随采空区地基不均匀沉降曲面波长增加的变化规律如图 7-10(b)所示。从图 7-10(b)中整体来看,当采空区场地不均匀沉降幅值为 0.2 m 时,轨道结构的弯沉变形与路基的脱空量随采空区地基不均匀沉降波长增加表现出相反的变化特征。即轨道结构的弯沉变形随沉降波长的增加而增加,轨道结构与路基的脱空量随沉降波长的增加而逐渐减小。具体表现为:高铁下伏采空区场地不均匀沉降波长在 30 m 以内时,轨道结构弯沉变形量随着沉降波长的增加线性急剧增加。当不均匀沉降波长超过 30 m 后,轨道结构的弯沉变形增加速率随沉降波长的增加逐渐趋缓。此外,从图 7-10(b)中还可以看出,随着采空区地基沉降波长的增加,轨道结构与路基间的脱空量逐渐减小,其减小速率由大变小。即轨道结构的几何变形跟随性逐渐增加并趋于稳定,轨道结构与路基之间的间隙逐渐缩小,其弯沉变形幅值与路基沉降幅值最终达到一致,并不再随采空区地基不均匀沉降波长增加而变化。当采空区地基不均匀沉降幅值一定时,轨道结构随地基不均匀沉降波长的变化规律可由以下分段函数表示:

$$\begin{cases} y = -0.035 + 0.006x, & x < 30 \\ y = e^{-1.82 + 0.0037x - 2.85 \times 10^{-5} x^2}, & x \geqslant 30 \end{cases} \tag{7-26}$$

式中,x 为不均匀沉降波长,m。

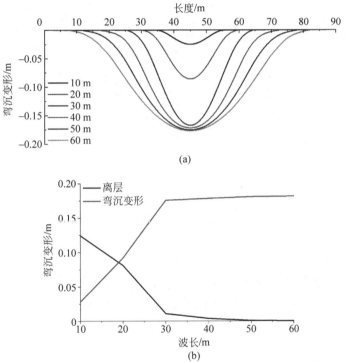

图 7-10 不同地基沉降范围的轨道变形
(a) 轨道系统弯沉变形;(b) 轨道系统变形及离层演化规律

双块式无砟轨道地基不均匀沉降波长取 30 m,沉降幅值从 0.25 m 到 1.50 m 等间隔增加,高速铁路钢轨沿路基纵向的几何变形特征如图 7-11(a)所示。从图中可以看出:当沉降曲面的波长一定时,在不同沉降量的采空区地基余弦型不均匀沉降作用下,上部轨道结构的几何变形形式也均为余弦型。此外,轨道结构的变形范围相较于采空区地基的不均匀沉降范围均出现不同程度扩散,且变形扩散范围随不均匀沉降幅值增加而增加。

从图 7-11(a)中还可以看出,随着采空区地基沉降量的增加,沉降范围的边缘区域轨道结构出现局部上拱现象。此外,轨道结构的上拱位移与采空区地基不均匀沉降量存在密切联系,随着沉降量的增加,上部轨道结构上拱量逐渐增加。具体表现为:当采空区地基不均匀沉降波长为 30 m,沉降量小于 0.75 m 时,不均匀沉降边缘处轨道结构未出现明显上拱;

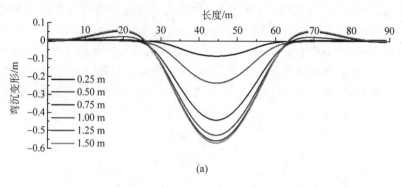

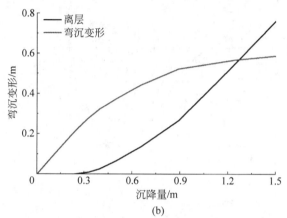

图 7-11 不同地基沉降幅值的轨道系统变形特征
(a) 轨道系统弯沉变形；(b) 轨道系统变形及离层演化规律

沉降量由 0.75 m 增加到 1.25 m 时，轨道结构上拱量急剧增加；沉降量大于 1.25 m 时，轨道结构上拱量增加变缓，并逐渐趋于稳定。这是由于采空区地基不均匀沉降量的增加使得沉降区域内外边缘高差增加，同时轨道结构与路基之间的脱空范围也随之增加。加之轨道结构刚度较大，在脱空区域轨道结构自重下，轨道结构在不均匀沉降外边缘处轻微向上拱起。

高速铁路轨道系统的沉降变形和轨道结构与路基间的脱空量随采空区地基不均匀沉降曲面沉降量增加的变化规律如图 7-11(b) 所示。从图中可以看出，随着采空区地基沉降量的增加，轨道结构的弯沉变形非线性增加，当不均匀沉降量超过 0.9 m 后增加逐渐趋于平缓。此外，从图 7-11(b) 中还可以看出，当不均匀沉降量小于 0.3 m 时，轨道结构与路基之间接触紧密，几何变形跟随性良好，未出现离层现象。当沉降量达到 0.3 m 后，两者之间开始出现离层现象，沉降量超过 0.9 m 后脱空量急剧增加。轨道结构随采空区地基不均匀沉降量的变化规律可用下式表示：

$$y = 0.67 \times (1 - e^{-1.58x}) \tag{7-27}$$

式中，x 为不均匀沉降量，m。

7.3.2 不均匀沉降对路基与轨道间离层影响分析

以沉降量 0.2 m 为例，采空区地基不同沉降波长条件下，轨道结构变形随地基沉降的时空演化规律如图 7-12 所示。图中，0~1 s 为模拟的高铁下伏采空区地基不均匀沉降变形，1~2 s 为列车动荷载作用下，采空区地基沉降范围正上方轨道结构的位移动力响应特征。

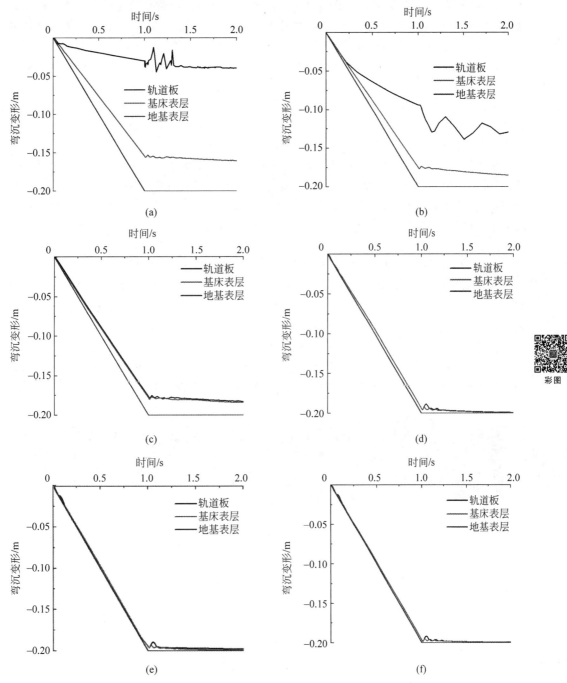

图 7-12　路基及轨道系统随地基不均匀沉降的变形特征

(a) 10 m(指沉降波长，余同)；(b) 20 m；(c) 30 m；(d) 40 m；(e) 50 m；(f) 60 m

从图 7-12 中可以看出，当采空区地基不均匀沉降量一定时，随着不均匀沉降波长增加，采空区地基沉降区域上部的路基及轨道结构均发生不同程度的弯沉变形。整体来看，当采空区地基不均匀沉降范围的波长小于 30 m 时,采空区地基沉降变形在向上传递的过程中逐渐减弱。具体表现为:轨道结构的变形程度远小于路基表面,同时路基表面的变形程度小于地基,三者之间均表现出较低的跟随性。由于轨道结构与路基相比具有较大的刚度,最终引起轨道结构与路基之间产生离层/脱空现象。当沉降波长大于 30 m 时,轨道结构、路基与地基三者之间变形差异很小,表现出较高的跟随性。在地基沉降变形的初期,由于轨道结构未达到屈服强度,路基与轨道结构的变形出现短暂的滞后,之后随着采空区地基不均匀沉降变形继续下沉。

此外,从图 7-12 中还可以看出,当轨道结构与路基之间表现出较低的跟随性,即两者间出现离层/脱空现象时,在列车振动荷载作用下,轨道结构的振动更加剧烈。相比之下,轨道结构与路基之间未出现离层时,振动荷载对轨道结构的影响相对较小。

由于轨道系统与路基相比刚度较大,且轨道板底面与路基表面并非紧密连接固定。因此,当采空区地基不均匀沉降波长较小且沉降量较大时,地基下部沉降经过路基向上传递至轨道结构,轨道板与路基之间会出现明显的离层/脱空现象。由上节可知,该离层/脱空现象由轨道结构位于沉降曲线正曲率处的上拱和负曲率处的悬吊引起。

7.3.3　不同工况条件下轨道结构变形时空效应分析

在轨道板脱空路段,路基上部轨道结构处于悬空状态,路基无法对其起到支承作用,如图 7-13 所示。轨道结构与路基之间发生脱空现象时,不仅会影响列车行车的安全,而且在列车振动荷载下,脱空段的轨道结构将对路基产生周期性的"拍打",使得脱空段的轨道结构比紧密接触段的变形和振动都更加剧烈,如图 7-14 所示,从而加剧对轨道结构和路基的损害,给列车的安全、舒适运行及轨道结构的服役性能带来隐患。因此,研究轨道结构与路基间的跟随性变形特征对高速列车安全运营及研究轨道结构的疲劳寿命至关重要。

彩图

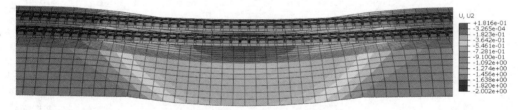

图 7-13　轨道结构与路基的离层现象

彩图

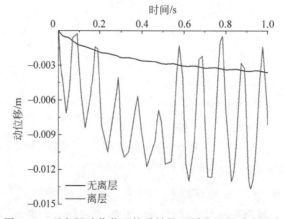

图 7-14　列车振动荷载下轨道结构不同位置的动力响应

以采空区地基不均匀沉降波长为 40 m 为例，不同沉降量轨道结构变形与路基间的跟随性变化特征如图 7-15 所示。从图中可以看出，当采空区地基沉降量较小时，轨道结构与路基表面的变形基本一致，且两者间的跟随性良好。随着采空区地基沉降量的增加，首先在沉降中心的外围区域，轨道结构与路基间逐渐出现离层现象。地基沉降量继续增加，两者的离层范围逐渐向沉降中心扩散，最终轨道结构与路基脱空。此外，从图 7-15 中还可以看出，随着采空区地基沉降量的增加，路基与轨道结构间出现脱空的同时，沉降区域的边缘处轨道结构轻微上拱。

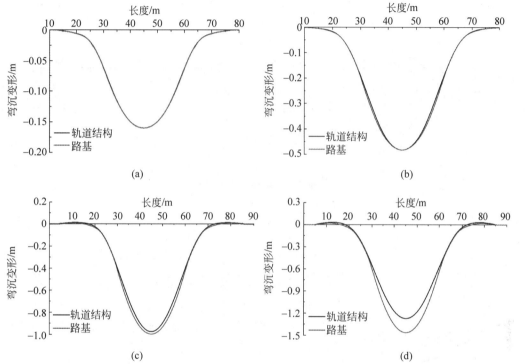

图 7-15　不同沉降量下轨道结构变形与路基跟随性变化特征
（a) 0.2 m (指沉降量，余同)；(b) 0.5 m；(c) 1.0 m；(d) 1.5 m

以采空区地基不均匀沉降量为 0.5 m 为例，不同沉降波长下轨道结构变形与路基间的跟随性变化特征如图 7-16 所示。从图中可以看出，不同沉降波长下轨道结构变形与路基跟随性变化规律恰好与不同沉降量轨道结构变形与路基跟随性变化特征相反。当沉降波长较小时，轨道结构与路基的跟随性较差，两者间存在较大的空隙。随着沉降波长的增加，轨道结构与路基间的脱空范围及两者间距均逐渐缩小。当地基不均匀沉降波长超过 40 m 时，轨道结构与路基变形保持一致。

由上文可知，轨道结构与路基之间出现的离层现象是采空区地基不均匀沉降曲面和波长共同作用的结果，同时，曲面的曲率大小也是波长和幅值共同决定的。因此，轨道结构与路基间的变形特征与不均匀沉降曲面的曲率存在密切联系。由式(7-25)知，采空区地基不均匀沉降曲线的解析式为周期性余弦函数，因此，曲线的正负曲率是相同的，如图 7-17 所示。

为了更直观地体现轨道结构和路基间的离层现象与地基沉降波长和沉降量的关系，引

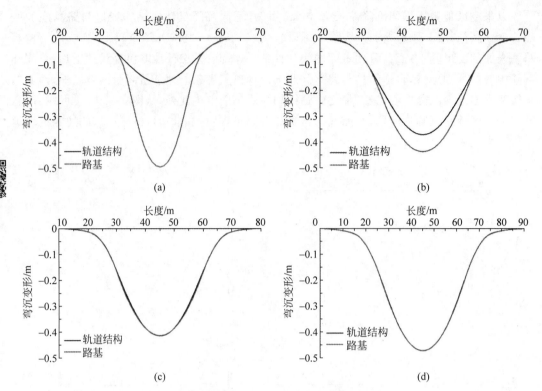

图 7-16　不同沉降波长下轨道结构变形与路基跟随性变化特征

(a) 20 m(指沉降波长,余同); (b) 30 m; (c) 40 m; (d) 50 m

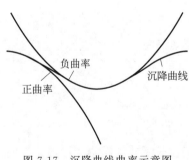

图 7-17　沉降曲线曲率示意图

入曲线曲率 r 来综合表征不均匀沉降曲线的波长和沉降量。假设沉降曲线函数 $f(x)$ 在 x_0 点有二阶导数 $f''(x_0)$,且 $f''(x_0) \neq 0$,则此点有密切圆,其曲率半径为

$$r = \frac{[1+(f'(x))^2]^{\frac{3}{2}}}{|f'(x_0)|} \quad (7\text{-}28)$$

密切圆的曲率为 r 的倒数,即

$$K = \frac{1}{r} = \frac{|f'(x_0)|}{[1+(f'(x))^2]^{\frac{3}{2}}} \quad (7\text{-}29)$$

式中,r 为曲率半径;K 为曲率。

由式(7-28)可得不同沉降曲面的曲率半径,如表 7-3 所示。从表中可以看出,沉降曲面的波长越大且沉降量越小,曲率半径就越大,即曲率越小。依据数值分析结果并结合表 7-3 中数据,将轨道结构和路基间的脱空量与沉降曲面曲率半径间的内在联系绘制成图,如图 7-18 所示。从图中可见,随着采空区地基沉降曲面曲率半径的增加,轨道结构与路基间的脱空量急剧减小。当曲率半径 $r > 200$ m 时,轨道结构与路基之间的跟随性良好,脱空量逐渐趋于 0。利用 Origin 软件将表 7-3 中的数据进行拟合发现,轨道结构和路基间的脱空量与采空区地基沉降曲面的曲率半径之间满足指数型分布特征:

$$y = e^{-0.76-0.02r} \quad (7\text{-}30)$$

式中,r 为不均匀沉降曲面曲率半径,m。

表 7-3　不同沉降曲面的曲率半径　　　　　　　　　　单位：m

沉　降　量	波　长					
	10	20	30	40	50	60
0.1	55	220	500	900	1350	2000
0.2	27	110	250	400	700	1000
0.3	18	70	160	300	450	650
0.4	13	53	120	220	340	480
0.5	11	42	95	180	280	390
0.6	9	35	79	150	230	320

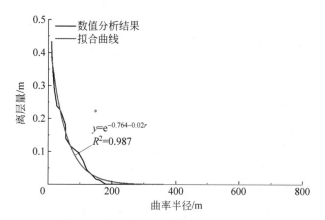

图 7-18　离层量随沉降曲率半径变化规律

第8章

高铁下伏采空区地基动力响应特性数值计算分析

随着中部地区崛起政策的贯彻落实,以郑州为中心的全国首个"米"字形高铁路网全面建成,其中,太焦线、贵南线等多条高铁线路穿越大面积采空区,高铁长期动荷载引起的周围环境振动问题日益受到人们的关注。同时,随着高铁运营速度的不断提升,高铁运行产生的轮轨力进一步加剧,因此对高铁地基结构的长期稳定性提出了更高的要求,充分了解高铁下伏采空区地基的动力响应特性是高铁地基工程设计和确保高铁长期安全、高效运行的需要。

由于采空区覆岩在采动过程中已经遭到损伤和破坏,高铁采空区地基作为高速铁路工程的重要组成部分,不仅要为上部路基、轨道结构及列车运行产生的动静载提供足够的承载力,还要维持其自身受损伤结构的应力平衡状态不被打破。与列车静荷载相比,列车运行产生的振动荷载对轨道结构及下伏采空区地基稳定性的影响更大。以往对于采空区地基稳定性方面的研究多集中于静荷载作用,缺乏对高铁长期动荷载作用下下伏采空区地基动力响应的研究,也缺少对采空区地基中附加动应力扩散与累积变形的关联效应分析。

本章基于沁水煤田高铁下伏店上煤矿采空区工程,设计了高铁运行特征工况的波形加载方法,利用ABAQUS有限元数值分析软件,建立采空区地基—路基—轨道结构三维精细化数值模型,对不同运行工况下高铁采空区地基的动力响应特征进行模拟分析,揭示采空区地基动力响应分布特征及动应力与累积变形的关联效应。

8.1 高铁动荷载波形加载设计方法

在有限元数值模拟中,高铁运行特征工况的加载波形选取关乎数值模拟结果的准确性和可靠度。当模拟列车单车轴运行产生的振动荷载时,列车动荷载的加载波形可选取正弦波或半正弦波;而当模拟一节列车多车轴运行产生的振动荷载时,由于相邻车轴间动荷载的叠加作用,使得列车动荷载的加载波形为"M"形,如图8-1所示。

为去除现场监测设备或录波器获得的高铁运行特征工况的加载波形中的杂质信号,保留清晰有用的信号,需要对加载波形进行进一步的降噪处理。此外,结合有限元数值分析软件和室内物理试验中作动器加载函数输入的要求,应对已获取的高铁运行特征工况的加载

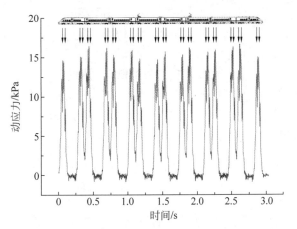

图 8-1 列车轮轨荷载时程

波形进行数据处理,得到加载波形的数学解析式。

根据高铁运行特征工况加载波形的变化规律,对采集到的工况波形进行傅里叶变换:

$$f(t) = \sum_{0}^{n}(A_n \cos nt + B_n \sin nt) \tag{8-1}$$

式中,A_n、B_n 为工况波形待定系数;$n=0,1,2,3,\cdots$;t 为时间。

将式(8-1)展开可得

$$f(t) = A_0 + A_1\cos t + A_2\cos 2t + \cdots + A_n\cos nt + \cdots + B_1\sin t + B_2\sin 2t + \cdots + B_n\sin nt \tag{8-2}$$

$$\int_0^{2\pi} f(t)dt = \int_0^{2\pi} A_0 dt + \int_0^{2\pi} A_1\cos t\, dt + \int_0^{2\pi} A_2\cos 2t\, dt + \cdots + \int_0^{2\pi} A_n\cos nt\, dt + \int_0^{2\pi} B_1\sin t\, dt + \int_0^{2\pi} B_2\sin 2t\, dt + \cdots + \int_0^{2\pi} B_n\sin nt\, dt + \cdots \tag{8-3}$$

由三角函数的正交性,求解系数 A_0、A_n、B_n:

$$A_0 = \frac{\int_0^{2\pi} f(t)dt}{2\pi} \tag{8-4}$$

$$A_n = \frac{\int_0^{2\pi} f(t)\cos nt\, dt}{\int_0^{2\pi} \cos nt \cos nt\, dt} = \frac{1}{\pi}\int_0^{2\pi} f(t)\cos nt\, dt \tag{8-5}$$

$$B_n = \frac{\int_0^{2\pi} f(t)\sin nt\, dt}{\int_0^{2\pi} \sin nt \sin nt\, dt} = \frac{1}{\pi}\int_0^{2\pi} f(t)\sin nt\, dt \tag{8-6}$$

将上述参数代入波形解析式(8-2),即可得到高铁运行特征工况"M"波形的通用解析式:

$$f(t) = |\,a\sin\omega t + b\sin 3\omega t\,| \tag{8-7}$$

式中,a、b 为待定系数;ω 为角频率。

建立高铁运行特征工况的波形曲线波峰 $f_{\max}$、波谷 $f_{\min}$ 及角频率 ω 与"M"波形通用解析式 f' 之间的关系式,求解通用解析式中的待定系数:

$$\begin{cases} f_{\max} = \left(\dfrac{2a}{3} + 2b\right)\sqrt{\dfrac{a+3b}{12b}} \\ f_{\min} = a - b \end{cases} \tag{8-8}$$

对式(8-8)进行求解,可得到参数 a、b 的两组值。利用 $f''_{\max} > 0$,$f''_{\min} < 0$ 进行判断,剔除错误工况波形的 a、b 值,从而得到一个完整周期的"M"波形解析式。

通过确定"列车轴重""车厢尺寸""列车运行速度"等列车运行参数,即可得到表征一节车厢的加载波形的分段函数解析式:

$$f(t) = \begin{cases} |a\sin\omega t + b\sin3\omega t| + T, & t \in \left[0, \dfrac{\pi}{\omega}\right] \\ T, & t \in \left[\dfrac{\pi}{\omega}, \dfrac{\pi}{\omega}+\dfrac{l_1}{v}\right] \\ |a\sin\omega t + b\sin3\omega t| + T, & t \in \left[\dfrac{\pi}{\omega}+\dfrac{l_1}{v}, \dfrac{2\pi}{\omega}+\dfrac{l_1}{v}\right] \\ T, & t \in \left[\dfrac{2\pi}{\omega}+\dfrac{l_1}{v}, \dfrac{2\pi}{\omega}+\dfrac{l_1+l_2}{v}\right] \end{cases} \tag{8-9}$$

式中,T 为列车轴重;ω 为加载频率;v 为列车运行速度;l_1 为两对轮组间距;l_2 为前后两对轮组的间距。

利用 Mod 模余运算语句,以一节列车车厢循环加载时间为周期,设置"M"波形加载时间或次数,实现高铁运行特征工况"M"波形的循环加载。

利用 Mathematica 软件对上述高铁运行特征工况的"M"波形加载设计进行编程,完整程序代码如下所示:

```
ω = 20
Fmax = 235
Fmin = 185
L1 = 2.5
L2 = 15.7
v = 69.44
F[t_]: = Refine[a Sin [ω t] + b TrigExpand[Sin [3ω t]]]
F''[t]
x₁ = √((a + 3b)/(12b))
t₁ = Arcsin[x₁]/ω
Simplify[Expand[F[t1]]]
F[π/(2ω)]
G[t1]
G[π/(2ω)]
Sol = NSolve[Abs[F[π/(2ω)]] == Fmin&&Abs[F[t1]] - F[π/(2ω)] == Fmax - Fmin&&Simplify
[F''[π/(2ω)]>0]&&Simplify[F''[t1]<0], {a, b}, Reals]
a = N[a/.Sol[[1]]]
b = N[b/.Sol[[1]]]
Plot[Abs[F[t]], {t, 0, π/2}]
T1 = π/ω
T2 = N[T1 + L1/v]
T3 = N[T2 + T1]
T4 = N[T3 + L2/v]
```

```
Plot[Piecewise[{{Abs[F[t]], 0 < = t < = T1}, {0, T1 < t < T2}, {Abs[F[t - T2]], T2 < = t < =
T3}, {0, T3 < t < T4}}], {t, 0, T4}]
    f[t_]: = Piecewise[{{Abs[F[t]], 0 < = t < = T1}, {0, T1 < = t < = T2}, {Abs[F[t - T2]], T2 < =
t < = T3}, {0, T3 < = t < = T4}}]
    Plot[f[t], {t, 0, T4}]
    myperiodic[func_, {val_Symbol, min_?NumberQ, max_?NumberQ}]: = func/.(val: > Mod[val -
min, max - min] + min)
    Plot[Evaluate[myperiodic[f[t], {t, 0, T4}]], {t, 0, 3T4},
    PlotPoints→100, MaxRecursion→10]
```

通过对程序中相关参数进行调整,可得到不同工况下的"M"波形解析式,同时实现多种高铁运行特征工况"M"波形的加载输出。

选取"M"波形的波峰 $f_{max}=16$ MPa,波谷 $f_{min}=7$ MPa,加载频率 $\omega=20$ Hz 等波形特征参数,同时选取列车型号 CRH3,将"车厢尺寸"$l_1=2.5$ m,$l_2=13.2$ m,"运行速度"$v=250$ km/h 等运行特征工况参数输入程序进行运行,得到该工况下波形解析式,并绘制"M"波形曲线,如图 8-2 所示。

$$f(t)=\begin{cases} |15.1925\sin20t+7.1925\sin60t|, & t\in\left[0,\dfrac{\pi}{20}\right] \\ 0, & t\in\left[\dfrac{\pi}{20},\dfrac{\pi}{20}+\dfrac{2.5}{69.44}\right] \\ |15.1925\sin20t+7.1925\sin60t|, & t\in\left[\dfrac{\pi}{20}+\dfrac{2.5}{69.44},\dfrac{\pi}{10}+\dfrac{2.5}{69.44}\right] \\ 0, & t\in\left[\dfrac{\pi}{10}+\dfrac{2.5}{69.44},\dfrac{\pi}{10}+\dfrac{15.7}{69.44}\right] \end{cases} \quad (8-10)$$

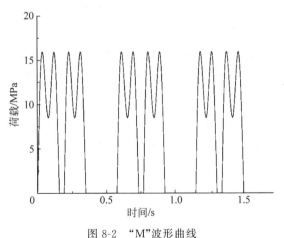

图 8-2 "M"波形曲线

8.2 高铁下伏采空区地基压力分布特征

8.2.1 构建有限元计算模型

以太焦高铁穿越沁水煤田店上典型采空区工程为研究背景,利用 ABAQUS 有限元软件建立采空区地基—路基—轨道系统的精细化三维数值分析模型。模型主要由有限单元模型和无限元边界模型两部分组成,有限元模型的四周和底部被无限元边界模型包裹,有限单元模型尺寸为 90 m×240 m×100 m,无限元边界模型外尺寸为 130 m×280 m×120 m,其内尺寸与有限单元模型尺寸大小一致。其中,有限元模型采用 C3D8R 单元类型,无限元模型采用 CIN3D8 单元类型,数值模型的总单元数为 380950,节点数为 569014,总自由度为 1669242,如图 8-3(a)和(b)所示。

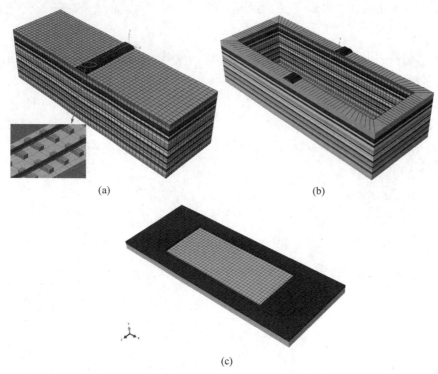

图 8-3　数值分析模型
(a) 有限元模型;(b) 无限元边界模型;(c) 采空区域

在三维数值分析模型的内部设置一个煤层采空区域,该采空区域面积为 80 m×220 m,上覆岩层的总厚度约 70 m,如图 8-3(c)所示。在数值分析模型中,不同颜色表示不同地层类型及材料属性,路基和地基动力学参数如表 8-1 所示。

表 8-1　路基和地基动力学参数

名称	厚度/m	密度/(kg/m³)	黏聚力/kPa	内摩擦角/(°)	弹性模量/MPa	泊松比
路基	3	1860	28	22	100	0.20
杂填土	4	1870	30	21	48	0.25
黄土	5.5	1920	31	26	60	0.21
泥岩	5.5	2200	1560	25	5500	0.19
砂质泥岩	2	2100	2730	26	5700	0.23
泥岩	3	2200	1560	25	5500	0.19
砂质泥岩	3.5	2100	2730	26	5700	0.23

续表

名称	厚度/m	密度/(kg/m³)	黏聚力/kPa	内摩擦角/(°)	弹性模量/MPa	泊松比
中砂岩	1.5	1960	2500	22	4500	0.20
泥岩	3.5	2200	1560	25	5500	0.19
粉砂岩	6	2300	1600	28	7500	0.20
泥岩	1.5	2200	1560	25	5500	0.19
砂质泥岩	2.5	2100	2730	26	5700	0.23
泥岩	2.5	2200	1560	25	5500	0.19
煤	0.5	1400	530	23	1000	0.30
泥岩	5	2200	1560	25	5500	0.19
砂质泥岩	3	2100	2730	26	5700	0.23
粉砂岩	3	2300	1600	28	9000	0.20
泥岩	4	2200	1560	25	5500	0.19
砂质泥岩	2	2100	2730	26	5700	0.23
粉砂岩	4	2300	1600	28	9000	0.20
泥岩	3.3	2200	1560	25	5500	0.19
煤	4.05	1400	530	23	1000	0.30
泥岩	6	2200	1560	25	5500	0.19
细砂岩	2	1970	3500	32	9860	0.20
泥岩	2	2200	1560	25	5500	0.19

在高铁下伏采空区地基的动力响应特征分析中,动荷载峰值按照列车CRH3空载时动车组列车最大轴重T进行计算。以$T=15$ t为例,相应的轮轨静载为75 kN。由相关文献可知,列车最大轮轨力为静载的1.5倍,按照列车最大轴重计算可得动荷载峰值应力为$P_0=112.5$ MPa,列车的轮轨加载点示意图如图8-4所示。

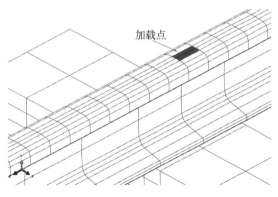

图8-4 轮轨加载点示意图

高铁循环动荷载仍采用7.2.2节中所述的移动施加方式,列车动荷载的移动施加方式由编译程序控制。高铁轮轨接触点为钢轨表面网格单元,该轮轨接触范围的尺寸为0.05 m×

0.02 m,其中,每一分析步时间内列车荷载移动的长度即为轮轨接触范围的长度,如图 8-4 所示。根据轮轨接触范围加载面积以及动荷载峰值应力,可得到轮轨接触点的压力为

$$P_d = P_0 \times \frac{A_1}{A_0} = 1125 \times \frac{100}{50 \times 20} \text{ MPa} = 112.5 \text{ MPa} \tag{8-11}$$

式中,A_1 为轮轨接触点面积;A_0 为实际加载面积。

根据上述轮轨荷载计算方法,数值模拟分析不同列车最大轴重的轮轨接触点峰值荷载如表 8-2 所示。

表 8-2 不同列车最大轴重的轮轨接触点峰值荷载

轴重/t	15	20	25	30
接触压力 P_0/MPa	1125	1500	1875	2250
振动荷载 P_d/MPa	112.5	150	187.5	225

为研究高铁下伏采空区地基的动力响应,仅考虑自重作用下的初始地应力条件,采用如下步骤进行计算分析:①重点关注采空区覆岩应力场及塑性区演化特征,煤层开采采用长壁全垮落法,开采工作面一次采 4.05 m 全厚,每次工作面推进 5 m;②在保持采空区地基模型、材料属性及开采方式不变的前提下,改变列车运行速度、列车轴重及其组合关系,分析列车运行速度和轴重组合效应对下伏采空区地基动力响应分布特征的影响;③在列车长期动荷载作用下,研究采空区地基累积变形与附加动应力的关联效应。

8.2.2 采空区地基压力分布特征分析

根据室内物理模型中煤层开挖的试验结果,对采空区覆岩的变形破坏特征及应力分布规律进行分析,可为高铁下伏采空区地基的稳定性分析与控制提供理论依据。

选取采空区地基模型中 $x = 120$ m 位置处的断面为研究对象,在预设采空区域 220 m×80 m×4.05 m 内的煤层开采完毕后,采空区覆岩岩层应力分布规律如图 8-5 所示。从图 8-5(a)中可以看出,由于采空区覆岩中压力拱的存在,煤层开采完毕后采空区覆岩主应力出现分层现象。采空区覆岩的最大主应力为垂直方向,主应力最大处位于煤层的两侧岩层,即压力拱的拱脚处。此外,压力拱拱顶为水平应力,而拱脚和拱腰为垂直应力区,如图 8-5(b)所示。

从图 8-5(b)和(c)中可以看出,采空区上方及两侧为主应力偏转区,两侧裸露岩层荷载向上覆岩层中部偏转,在偏转区的上部为原岩应力区。在煤层开采过程中,随着工作面的推进,采空区覆岩主应力偏转区范围逐渐扩大并向上传递,形成近、中、远场多重压力拱。在采空区覆岩远场宏观压力拱形成的同时,近场覆岩的最大主应力由垂直方向逐渐改变为水平方向,且该现象随着采空区跨度的增大逐渐向上部覆岩传递。在应力传递过程中,采空区覆岩压力拱高度不断增高,近场压力拱拱顶厚度逐渐减小。此外,在采空区底部裸露岩层中出现反向压力拱。

此外,从图 8-5 中还可以看出,在该煤层采动工况下,采空区覆岩的远场压力拱范围扩大至地基表面以下约 10 m。在埋深 10 m 内,地基中应力变化较小,可忽略不计。

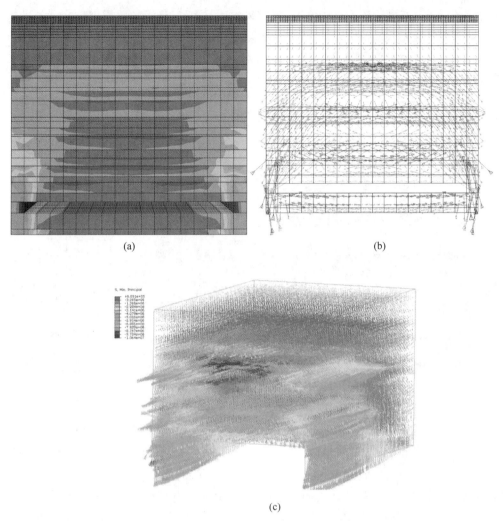

图 8-5 采空区覆岩岩层应力分布
(a) 应力云图；(b) 主应力矢量图；(c) 三维应力矢量图

8.3 高铁下伏采空区地基动力学响应特性分析

列车振动荷载作用下采空区地基的动力响应主要包括地基中的动位移、振动加速度和动应力等因素，其大小和强度与采空区地基的动力稳定性密切相关。高铁下伏采空区地基设计，尤其是采空区地基治理与加固，需充分考虑列车动荷载作用下采空区地基的动力响应特性。

8.3.1 动位移分布特征分析

以两节车厢动车组列车为例，列车从右向左以速度 250 km/h 高速行驶，不同时刻采空区地基中动位移分布特征如图 8-6 所示。从图中可以看出，在列车行驶过程中，采空区地基中最大动位移位于轮轨接触位置处的正下方。列车行驶产生的动位移在地基中表现出明显的叠加现象：当列车驶入采空区地基时，仅在采空区地基 8 m 深的范围内出现微小的位移振动；当列车完全驶入时，动位移在地基中的影响范围沿深度方向急剧增加；列车驶离后，采空区地基中的振动位移逐渐恢复，同时其影响范围也逐渐减小。由此可见，列车荷载的瞬时作用对采空区地基引起的动位移绝大部分为弹性可恢复变形。

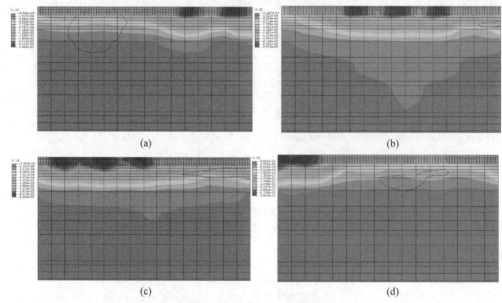

图 8-6 不同时刻采空区地基中动位移分布特征
(a) 0.99 s；(b) 2.00 s；(c) 2.56 s；(d) 3.50 s

高铁下伏采空区地基中动位移沿列车行进方向的分布特征如图 8-7 所示。从图中可以看出，列车行进的过程中，在轮轨接触位置处的下方，采空区地基中出现多个动位移峰值。由于相邻列车车厢转向架轮轨荷载的叠加作用，使得列车行进的后方动位移峰值略大于前方。此外，从图 8-7 中还可以看出，下伏采空区地基在列车振动荷载作用下除了产生动位移外，还会造成一定的塑性变形。路基表面的动位移峰值约为 3 mm，塑性变形为 0.1～0.2 mm。距列车振动荷载源越远，动位移越小，且产生的永久塑性变形也相应越小。

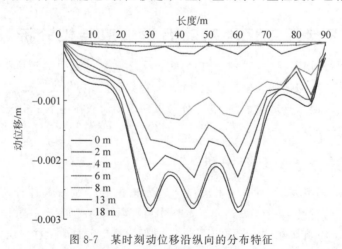

图 8-7 某时刻动位移沿纵向的分布特征

采空区地基动位移沿深度的变化特征如图 8-8 所示。整体分析可知,随着深度的增加,列车荷载引起的采空区地基中动位移逐渐减小。然而,地基不同深度处动位移的衰减速率不同,具体表现为:动位移衰减速率随深度增加先慢后快,超过影响范围后衰减速率再次趋缓。从图 8-8 中可以看出,在路基深度范围内,由于路基距列车振源较近且列车运行荷载振动强度大,动位移随深度衰减量较小,在路基表面以下 4 m 范围内仅衰减了 6.3%。当传播深度达到 4 m 后,超过列车荷载最大振动强度范围,地基中动位移的衰减速率逐渐加快,动位移传递至 12 m 后其衰减速度趋缓。

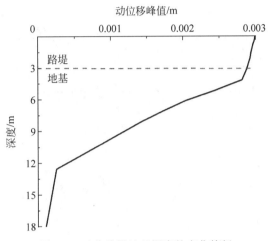

图 8-8 动位移沿地基深度的变化特征

由上述上部荷载在采空区地基中的影响深度可知,一般情况下,动应力在地基中衰减至 15%～20% 时,其影响可忽略不计。由图 8-8 可知,路基表面动位移衰减至 15%～20% 时,对应的影响深度为 11～12 m。与动应力在采空区地基中的衰减规律对比发现:动位移在地基中的衰减速率较慢,在同一影响深度判定标准条件下,动位移在采空区地基中的影响深度远大于动应力。

8.3.2 加速度分布及衰减规律分析

在双线无砟轨道的铁路运营过程中,将出现单列列车行驶、双列列车相向而行和双列列车同向而行三种情况。可以肯定的是,双列列车行驶引起下方结构的动力响应强度必然大于单列列车行驶,因此对双列列车运行条件下轨道系统的振动加速度纵向分布规律进行分析,如图 8-9 所示。

从整体上可以看出,轨道系统中振动加速度峰值位于轮轨接触处,列车驶离后振动加速度逐渐衰退,并最终趋于稳定。从图 8-9(a) 中可以看出,当双列列车相向而行时,左、右线的轨道结构振动加速度具有相似的分布规律,且在数值上相差不大。列车同向而行轨道结构的振动加速度峰值为 15.7 m/s^2,相向而行时,振动加速度峰值为 11.5 m/s^2。此外,双列列车同向与相向行驶相比,由于同向而行列车运行产生的轮轨荷载的幅值、频率和移动速度均一致,进而更易引起轨道结构的共振效应,致使同向而行的列车在轨道系统中产生的振动加速度叠加效应大于相向而行。因此,应着重对列车同向行驶条件下采空区地基中振动加速度的分布特征进行研究。

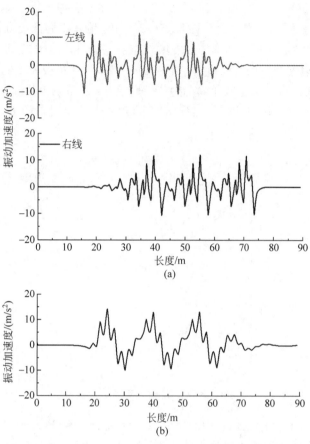

图 8-9 双列列车行驶轨道系统振动加速度纵向分布
(a) 双列列车相向而行；(b) 双列列车同向而行

双列列车同向而行，由右向左以速度 250 km/h 高速行驶，不同时刻采空区地基中振动加速度分布特征如图 8-10 所示。从图中可以看出，采空区地基中振动加速度随着列车动荷载移动而移动，且主要集中在轮轨接触点的正下方。与列车产生的动位移相比，振动加速度绝大部分的能量衰减在路基及地基表层中完成，进而使得振动加速度在高铁下伏采空区地基中的影响范围远小于动位移。此外，由于列车运行产生的振动加速度在地基中衰减迅速，致使相邻轮轨间的振动加速度的叠加效应并不明显。

列车高速行驶过程中，采空区地基不同深度处振动加速度随时间的变化规律如图 8-11 所示。从图中可以看出，在采空区地基表面的振动加速度峰值约为 2.5 m/s²，结合上述轨道结构振动加速度分布特征可知，列车高速行驶产生的振动加速度由高铁路基传递至采空区地基表面衰减了约 83.33%，该现象与高速铁路路基设计规范中的振动加速度衰减 80%～85% 相一致，从而从侧面验证了该数值模型分析的可靠性。

从图 8-11 中还可以看出，振动加速度在采空区地基的表层中急剧衰减，同时由于振动加速度在地基中的影响范围是有限的，其强度由近及远逐渐减小，致使随着采空区地基深度的增加，振动加速度的衰减速率逐渐趋缓。具体表现为：从采空区地基表面到埋深 2 m，振动加速度峰值由 2.48 m/s² 衰减至 0.96 m/s²，衰减了约 61.3%。当采空区地基埋深由 2 m 增

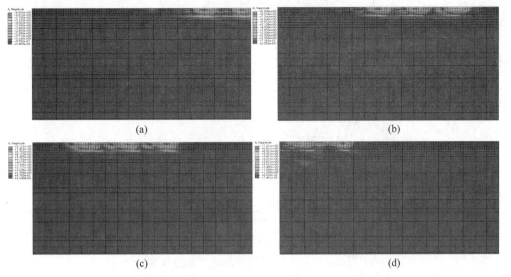

图 8-10 不同时刻采空区地基振动加速度分布特征

(a) 0.99 s; (b) 2.00 s; (c) 2.56 s; (d) 3.5 s

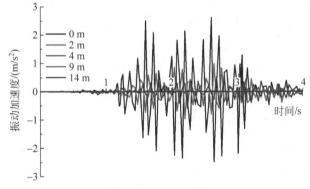

图 8-11 采空区地基表面以下不同深度振动加速度变化规律

加到 4 m 时,振动加速度峰值由 0.96 m/s² 衰减至 0.59 m/s²,仅衰减了约 38.5%。当振动波传递至采空区地基表面以下 9 m 处时,振动加速度的强度变得十分微弱,与地基表面相比,其峰值衰减至 0.06 m/s²,衰减了 97.6%。

将列车不同运行时速条件下采空区地基不同埋深处振动加速度峰值变化规律绘制出来,如图 8-12 中所示。从图中可以看出,列车不同行驶速度下采空区地基中振动加速度的分布特征存在一定的差别。具体表现为:列车运行速度越大,振动加速度峰值越大,列车速度 300 km/h 对应的振动加速度最大,250 km/h 次之,200 km/h 最小。此外,不同行车速度引起的地基中振动加速度的差别随着埋深的增加逐渐缩小,且主要表现在埋深 5 m 范围内,超过 5 m 后这种差别显著降低,10 m 后差别变得十分微小。由此可以发现,列车运行产生的振动加速度在采空区地基中的影响范围集中在地基的浅层,且最大影响深度约为 10 m,超过 10 m 后对采空区地基的影响可忽略不计。

从图 8-12 中还可以看出,由于地基土层材料的阻尼作用,列车运行产生的振动加速度随地基深度的分布特征满足指数型衰减规律:

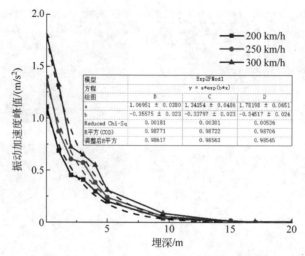

图 8-12 不同列车行驶速度下振动加速度沿地基深度的变化规律

$$y = ae^{bx} \tag{8-12}$$

式中，a、b 为常数；x 为埋深，m。

按照式(8-12)对振动加速度分布规律进行拟合可以看出，拟合曲线的拟合度良好，相关性系数 R^2 达到98%以上。此外，对拟合参数进行分析可得，参数 a 代表采空区地基表面的初始振动加速度峰值，参数 b 代表振动加速度在地基中的衰减系数。对比列车不同运行速度下振动加速度的衰减系数可知，振动加速度在地基中衰减的快慢与土层自身的材料属性密切相关，而受外在因素的影响甚微。

8.3.3 动应力分布及影响因素分析

高铁下伏采空区地基中上部荷载产生的附加应力主要包括采空区地基上覆路基土体和轨道结构静载及列车运行产生的动荷载。由土力学与地基基础课程知：上部荷载产生的附加应力随着下伏采空区地基深度的增加而急剧减小，当达到某一深度时，该处的附加应力值远小于其自重应力，上部荷载附加应力对该处采空区地基的影响可忽略不计。

为研究采空区地基动应力分布特征，需预先对采空区地基上部路基和轨道结构静载进行计算，具体如下。

钢轨和扣件：$\left(2\times0.75+2\times0.05\times\dfrac{1}{0.56}\right)\times 2 \text{ kN/m} = 3.36 \text{ kN/m}$

轨枕：$\left(3.4\times\dfrac{1}{0.56}\right)\times 2 \text{ kN/m} = 12.14 \text{ kN/m}$

道砟：$22\times(3.6+3.6+0.875\times 2)\times 0.25\times 2 \text{ kN/m} = 98.45 \text{ kN/m}$

路基各层材料平均重度取 20 kN/m^3，路基高度为 3 m，路基宽度为 13.6 m，将轨道结构静载进行换算可得路基土换算高度为 0.362 m，由此可得采空区地基上部由轨道结构和路基产生的总静载为 67.24 kPa。

由于高铁路基长度远大于宽度，因此可将其看作条形竖向均布荷载对下伏采空区地基作用的附加应力进行计算。通过计算可得上部结构静荷载在采空区地基中的分布规律，并将 6.1 节中的荷载有效影响深度曲线一并绘制出来，如图 8-13 所示。从图中可以看出，随着采空区地基深度的增加,上部结构静载产生的附加应力的减小速率先慢后快。同时,从图 8-13 中还可以看出,采空区地基上部路基及轨道结构静载的影响深度约为 24 m。这表明高铁路基及轨道系统等上部结构产生的附加应力对埋深 24 m 以内的采空区地基存在一定程度的影响,当埋深超过 24 m 后附加应力的影响可忽略不计。

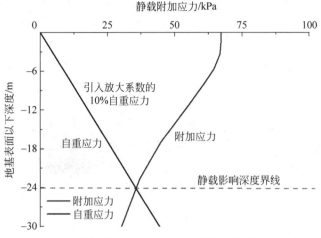

图 8-13　高铁下伏采空区地基上部结构的静载影响深度

采空区地基中附加动应力的分布特征受列车轴重及列车运行速度等因素的影响,在数值模拟分析中,通过改变列车轴重(15 t、20 t、25 t)及列车行驶速度(200 km/h、250 km/h、300 km/h),对采空区地基中附加动应力的分布特征及衰减规律进行研究。

图 8-14 所示为不同列车轴重条件下采空区地基动应力衰减规律。对图 8-14(a)、(b)进行对比分析,整体看来,高铁路基及下伏采空区中不同位置处的附加动应力分布特征及衰减规律不尽相同。随着采空区地基深度的增加,轨道中线断面处的附加动应力衰减速率先慢后快,呈现出指数型衰减特征。此外,在实际工程中,同一路基往往存在两条、三条甚至四条并行线路。由于路堤中线两侧列车动荷载的叠加作用,致使位于路堤中线断面处的附加动应力出现随深度的增加先增加后减小的变化规律,且在距路堤表面深度约 2.5 m 处达到附加动应力的峰值。

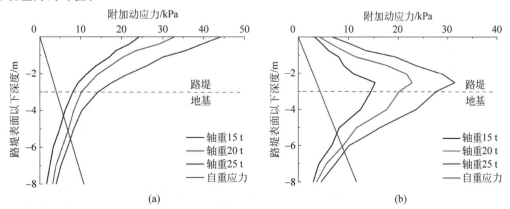

彩图

图 8-14　不同列车轴重下附加动应力沿深度方向的变化规律
(a) 轨道中线断面;(b) 路堤中线断面

对图 8-14(a)进行具体分析可知,列车轴重为 15 t、20 t、25 t 时,对应的轨道中线处路基表面附加动应力分别为 24.6 kPa、32.5 kPa、44.1 kPa。随着附加动应力在地基中的传播,在路堤与采空区地基交界处附加动应力衰减为 6.4 kPa、9.8 kPa、13.2 kPa,分别衰减了 74.4%、69.8%、70.1%。同时,从图 8-14(a)中还可以看出,由于土体材料的阻尼特性,越接近路基表面,地基中不同列车轴重产生的附加动应力的差异性越大。然而,与轨道中线断面附加动应力相比,路堤中线断面处路基表面附加动应力较小。此外,两侧列车动荷载的叠加效应导致在一定范围内附加动应力急剧增大,在距路基表面 2.5 m 处达到动应力峰值,分别为 13.8 kPa、23.1 kPa、31.6 kPa。当超过动荷载叠加效应的影响范围后,附加动应力随地基深度增加迅速衰减。

由引入放大系数的 0.1 倍自重应力变化曲线与附加动应力在采空区地基中衰减曲线的交点,可以得到不同列车轴重工况下附加动应力的影响深度。从图 8-14 中还可以看出,不同列车轴重在采空区地基中的影响深度不同,其中,列车轴重 15 t 的附加动应力影响深度最小,20 t 次之,25 t 最大,分别为 4.30 m、5.06 m、5.62 m。同时,由于荷载叠加作用,附加动应力在路基中线断面的影响深度大于轨道中线断面。

为研究附加动应力随采空区地基深度的衰减特性,引入附加动应力衰减系数 ξ,它表示地基中某点处的动应力衰减比例:

$$\xi = \frac{\sigma_0 - \sigma_z}{\sigma_0} \tag{8-13}$$

式中,ξ 为采空区地基中某一点处动应力衰减系数;σ_z 为该点处的附加动应力;σ_0 为路基表层的初始动应力。

图 8-15 所示为不同列车轴重条件下采空区地基中附加动应力衰减系数随深度的变化规律。从图中可以看出,绝大部分列车振动荷载能量在路堤中被耗散,附加动应力传递至地基时仅剩初始动应力的 30% 左右。此外,从图 8-15 中还可以看出,列车轴重越大,采空区地基中附加动应力的衰减系数越大,即列车轴重越大,在相同深度处附加动应力衰减比例越大,这种差异性随着深度的增加而逐渐减小。附加动应力传递至距路基表面 8 m 时,衰减比例达到 90% 左右。

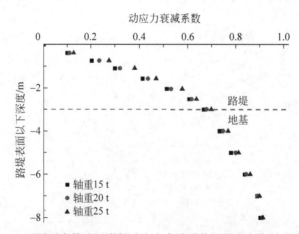

图 8-15 不同列车轴重下附加动应力衰减系数沿深度方向的变化规律

近年来,随着高铁技术的迅猛发展,列车运行速度不断提升。同时,对下伏轨道结构、高铁路基和地基等结构稳定性提出了更高的要求。因此,对于采空区地基动应力分布特征的分析,高速铁路运行速度是不可忽视的重要因素。下面以太焦线动车组列车轴重 15 t、设计速度 250 km/h 为基准,对比分析 200 km/h、250 km/h、300 km/h 不同列车运行速度下,附加动应力在采空区地基中的分布特征及其影响深度。

图 8-16 所示为不同列车行驶速度下附加动应力沿深度方向的变化规律,从图中可以看出,不同列车运行速度条件下,采空区地基中附加动应力沿深度的衰减规律及分布特征与不同列车轴重条件下相似。具体分析可知,列车不同行驶速度在采空区地基中产生的附加动应力有明显的差别,当列车行驶速度越大,附加动应力越大。当列车行驶速度从 200 km/h 增加到 300 km/h 时,轨道中线断面的路基表面动应力增加了约 10 kPa,路基中线断面动应力峰值仅增加了约 7.5 kPa。与列车轴重相比,列车行驶速度引起的动应力的变化相对较小,相应地,提高列车运行速度对采空区地基附加动应力影响深度的增大是有限的。列车运行速度的改变对采空区地基中附加动应力的影响主要源于列车运行速度加快引起行车不平顺加剧及其动荷载加载频率在一定程度上增大,使得采空区地基的动力响应增强,进而导致附加动应力的影响深度相应增加。

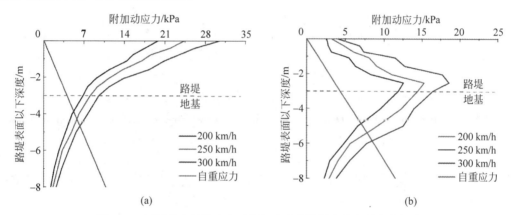

彩图

图 8-16 不同列车行驶速度下附加动应力沿深度方向的变化规律
(a) 轨道中线断面;(b) 路堤中线断面

图 8-17 所示为不同列车运行速度附加动应力衰减系数随深度的变化规律,从图中可以看出,列车动荷载产生的动能主要被路堤所吸收,荷载传递至采空区地基表面时,其附加动

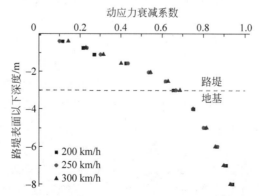

图 8-17 不同列车行驶速度下附加动应力衰减系数沿深度方向的变化规律

应力仅占路基表面的30%~40%。与不同列车轴重工况对比来看，采空区地基中不同位置处的动应力衰减比例并未因列车运行速度的改变而出现较大的变化，列车行驶速度每提高50 km/h，在地基中同一位置处附加动应力的衰减比例增加小于1%。通过对比分析发现：无论是采空区地基中附加动应力大小，还是其影响深度，列车轴重对采空区地基附加动应力的影响均大于列车运行速度。

8.4 采空区地基动应力与累积变形

在高铁下部基础结构的工后沉降变形中，填筑路基的沉降变形是极小的，绝大部分的变形是地基的沉降。然而，在高铁的长期动荷载作用下，地基的累积变形是地基工后沉降的重要组成部分。加之，太焦高铁穿越采空区地基这一具有工程地质缺陷的地基，为高铁的建设和运营提出了巨大挑战。因此，亟待开展高铁长期动荷载作用下下伏采空区地基的累积变形研究。

8.4.1 采空区地基累积变形特征分析

通过对7.2.2节中的移动荷载子程序进行修改，实现移动列车往复行驶，从而可以实现列车动荷载的无限加载。本节在采空区地基模型中设置列车动荷载循环加载0~100万次，对不同列车轴重(15 t、20 t、25 t)条件下采空区地基的累积变形规律进行分析。

图8-18所示为长期列车动荷载作用下不同深度采空区地基累积变形规律。将图8-18(a)、(b)和(c)进行对比分析可知，整体而言，采空区地基中不同深度处的累积变形与列车动荷载加载次数大致呈正相关关系。具体表现为：采空区地基中的累积变形随着列车动荷载加载次数的增加而增加，当动荷载加载次数达到一定程度后，采空区地基的累积变形逐渐趋于稳定。具体分析可知，采空区地基的累积变形主要发生在动荷载循环加载的初期，且列车轴重越大，动荷载加载初期采空区地基的累积变形量占总变形量的比例越大。以采空区地基表层为例，列车轴重为15 t、20 t和25 t时，对应动荷载加载初期的累积变形量分别占总变形量的64%、70%和79%。此外，列车轴重为15 t时，动荷载加载次数达到40万次后，采空区地基的累积变形趋于稳定。当列车轴重为20 t和25 t时，地基累积变形均在动荷载加载次数达到60万次后逐渐趋于稳定，随后，动荷载加载次数的增加对采空区地基累积变形的影响较小。

在列车运行过程中，随着列车轴重的增加采空区地基中累积变形的波动性减弱。这主要是由于列车轴重增加使得采空区地基上部的静载增加，进而造成在列车运行过程中采空区地基的位移变化幅度减小。此外，从图8-18中还可以看出，采空区地基不同深度的累积变形的分布规律及振动特征相似，且累积变形量随地基深度增加而减小。采空区地基累积变形的波动性还与采空区地基的深度有关，地基深度越大，变形波动程度越小。

图8-19所示为列车长期动荷载作用下，采空区地基的累积变形随地基深度的变化规律。从图中可以看出，采空区地基累积变形量随地基深度的增加而减小，同时随着深度增加采空区地基累积变形的减小速率逐渐趋缓，此外，随列车轴重的不同表现出不同的变化规律。具体表现为：列车轴重为15 t时，采空区地基累积变形随地基深度增加而减小呈现出明显的非线性关系，随着列车轴重的增加，累积变形衰减规律逐渐演化为近似线性关系。采

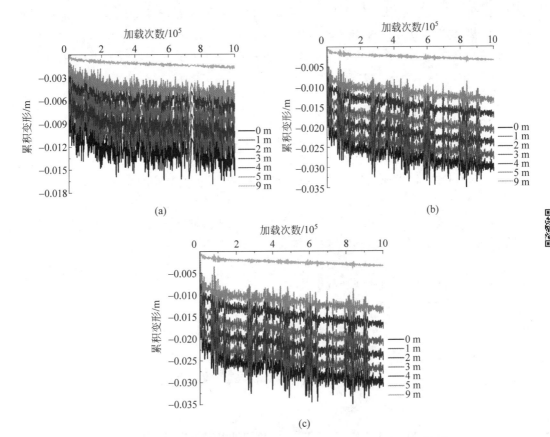

图 8-18 长期列车动荷载作用下不同深度采空区地基的累积变形规律
(a) 列车轴重 15 t；(b) 列车轴重 20 t；(c) 列车轴重 25 t

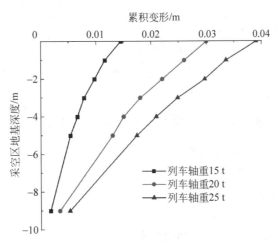

图 8-19 采空区地基的累积变形随地基深度的变化规律

空区地基深度由 0 m 增加到 5 m，列车轴重 15 t、20 t 和 25 t 条件下的累积变形分别由 0.014 m、0.03 m、0.038 减小至 0.0066 m、0.015 m、0.02 m，并分别衰减了 52.9%、50%、48%。当采空区地基深度达到 9 m 时，与地基表面相比，累积变形分别衰减了 87.9%、

87.3%和86%。由于不同列车轴重条件下采空区地基累积变形随地基深度增加的减小速率不同,因此以动应力在采空区地基中的影响深度判定标准对累积变形进行判定可知,累积变形在采空区地基中的影响深度约为9 m,且列车轴重的改变对其影响可忽略不计。

以采空区地基表层为例,将长期动荷载作用下不同列车轴重对应的采空区地基累积变形特征绘制出来,如图8-20所示。从图中可以看出,采空区地基的累积变形与列车轴重密切相关,列车轴重越大,采空区地基的累积变形越大。当列车轴重由15 t增加至25 t时,采空区地基表面的累计变形量由0.014 m增加至0.038 m,增长了约171.4%。将不同列车轴重情况进行对比可以发现,当列车轴重较小时,采空区地基的累积变形在动荷载加载初期就迅速达到峰值,并保持稳定状态。此外,从图8-20中还可以看出,采空区地基累积变形随地基深度增加呈现非线性变化特征,将图8-20中累积变形曲线进行拟合发现,拟合曲线满足对数函数变化特征,其拟合相关系数均超过85%:

$$y = a - b\ln(N + c) \tag{8-14}$$

式中,a、b、c 为常数,N 为动荷载加载次数。

彩图

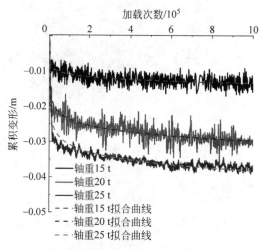

图8-20 长期荷载作用下不同列车轴重对应的采空区地基累积变形

8.4.2 采空区地基动应力与累积变形关联分析

图8-21所示为太焦高铁动车组列车设计速度250 km/h,不同列车轴重条件下,采空区地基表层累积变形与动应力的变化特征曲线。整体而言,列车动荷载作用下,采空区地基中累积变形与动应力之间存在密切联系。具体表现为:在某一时刻,采空区地基中累积变形出现较大波动时,相应地,地基中动应力的振动更加剧烈,且随着动应力振动幅度及幅值的增加急剧增大。由于在动荷载加载初期地基累积变形较大,致使该现象在动荷载加载初期尤为明显。反之,采空区地基累积变形的变化较小且趋于平稳时,动应力的振动剧烈程度也随之减弱。对比分析可知,随着列车轴重的增加,采空区地基中累积变形和动应力峰值均相应增加,但两者的波动性却逐渐减弱。

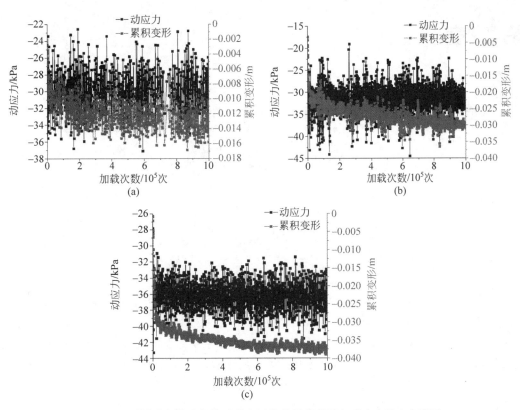

图 8-21 不同列车轴重条件下采空区地基累积变形与动应力的内在联系

(a) 列车轴重 15 t；(b) 列车轴重 20 t；(c) 列车轴重 25 t

第9章

高铁下伏采空区地基动力响应特性相似模型试验

工程建设施工"地基不牢,地动山摇"。由于煤层开采对上覆岩层的扰动,致使覆岩自下而上形成垮落带、裂隙带和弯沉带。采空区覆岩"三带"的形成给采空区地基上部的工程建设带来了巨大的挑战。煤层开采后遗留下的采空区会导致地表延续长达数年或数十年的剩余变形,采空区地基的剩余变形给上部基础设施的正常使用和维护带来安全隐患,严重影响着人民生命财产的安全。因此,下伏采空区导致的场地剩余变形影响高速铁路路基及轨道结构的变形,地表不同沉降变形与路基及轨道系统的几何映射关系值得关注,同时,高速铁路长期动荷载对下伏采空区地基的动力响应、动态稳定性以及累积变形也有重要的影响。

本试验以太焦高铁穿越山西沁水煤田店上煤矿浅埋煤层开采为工程背景,利用相似模拟材料建立室内物理相似模型,对高铁下伏浅埋煤层进行开采。对高铁长期动荷载作用下伏采空区地基动力响应和累积变形进行分析,得出采空区地基中动应力、振动加速度的传递及衰减规律,并验证数值模拟结果的可靠性。

9.1 相似模型试验台及加载系统

我国现场观测矿区地表剩余变形以及矿压显现的主要方法为实测法。现场实测法主要借助于各种数据监测、采集设备,获取宝贵的现场数据,再经过统计分析,最终得到矿区地表变形及矿压显现特征。现场实测数据来源于工程实际,可靠度高,在指导工程实践方面具有不可比拟的优势。但现场实测试验操作复杂,埋设传感器等监测设备难度大,造成采集数据困难。此外,现场实测所消耗的人力物力是巨大的,对于采空区场地剩余变形、直接顶垮落及预留矿柱蠕变等数据的采集所需时间周期长、跨度大,通常需要数月,甚至数年,而且还会受到试验场地和现场条件的限制。

1943年,美国学者Courant教授首次提出了"有限元法"的概念。但20世纪六七十年代以来,随着电子计算机的飞速发展以及有限元软件的开发和广泛应用,有限元数值法才有了显著的发展,并成为各研究院、高校等科研单位进行数值模型分析的主要方法之一。有限元数值法利用计算机进行分析,其特点在于可以改变模型参数及工况进行对比研究,在模型开发、优化、监测以及对结果的预测等方面有其独特的优势。与现场试验相比,有限元法可以节省大量人力物力,并极大地缩减时间成本。但在矿山岩体力学中,采动扰动后的矿压显现是非常复杂的力学问题,计算模型无法模拟出所有的物理现象。对于非线性和非连续性方面的问题,会导致有限元数值方法在计算方面的收敛性变差,而且所得结果并不理想。模型材料参数选取主要依赖于岩石力学试验,仍存在一定的困难。

相似模型试验主要是为了研究无法通过解析求解,同时利用原型试验较困难的课题,或作为验证和改进计算方法的科学研究手段。相似模型试验是以相似理论中的三大定理为指导,在满足相似理论的基础上建立的。1963年,以库兹涅佐夫为代表的苏联科学家首次将相似模型应用于矿山压力规律研究。同时,德国埃森研究中心的雅各比教授也做了大量的模型试验研究。相似模型试验可以严格控制模型试验对象的参数属性,且不受外界环境和试验条件的限制。与原型试验相比,相似模型试验在模型尺寸上具有优势,试验过程中可以节省大量时间和人力物力。相似模型试验更有利于集中关注于解决问题的主要矛盾,抓住问题的本质,找寻内在规律,在研究采动后岩石破碎,岩体垮落、移动以及非线性弹塑性岩石力学问题方面不失为一种有效的研究手段。

9.2 相似模型试验设计

9.2.1 相似条件设计

根据相似模型试验所遵循的相似理论三定理,并按照物理现象相似的要求,相似试验模型与原模型之间应尽可能满足下列基本相似条件:几何相似、动力相似、运动相似、外力相似、应力相似。

综合考虑相似模型试验台尺寸、加载装置的性能参数以及试验场地的施工条件等客观因素,本试验中高铁下伏采空区地基结构动力加载模型的几何相似常数 C_l 为 0.01。经试验知实际岩层平均密度为 2400 kg/m³,试验所用相似材料干密度为 1600 kg/m³,可得密度相似常数 $C_\rho = 1600/2400 = 0.67$,加速度相似常数 $C_a = 1$。利用量纲分析法确定本试验模型的各项物理量的相似比,见表 9-1。表中,C 为相应物理量的相似常数。

表 9-1 相似模型各物理量相似比

物理特性	物理量	关系式	相似模型相似比
几何相似	长度 l	C_l	0.01
	位移 d	$C_d = C_l$	0.01
材料相似	弹性模量 E	$C_E = C_m C_l^{-1} C_t^{-2}$	0.0067
	密度 ρ	C_ρ	0.67
	抗压强度 σ_s	C_{σ_s}	0.0067
动力相似	频率 f	$C_f = C_t^{-1}$	10
	加速度 a	$C_a = C_l C_t^{-2}$	1
	时间 t	$C_t = C_l^{-1/2}$	0.1
	速度 v	$C_v = C_l C_t^{-1}$	0.1
	角速度 ω	$C_\omega = C_t^{-1}$	10

续表

物理特性	物理量	关系式	相似模型相似比
其他	面积 s	$C_s = C_l^{-2}$	0.0001
	应力 σ	$C_\sigma = C_m C_l^{-1} C_t^{-2}$	0.0067
	应变 ε	C_ε	1
	重力加速度 g	C_g	1
	集中力 F	$C_F = C_m C_l C_t^{-2}$	6.7×10^{-7}
	线荷载 p	$C_p = C_m C_t^{-2}$	6.7×10^{-5}
	面荷载 q	$C_q = C_m C_l^{-1} C_t^{-2}$	0.0067
	渗透系数 K	$C_K = C_l^{1/2} C_\rho^{-1}$	0.1
	软化系数 η	C_η	1

9.2.2 相似材料的力学特性及配比

1. 相似试验材料配比及抗压强度测试

相似模型试验结论的可靠性和与原型试验现象的相似度主要取决于相似模型与原型的相似条件的满足度。其中,相似材料是相似试验成功与否的关键因素,相似材料选取原则上应满足下列基本要求:

(1) 首先应在满足几何相似比的基础上,相似模型材料与原型岩层的基本参数、物理力学性能相似;

(2) 试验过程中相似模型材料的物理力学性能稳定,且不易受外界环境因素(温度、湿度、大气压强)的影响;

(3) 调整相似材料配合比,其物理力学性质可大幅度地变化,以便模拟多种岩层材料;

(4) 相似材料应对人体无毒无害,保证操作人员的人身安全;

(5) 材料来源丰富,易于获取,价格低廉,可极大降低试验成本。

根据物理力学性质的不同可将煤系岩层分为坚硬、中硬和松软三大类,可将骨料和胶结物等掺合料组合作为相似模型试验材料。其中骨料主要有石英砂、铁粉、河砂、重晶石粉等,胶结物主要有石灰、石膏、水泥、碳酸钙等。本试验选用 0.5 mm 以下的天然细河砂作为骨料,石灰、石膏作为胶结材料。鉴于石膏作为胶结材料凝结时间短,给试验的操作过程带来不便,同时还会影响相似材料的物理力学性质,因此,在相似材料中应掺入缓凝剂。本试验选用硼砂作为缓凝剂,将其配置成1%浓度的硼砂水溶液,利用较大颗粒的云母粉或云母片来模拟岩层的原生分层。

物理相似模型试验成功与否主要取决于物理相似模型与原尺寸模型相似条件的匹配程度。然而,在相似材料选取过程中,使相似材料属性严格满足相似理论是极其困难的,甚至是不可能实现的。正如苏联学者基尔皮契夫与古赫曼所言,在建立室内物理相似模型时,严格遵守相似理论中的第三定理是非常困难的,最终会迫使我们在绝大多数情况下走上近似相似的道路。

煤层开采覆岩移动破坏过程中顶板主要受拉力和压力的作用,在进行相似模型材料配比时多以单轴抗压强度作为主要强度指标。为确保相似材料配比的准确性,按照各种相似模型材料的不同掺量(配比号为337、473、564,配比号中第一个数字代表砂胶比,第二、三个数字表示两种胶结物掺量的比例关系,如配比号 473,表示砂胶比为 4∶1,石灰与石膏的比例为 7∶3),取适量石灰、石膏、细河砂以及 1% 的硼砂水溶液,制备成 50 mm×100 mm 的标准圆柱形试样。利用 WDW-50 小型万能试验机进行标准试样的单轴压缩试验,以配比号 337 的圆柱体标准试样为例,受压试样在加载 96 s 后发生破坏,试样破坏时的峰值强度为 0.56 MPa,如图 9-1 所示。

 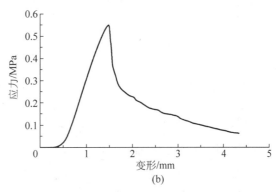

(a) (b)

图 9-1 相似材料的力学试验

(a) 标准试样;(b) 应力曲线

根据沁水煤田矿区岩层力学参数可知,山西省高平市申家沟和店上煤矿岩层主要集中于二叠纪时期,岩层主要为泥岩和砂岩,采空区顶板主要为泥岩和细砂岩,岩层强度较大,单轴抗压强度为 25.32~54.52 MPa,可根据相似理论确定相似材料的物理力学参数。根据店上煤矿采空区覆岩赋存情况,按照几何相似理论计算出相似模型各岩层厚度及各类材料用量,模型相似材料配比如表 9-2 所示。

表 9-2 模型相似材料配比表

序号	土层	配比号	厚度/m	分层数	砂子质量/kg	石灰质量/kg	石膏质量/kg	水质量/kg	硼砂质量/g
1	杂填土	573	4	1	70.00	9.8	4.2	8.4	8.4
2	黄土	573	5.5	2	63.00	3.78	8.82	7.56	7.6
3	泥岩	437	5.5	2	73.92	5.54	12.94	9.24	9.2
4	砂质泥岩	473	2	1	26.88	4.70	2.02	3.36	3.4
5	泥岩	437	3	1	40.32	3.02	7.06	5.04	5.0
6	砂质泥岩	473	3.5	1	47.04	8.23	3.53	5.88	5.9
7	中砂岩	455	1.5	1	20.16	2.52	2.52	2.52	2.5
8	泥岩	437	3.5	1	47.04	3.53	8.23	5.88	5.9
9	粉砂岩	337	6	2	75.60	7.56	17.64	10.08	10.1
10	泥岩	437	1.5	1	20.16	1.51	3.53	2.52	2.5
11	砂质泥岩	473	2.5	1	33.60	5.88	2.52	4.20	4.2
12	泥岩	437	2.5	1	33.60	2.52	5.88	4.20	4.2
13	煤	573	0.5	1	7.00	0.98	0.42	0.84	8.0
14	泥岩	437	5	2	67.20	5.04	11.76	8.40	8.4
15	砂质泥岩	473	3	1	40.32	7.06	3.02	5.04	5.0

续表

序号	土层	配比号	厚度/m	分层数	砂子质量/kg	石灰质量/kg	石膏质量/kg	水质量/kg	硼砂质量/g
16	粉砂岩	337	3	1	37.80	3.78	8.82	5.04	5.0
17	泥岩	437	4	1	53.76	4.03	9.41	6.72	6.7
18	砂质泥岩	473	2	1	26.88	4.70	2.02	3.36	3.4
19	粉砂岩	337	4	2	50.40	5.04	11.76	6.72	6.7
20	泥岩	437	3.3	1	44.35	3.33	7.76	5.54	5.5
21	煤	573	4.05	1	56.70	7.94	3.40	6.80	6.8
22	泥岩	437	6	2	80.64	6.05	14.11	10.08	10.1
23	细砂岩	355	2	1	25.20	4.20	4.20	3.36	3.4
24	泥岩	437	2	1	26.88	2.02	4.70	3.36	3.4

2. 相似材料的渗透性及软化特性

在室内流固耦合相似模型试验中，不仅需满足原岩层与相似材料的物理力学特性相似，而且应考虑其水理特性相似，其中，渗透性系数和软化效应是表征材料水理特性的重要指标。由于本试验模型流固耦合特性方面的研究内容为降雨条件下采空区地基的稳定性，同时考虑到降雨强度、持续时间以及雨水入渗深度等因素的限制，因此，仅对采空区地基模型中的表层土进行相似材料的水理性分析。

在本次相似模型试验中，采空区地基的表层为杂填土和黄土土质类型，通过查阅文献可知，杂填土和黄土的强度和渗透系数差异性均较小，两者的渗透系数为14.545~19.441 mm/h，取其平均值16.993 mm/h，依据模型相似比，杂填土和黄土对应的相似材料渗透系数应约为1.699 mm/h。在相似材料配比试验中，材料的渗透系数可以通过添加非亲水性硅油和石蜡等调节剂进行控制，因此，在配比号为573的相似材料中加入等梯度（材料总量的1%、2%、3%和4%）的硅油以降低其渗透性，进而利用变水头渗透仪获取相似材料的渗透系数。

图9-2 渗透仪

本次渗透试验采用型号为TST-55的渗透仪，如图9-2所示，试验试样为$\phi 61.8$ mm×40 mm的圆柱体试样。在变水头渗透试验过程中，在压力差的作用下水渗流经过试件，同时记录测压管中水位随时间的变化，并根据达西定律求得相似材料的渗透系数，如图9-3所示。从图中可以看出，由于硅油具有疏水性、隔水性，随着硅油掺量的增加，相似材料的渗透性急剧降低，具体表现为：硅油掺量1%、2%、3%、4%对应的相似材料的渗透系数分别为2.68 mm/h、1.61 mm/h、0.33 mm/h、0.14 mm/h，随着硅油掺量的增加，相似材料的渗透系数急剧减小。其中，当相似材料中硅油掺量为2%时，其渗透系数最接近理论值，且满足相似比理论。此外，从图9-3中还可以看出，虽然硅油掺量增加会在一定程度上提高相似材料的强度，但对材料物理力学性能的影响并不明显。

为研究列车动荷载和降雨耦合作用下采空区地基的稳定性，还应充分考虑采空区地基模型表层相似材料在降雨入渗条件下的软化效应。软化系数可用式(9-1)进行表征：

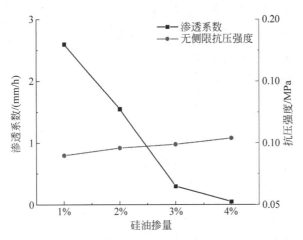

图 9-3 不同硅油掺量相似材料（配比号 573）的物理参数

$$\eta = \frac{\sigma_{cw}}{\sigma_c} \tag{9-1}$$

式中，σ_{cw} 为饱和状态下试样的无侧限抗压强度，MPa；σ_c 为标准养护条件下试样的无侧限抗压强度，MPa。

经查阅文献资料可知，黄土和素填土的软化系数为 0.28～0.43，其强度受水的影响较大，软化效应显著。通过对不同硅油掺量（1%、2%、3%、4%）的相似材料（配比号 573）进行饱和状态下无侧限抗压强度试验发现硅油掺量对材料饱和状态下的无侧限抗压强度提高不明显，其软化系数均在 0.3 左右，满足模型试验中的相似比原理。

由上述分析可知，硅油掺量为 2% 的地基表层土相似材料（配比号 573）在满足物理力学性能相似的同时，也满足流固耦合试验中所需满足的水理特性。

9.2.3 建立物理模型

相似模型以太焦高铁下伏店上煤矿采空区为工程背景，模型铺设尺寸为 275 cm×30 cm×80 cm，模拟采空区埋深 69.85 m，开采煤层为 4.05 m，采深采厚比为 17.25，上覆岩层厚度 69.85 m，底板岩层厚度为 10 m，相似模型如图 9-4 所示。

图 9-4 店上煤炭采空区相似模型

相似模型试验台两侧的液压千斤顶各施加 0.12~0.31 kN 的非线性侧向压力,用来模拟岩层 1.27~3.22 kPa 的侧向水平应力。该模型同样采用长壁全垮落法开采方式,开采时模型两侧各预留 60 cm,同时开切眼也设置在距相似模型左侧边界 60 cm 处。模型开采工作面推进工况为沿最小水平主应力方向,每次开采推进 5 cm,共推进 155 cm。

9.2.4 动力加载系统

相似模型试验的动力加载系统包括两台电动小型激振器 DH40500、扫频信号发生器 DH1301,如图 9-5 所示,上述仪器均由江苏东华测试技术股份有限公司生产。其中,小型激振器 DH40500 高 113 mm,直径 66 mm,工作频率范围 6~5000 Hz,最大峰值力为 20 N,最大额定行程为 6 mm。DH1301 扫频信号发生器尺寸为 317 mm(长)×237 mm(宽)×133 mm(高),输出频率 0.1~9999.9 Hz,频率精度<0.1%。

 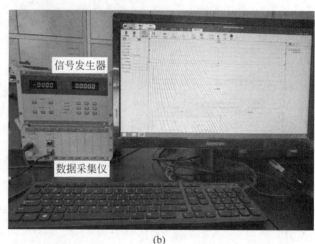

(a) (b)

图 9-5 动力加载系统

(a) 小型激振器;(b) 扫频信号发生器

此外,扫频信号发生器可为激振器提供正弦波、三角波、矩形波、对数波等多种加载波形,可完成对试件的振动激励,以测试物体的固有振荡频率。通过手动调节信号扫频发生器控制激振器的加载频率和输出电压的大小,其中,激振器的激振力大小是由输出电压控制的。在每个激振器的端部装载一个力传感器,通过调节输出电压观测力传感器数值来确定试验所需激振力。在本试验中,利用上述设备可对高铁穿越沁水煤田采空区列车行驶产生的轮轨力进行模拟。

9.2.5 监测点布置及数据采集

为获取高铁下伏采空区地基的动力响应特性及模型内部应力状态,在相似模型的采空区地基中设置四条监测线,如图 9-6 所示。调查发现高速铁路运营产生的动应力传递范围小,在兼顾试验成本的基础上,在靠近振源处的相似模型内部埋设具有高灵敏度的动土压力盒和加速度传感器监测相似模型内部的动力响应特性,而在距离振源较远的模型两侧埋设单元应变仪替代动土压力盒来监测相似模型内部的应力状态。振动测试使用的动土压力盒为全桥式 DMTY 型,由南京丹陌电子科技有限公司生产,测量量程 30 kPa,灵敏度系数

0.02。加速度传感器为 IEPE 压电式,由江苏无锡世傲科技有限公司生产,型号 SAEC0001,测量量程 $10g$,参考灵敏度 $50~\text{mV}/(\text{m/s}^2)$。各类传感器如图 9-7 所示。其中,动土压力盒和加速度传感器的布置方式如图 9-8 所示。

图 9-6 相似模型监测设备布置

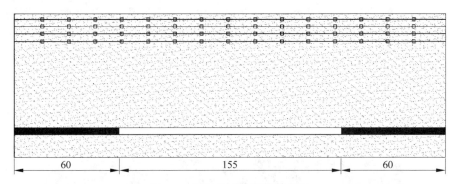

(a) (b)

(c) (d)

图 9-7 各类传感器

(a) 动土压力盒;(b) 加速度传感器;(c) 力传感器;(d) 单元应变计

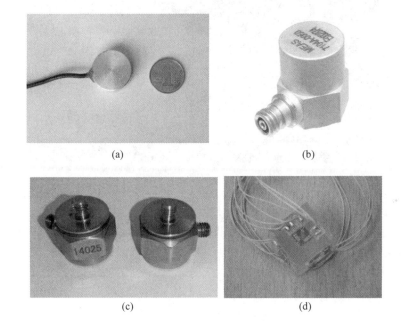

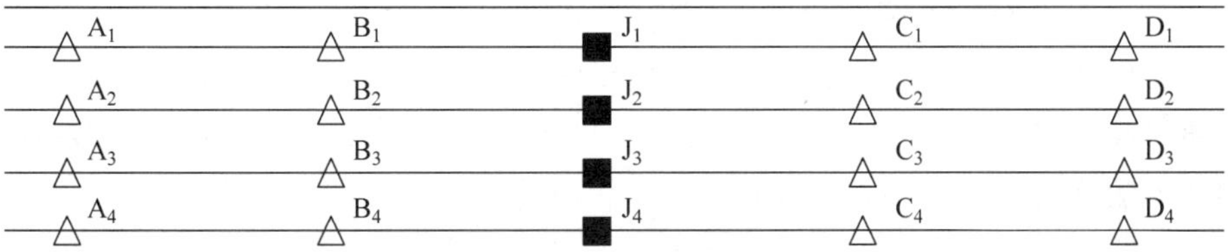

图 9-8 采空区地基传感器布置

■ 加速度传感器;△ 动土压力盒

经查阅文献资料及多次试验可知,聚氨酯具有强度高、弹性变形好的优点。它与相似模型材料有相似的弹性模量和变形特征。单元应变计采用 $20~\text{mm} \times 20~\text{mm} \times 20~\text{mm}$ 的聚氨酯立方体与45°应变花(丝栅尺寸为3 mm×2 mm,基座尺寸为11.5 mm×11.5 mm)制作而成,在聚氨酯立方体的对角相邻的三个面中心位置各粘贴一个45°应变花,用于测量模型内部的垂直应力、水平应力、主应力及其方向。

动态数据采集仪 DH5923 是由江苏东华测试技术股份有限公司生产的一款通用型动态信号采集设备,如图9-9所示。该仪器内置多功能调配器,可完成全桥、半桥和1/4桥状态的测试。利用动态数据采集仪配套的应变调节器,并配合不同类型的传感器,可实现动态应力应变、振动速度、振动加速度等高频物理量的测试和分析。该采集仪共有16个通道,各通道均配置有16 b A/D 转换器,可确保数据采集输出相互独立,消除通道间串扰的影响,提高通道间的抗干扰能力。此外,各采集通道的最高采样频率为128 kHz,可实现长时间多通道扩展并行同步采样,实时进行信号采集。

图9-9 动态数据采集仪

通过DHDAS动态信号采集分析系统控制动态数据采集仪,对不同通道上的传感器进行灵敏度、量程等系统参数设置。在相似模拟试验中,设置动态采集仪的采样频率为10次/s,对模型中埋设的动土压力盒和振动加速度计等动态传感器的数据进行实时采集、实时储存。对获取的试验数据进行分析可得到高铁下伏采空区地基动力响应规律。

9.3 采空区地基动应力分布特征分析

9.3.1 不同列车轴重下采空区地基动应力分布特征分析

相似模拟试验通过调节激振器不同加载频率(50 Hz、100 Hz、150 Hz、200 Hz)来模拟列车不同行驶速度(200 km/h、250 km/h、300 km/h、350 km/h),采用不同大小激振力来模拟不同列车轴重(15 t、20 t、25 t、30 t)。根据相似模型试验结果,并结合动态信号采集分析系统将得到的数据进行整理分析,得出列车动荷载作用下,高铁下伏采空区地基结构中附加动应力分布规律及动力响应特性。然而,由于篇幅有限,同时考虑到普通客运列车轴重为17 t 左右,且太焦高铁穿越采空区地基的设计速度为250 km/h,故仅展示出振动荷载加载频率为100 Hz(速度250 km/h),列车轴重为20 t 工况条件下,采空区地基不同埋深处测点的动应力时程变化曲线,并对采空区地基中附加动应力的衰减特性进行分析。

图 9-10 所示为动荷载加载频率为 100 Hz,不同列车轴重作用下采空区地基动应力随埋深的变化规律。从图中可以看出,由于在激振器安置过程中略微向右侧偏移,致使 C、D 监测点位置处的传感器数值大于 A、B 监测点。采空区地基不同埋深的动应力时程曲线相似,但动应力峰值存在显著差异。当列车轴重为 20 t 时,高铁下伏采空区地基埋深 2 m 处 A_1、B_1、C_1、D_1 监测点的动应力峰值分别为 4.220 kPa、10.678 kPa、13.100 kPa、5.691 kPa。随着采空区地基埋深的增加,不同位置处动应力的衰减程度不同。采空区地基埋深从 2 m 增加到 4 m,A、B、C、D 监测点的动应力分别由 4.220 kPa、10.678 kPa、13.100 kPa、5.691 kPa 减小到 1.569 kPa、4.323 kPa、5.832 kPa、2.583 kPa,在埋深 2 m 的基础上分别衰减了 62.82%、59.52%、55.48%、54.61%。此外,从图 9-10 中还可以看出,不同监测点的动应力振动幅度随采空区地基埋深的增加变化不大。由上述分析可知,在采空区地基中随埋深的增加动应力的衰减主要集中在峰值大小,而对动应力振动幅度的影响不明显。

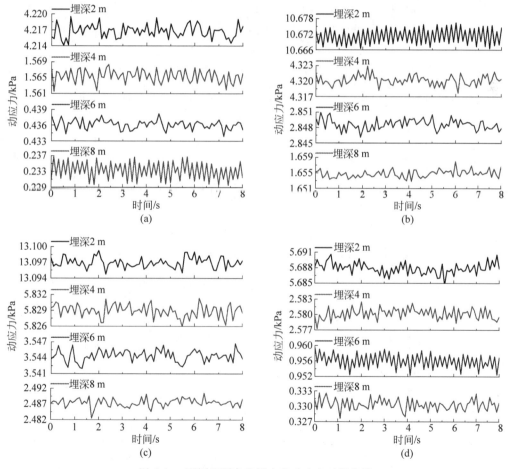

图 9-10 不同埋深各监测点的动应力时程曲线
(a) A 监测点;(b) B 监测点;(c) C 监测点;(d) D 监测点

将图 9-10(a)~(d)对比来看,采空区地基中监测点与振动荷载的空间相对位置不同,其动应力的大小、衰减速度及规律也不尽相同。振动荷载作用位置处的动应力在数值上远大于两侧的监测点,B、C 监测点的峰值动应力超过 A、D 监测点的 2 倍。此外,从图 9-10 中还可以看出,在传播距离相同的情况下,高铁下伏采空区地基的动应力的水平衰减速率与竖向衰减速率相比更缓慢。该现象表明由于高铁下伏采空区地基位于浅埋采空区覆岩运移"三带"中的弯沉带与裂隙带,与竖向张拉裂缝相比,层间离层裂缝在采空区地基中占主导地位。因此,列车动应力在采空区地基传播过程中,土体的层间离层裂缝对动应力在采空区地基中的衰减有显著的影响。

动荷载加载频率为 100 Hz,不同列车轴重下各监测点归一化动应力分布规律如图 9-11 所示。从图中可以看出,采空区地基不同埋深处归一化动应力具有相似的变化规律,由于激振点向右侧偏移,因此均表现出监测点 C 的动应力最大,监测点 B 次之,监测点 A、D 最小。将图 9-11(a)～(d)对比来看,同一加载频率下,列车轴重从 15 t 增加到 30 t,A_1、B_1、C_1、D_1 监测点的附加动应力分别由 3.631 kPa、7.677 kPa、10.09 kPa、4.369 kPa 增加到 9.611 kPa、18.617 kPa、22.79 kPa、12.669 kPa,在列车轴重为 15 t 的基础上附加动应力分别增加了 164.79%、142.50%、125.87%、189.97%。此外,从图 9-11 中还可以看出,在采空区地基中动应力的衰减速率呈现出非线性的变化规律,且动应力沿地基深度方向的衰减速率较水平方向更加迅速。

由图 9-11 综合看来,列车轴重的增加对浅部地基中附加动应力大小的影响较大,离激振点的距离越近,附加动应力的增加就越明显。随着采空区地基埋深的增加,列车轴重的变

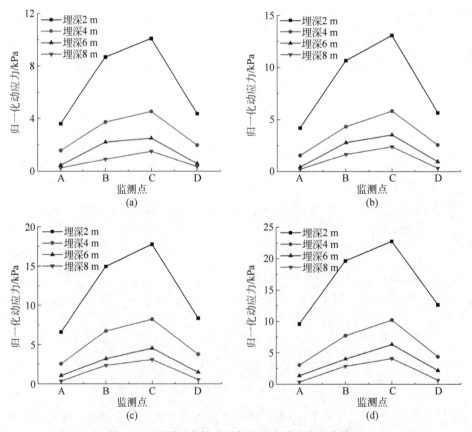

图 9-11 不同列车轴重下各监测点动应力变化特征
(a) 轴重 15 t;(b) 轴重 20 t;(c) 轴重 25 t;(d) 轴重 30 t

化对地基中附加动应力的影响逐渐减弱,即埋深越大,相应位置处附加动应力越小。

图 9-12 所示为不同列车轴重下采空区地基中附加动应力随埋深的变化规律。从图中可以看出,当监测点埋深一定时,在同一水平面上,附加动应力随着距激振点距离的增加而急剧降低。此外,随着埋深的增加,同一水平面监测点的附加动应力在数值上的差距逐渐缩小。从图 9-12 中还可以看出,当列车轴重一定时,地基中附加动应力随埋深增加而逐渐衰减,其衰减速率先快后慢,最终趋于稳定。此外,在激振点的正下方附加动应力较远离激振点的衰减速率快,其变化规律满足指数函数分布:

$$\sigma_d = a e^{bz} \tag{9-2}$$

式中,σ_d 为采空区地基中附加动应力;z 为埋深;a、b 为常数。

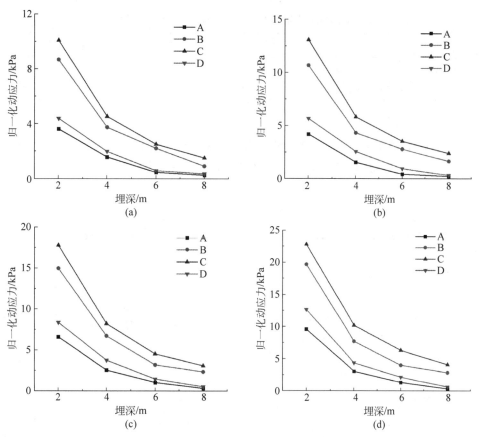

图 9-12　不同轴重下各监测点动应力随埋深的变化规律
(a) 轴重 15 t;(b) 轴重 20 t;(c) 轴重 25 t;(d) 轴重 30 t

利用式(9-2)对图 9-12 中地基附加动应力随埋深增加而衰减曲线进行拟合,得到采空区地基附加动应力拟合参数,如表 9-3 和表 9-4 所示。根据曲线拟合结果可以看出,参数 a 的取值大小与地表初始附加动应力密切相关,而地表初始附加动应力与监测点距激振点的距离和列车轴重密不可分,即列车轴重越大,监测点离激振点的距离越近,地表初始附加动应力越大;而参数 b 则表示附加动应力在地基中沿深度方向的衰减速率。从表 9-3 和表 9-4 中可以看出,参数 a 随着地表初始附加动应力的增加而增加,但列车轴重的变化相较于监测点距激振点的距离,列车轴重的增加对参数 a 的影响占主导地位,且随着列车轴重的增

加参数 a 的增加速率逐渐加快。此外,从表 9-3 和表 9-4 中还可以看出,随着列车轴重的增加,采空区地基中附加动应力沿深度方向的衰减系数 b 逐渐增加,但影响甚微,且在数值上增加较为缓慢。

表 9-3 地基附加动应力拟合参数

拟合参数	监测点			
	A	B	C	D
a	11.8	21.8	25.19	13.32
b	−0.51	−0.37	−0.34	−0.42

表 9-4 监测点 C 附加动应力拟合参数随列车轴重的变化规律

拟合参数	轴重			
	15 t	20 t	25 t	30 t
a	20.4	25.19	34.70	43.57
b	−0.36	−0.34	−0.34	−0.33

图 9-13 所示为采空区地基中各监测点附加动应力随列车轴重的变化规律,从图中可以看出,地基埋深对不同列车轴重所引起的附加动应力具有显著的影响,埋深越小,地基中附

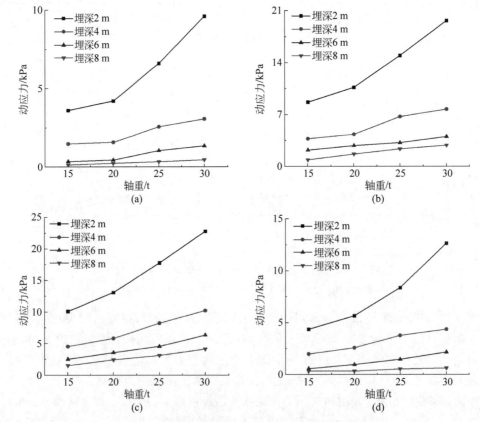

图 9-13 采空区地基附加动应力随轴重的变化规律
(a) 监测点 A;(b) 监测点 B;(c) 监测点 C;(d) 监测点 D

加动应力随列车轴重增加越明显。随着埋深的增加,由于地表上部附加动荷载在采空区地基中的影响与土体的自重应力相比十分微小,因此,在地基深处上部动荷载增加引起的附加动应力对列车轴重的变化并不敏感。

此外,从图 9-13 中还可以看出,当埋深小于 4 m 时,地基中附加动应力随列车轴重增加呈现出非线性指数型增长规律。然而,当埋深大于 4 m 时,采空区地基中附加动应力增加相对平缓,随列车轴重的增加呈现出近似线性的增长规律。综合考虑,可采用二次多项式对不同列车轴重下采空区地基附加动应力变化曲线进行拟合:

$$\sigma_d = a + bt + ct^2 \tag{9-3}$$

式中,σ_d 为采空区地基中的附加动应力;t 为列车轴重;a、b、c 为常数。

9.3.2 不同加载频率下采空区地基动应力分布特征分析

高铁下伏采空区地基中附加动应力的分布特征除受列车轴重的影响外,也在一定程度上受到激振荷载的加载频率的影响。在列车轴重为 20 t 情况下,不同荷载加载频率下各监测点的动应力时程曲线如图 9-14 所示。

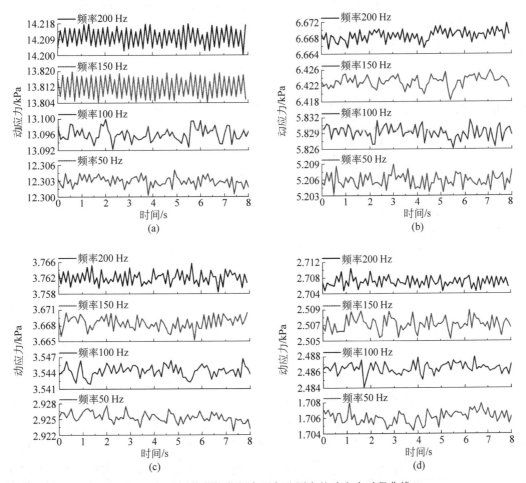

图 9-14 不同荷载加载频率下各监测点的动应力时程曲线
(a) 监测点 C_1;(b) 监测点 C_2;(c) 监测点 C_3;(d) 监测点 C_4

从图 9-14 中可以看出,当振动荷载加载频率由 50 Hz 增加到 200 Hz 时,动应力监测点 C_1、C_2、C_3、C_4 处的动应力分别由 12.303 kPa、5.206 kPa、2.925 kPa、1.706 kPa 增加到 14.209 kPa、6.668 kPa、3.762 kPa、2.708 kPa,在荷载加载频率 50 Hz 的基础上动应力分别增加了 13.41%、28.08%、28.62%、58.73%。此外,从图 9-14(a)中可以看出,由于监测点 C_1 埋深浅,距离荷载作用位置较近,因此监测点 C_1 处的动应力峰值随着振动荷载频率增加而增加,且地基中附加动应力的振动幅度及振动速率急剧增加。将图 9-14(a)~(d)进行对比可以清楚地看出,列车轴重为 20 t 时,不同振动荷载加载频率下,采空区地基中各监测点的动应力时程曲线相似。但采空区地基中监测点的埋深越小,改变振动荷载的加载频率对地基中动应力的影响越大,且加载频率增加所引起的动应力振动速率变化也越加明显。

通过对图 9-14 中不同加载频率采空区地基动应力进行最值归一化处理,得到地基中归一化动应力随埋深的变化规律,如图 9-15 所示。从图中可以看出,在同一埋深位置处,随着振动荷载加载频率的增加动应力逐渐增大,但与列车轴重对采空区地基中动应力的影响相比,振动荷载加载频率对动应力的影响较小。利用式(9-2)对不同加载频率动应力随埋深的变化曲线进行拟合,得到拟合参数 a 和 b 随荷载加载频率的变化规律,如图 9-16 所示。由上文内容知,参数 a、b 分别表示采空区地基中初始动应力值及动应力在地基中的衰减速率。从图 9-16 中可以看出,随着荷载加载频率的增加,采空区地基表面的初始附加动应力表现出轻微波动现象,但数值变化不大。此外,当振动荷载的加载频率从 50 Hz 增加到 100 Hz 时,附加动应力在地基中的衰减速率急剧增加。当加载频率超过 100 Hz 后,动应力衰减系数呈现出缓慢增加的变化趋势。该现象表明,振动荷载的加载频率对地基中动应力的影响不明显,但随着加载频率的增加,动应力沿深度衰减的速率却逐渐加快。

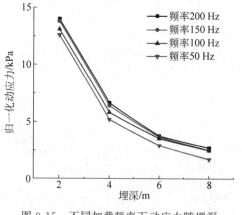

图 9-15　不同加载频率下动应力随埋深的变化规律

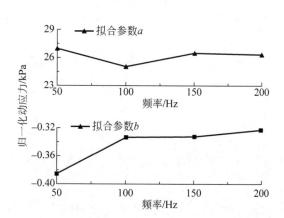

图 9-16　衰减曲线拟合参数随荷载加载频率的变化规律

图 9-17 所示为采空区地基中不同埋深各监测点附加动应力随荷载加载频率的变化规律。从图中可以看出,随着振动荷载加载频率的增加,离激振源较近处的 B、C 监测点的附加动应力较 A、D 监测点变化明显。随着监测点埋深的增加,地基中附加动应力先急剧衰减,然后衰减速率逐渐减慢。当埋深超过 2 m 后,附加动应力受荷载加载频率的影响也逐渐减弱。当荷载的加载频率从 50 Hz 增加到 200 Hz 时,采空区地基中 A_1、B_1、C_1、D_1 监测点处的附加动应力分别由 4.03 kPa、10.26 kPa、12.30 kPa、5.31 kPa 增加到 4.62 kPa、

11.42 kPa、14.21 kPa、6.24 kPa。从图 9-17 中还可以看出,与列车轴重对地基中附加动应力的影响不同,随着振动荷载加载频率的增加,采空区地基中附加动应力呈现出线性增加的变化规律,但增长速率小,增长较为平缓。此外,监测点的埋深越深,地基中附加动应力的增长速率越小。当监测点的埋深超过 6 m 后,振动荷载加载频率的增加对附加动应力影响微弱,可忽略不计。

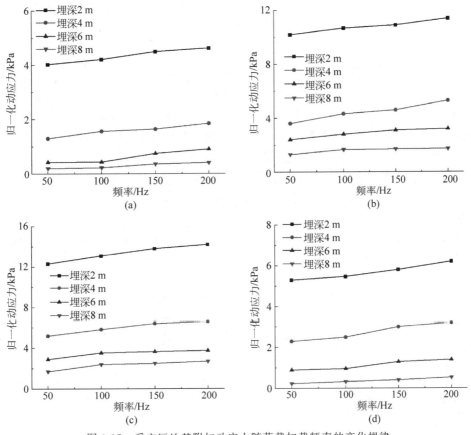

图 9-17 采空区地基附加动应力随荷载加载频率的变化规律
(a) 监测点 A;(b) 监测点 B;(c) 监测点 C;(d) 监测点 D

9.4 采空区地基振动加速度分布及频响特征分析

采空区地基中附加动应力是上部列车运行过程中各种荷载激励作用的综合体现,而研究采空区地基中振动加速度的衰减及分布规律可以确定重点关注部位的振动强度。高速铁路运营产生的高频振动会导致下伏受损伤的采空区地基结构的受力发生变化。此外,在列车长期振动荷载作用下,采空区地基会持续受到上部列车荷载的作用,并长期处于剧烈振动的环境中,导致采空区地基的承载能力下降,从而引起高铁下伏采空区地基开裂错位及不均匀沉降变形。在极端情况下甚至会出现采空区地基塌陷等现象,进而会导致上部列车运行时轮轨力的不平顺加剧,甚至发生车体脱轨现象,对高速铁路的正常运营产生不良影响,对高速铁路结构的稳定及长期安全运行和维护造成极大的危害。因此,开展高速铁路振动荷载作用下伏采空区地基振动加速度分布特征及频率响应研究,具有重要的工程价值和现实意义。

9.4.1 采空区地基振动加速度分布特征分析

根据相似模型试验结果,并结合动态信号采集分析系统对得到的数据进行整理分析,得出列车动荷载作用下,高铁下伏采空区地基结构中振动加速度分布规律及动力响应特性。列车振动荷载作用下采空区地基产生强迫振动,其振动强度与列车轴重、振源位置、振动荷载加载频率等因素密切相关。考虑到普通客运列车轴重为 17 t 左右,且太焦高铁穿越采空区地基的设计为 250 km/h,故仅展示出列车轴重为 20 t 时,振动荷载加载频率为 50 Hz、100 Hz、150 Hz、200 Hz 工况下,采空区地基中不同埋深对应位置处的竖向振动加速度时程曲线,并对采空区地基中竖向振动加速度的衰减特性进行分析。

图 9-18 所示为列车轴重为 20 t,动荷载不同加载频率作用下采空区地基动应力随埋深的变化规律。由于相似模型中振动荷载加载位置位于模型的顶面,对比采空区地基不同位置处的振动加速度时程曲线,从图 9-18 中可以清楚地看出,采空区地基中监测点距离振源越远,地基结构的振动加速度越小,即振动强度越弱,采空区地基结构的竖向振动加速度表现出明显的衰减趋势。进一步分析可知,采空区地基中监测点 J_1 在振动荷载加载频率为 50 Hz、100 Hz、150 Hz、200 Hz 时的归一化振动加速度分别为 -3.80 m/s²、-4.22 m/s²、

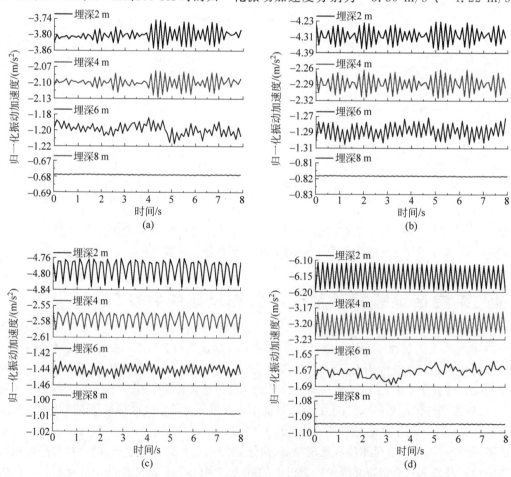

图 9-18 不同埋深各监测点的振动加速度时程曲线
(a) 50 Hz;(b) 100 Hz;(c) 150 Hz;(d) 200 Hz

-4.80 m/s^2、-6.15 m/s^2;相应地,在监测点 J_2 处归一化振动加速度分别为 2.10 m/s^2、2.29 m/s^2、2.58 m/s^2、3.20 m/s^2。相较于 J_1 位置,J_2 位置处的归一化振动加速度的衰减幅度分别为 44.74%、45.73%、46.32%、47.54%。同理,J_3 位置处振动加速度的衰减幅度分别为 42.86%、43.67%、44.19%、47.81%。由此说明,在采空区地基中振动加速度在中、高频区段内衰减更快。同时,随着监测点与振源距离的增加,振动加速度的衰减幅度逐渐减小。这主要是因为低频段振动波的波长较长,穿透力更强,在采空区地基中传播时衰减程度较弱。

从图 9-18 中还可以看出,随着振动荷载加载频率的增加,采空区地基结构的动力响应强度急剧增加,即监测点周围环境的竖向振动加速度的振动幅度及峰值强度均显著增加。例如,监测点 J_1 处在 50 Hz、100 Hz、150 Hz 与 200 Hz 的峰值强度为 -3.80 m/s^2、-4.31 m/s^2、-4.80 m/s^2、-6.15 m/s^2,振动幅度分别为 0.03 m/s^2、0.06 m/s^2、0.08 m/s^2、0.10 m/s^2。此外,进一步对比分析采空区地基不同埋深处监测点的竖向振动加速度可以发现:随着与振源距离的增加,监测点的竖向振动加速度峰值强度迅速衰减,同时其竖向振动加速度时程曲线的波动程度逐渐减小。在埋深为 8 m 时,监测点的竖向振动加速度的振动幅度小于 0.001 m/s^2。这主要是由于相似模型材料(采空区地基土)自身阻尼的存在使竖向加速度振动波在采空区地基传播过程中不断衰减造成的。

为进一步探究高速列车动荷载作用下采空区地基的动力响应特性,提取采空区地基中各典型监测点竖向振动加速度进行最值归一化处理,如图 9-19 所示。从图中可以清楚地看

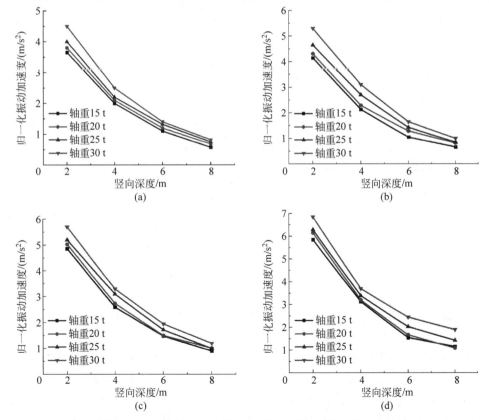

图 9-19　不同荷载加载频率振动加速度随埋深的变化规律
(a) 50 Hz;(b) 100 Hz;(c) 150 Hz;(d) 200 Hz

出,采空区地基中测点归一化振动加速度随埋深的衰减并非呈线性关系。故假定采空区地基中振动加速度的衰减规律满足下式形式:

$$y = a e^{bx} \quad (9-4)$$

式中,x 为埋深;a、b 为常数。

利用式(9-4)对各监测点归一化振动加速度进行拟合处理,得到不同列车轴重和荷载加载频率下,采空区地基归一化振动加速度回归公式及相关度系数 R^2,如表 9-5 和表 9-6 所示。拟合得到的采空区地基竖向振动加速度回归曲线的相关度系数 R^2 均超过 0.99,表明拟合曲线可以很好地反映各监测点竖向振动加速度的衰减规律,由此可以说明采空区地基中归一化振动加速度的衰减规律的假定是合适的。

表 9-5　不同列车轴重下振动加速度拟合参数

拟合参数	列车轴重			
	15 t	20 t	25 t	30 t
a	9.687	9.722	9.512	10.121
b	−0.267	−0.252	−0.230	−0.217
R^2	0.997	0.999	0.994	0.997

表 9-6　不同荷载加载频率下振动加速度拟合参数

拟合参数	荷载加载频率			
	50 Hz	100 Hz	150 Hz	200 Hz
a	6.770	8.639	8.527	9.722
b	−0.290	−0.300	−0.263	−0.252
R^2	0.999	0.996	0.996	0.999

从表 9-5 和表 9-6 中可以看出,随着列车轴重和荷载加载频率的增加,采空区地基中竖向振动加速度沿竖向的衰减系数 b 均表现出增大的变化特征,即列车轴重越大,荷载加载频率越大,采空区地基中竖向振动加速度衰减越快。具体分析可知,荷载加载频率为 200 Hz 时,测点 J_1 在列车轴重 15 t、20 t、25 t 与 30 t 下的归一化振动加速度分别为 5.86 m/s²、6.15 m/s²、6.29 m/s²、6.85 m/s²;相应地,在测点 J_2 处,对应列车轴重的归一化振动加速度分别为 3.13 m/s²、3.20 m/s²、3.39 m/s²、3.70 m/s²,相较于 J_1 位置,J_2 处的归一化振动加速度的减幅分别为 2.73 m/s²、2.95 m/s²、2.90 m/s²、3.15 m/s²。由此说明,振动波在重载铁路地基中衰减得更快。

为了进一步探究采空区地基中各典型测点归一化振动加速度与列车轴重和振动荷载加载频率之间的关系,分别给出荷载加载频率为 100 Hz 和列车轴重为 20 t 作用下典型测点归一化竖向振动加速度,如图 9-20 所示。整体而言,虽然采空区地基中各典型测点的归一化竖向振动加速度随列车轴重和荷载加载频率的增加表现出不同程度的增加,但相比之下,随荷载加载频率的增加,测点振动加速度的增长速率较快。列车轴重为 20 t 时,荷载加载频率由 50 Hz 增加到 200 Hz,测点 J_1 处的竖向振动加速度由 3.80 m/s² 增加到 6.15 m/s²,增幅为 2.35 m/s²。而加载频率为 100 Hz 时,列车轴重由 15 t 增加到 30 t,测点 J_1 的振动加速度由 4.47 m/s² 增加到 5.30 m/s²,增幅为 0.83 m/s²。由此可见,采空区地基振动加速度

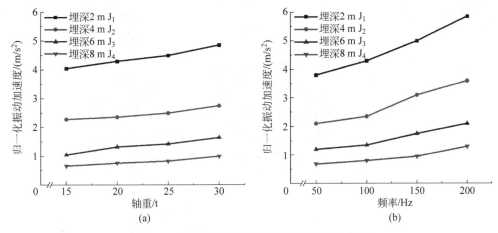

图 9-20　不同条件下振动加速度与埋深的关系
(a) 不同列车轴重；(b) 不同荷载加载频率

对荷载加载频率的敏感度远大于列车轴重。此外，从图 9-20 中还可以看出，不同列车轴重和荷载加载频率作用下，埋深越大，列车振动荷载所产生的振动加速度的差异越小，即距振源越远，采空区地基振动加速度对列车轴重和荷载加载频率的敏感度越低。

综合考虑，可采用二次多项式分别对不同列车轴重和荷载加载频率下采空区地基中竖向振动加速度变化曲线进行拟合：

$$y = aT^2 + bT + c \tag{9-5}$$

式中，T 为轴重；a、b、c 为常数。

$$y = af^2 + bf + c \tag{9-6}$$

式中，f 为频率；a、b、c 为常数。

根据上述分析，列车轴重、荷载加载频率与采空区地基振动加速度的关系可以用多项式函数表示。因此，在此基础上，建立采空区地基振动加速度与列车轴重和振动频率的双因素关系方程：

$$y = y_0 + af + bT + cf^2 + dT^2 \tag{9-7}$$

式中，f 为频率；T 为轴重；y 为归一化竖向振动加速度；a、b、c、d、y_0 为常数。

由于篇幅限制，这里以测点 J_1 为例，以上文中室内相似模型试验结果为依据，构建相应的列车轴重和荷载加载频率与采空区地基中各典型测点振动加速度的 3D 坐标图，如图 9-21 所示。其中，红色面是通过式(9-6)拟合成的，多彩色面是由模型试验采集数据组成的，可以看出两组数据具有很高的重合度，两曲面的相关度系数为 0.996，说明方程是合理的。

9.4.2　采空区地基加速度响应特性频域分析

频率响应分析是计算稳态激励作用下结构系统动力响应的方法。频率响应的基本思想是将控制系统中的各个变量看成一个信号，这些信号由不同频率的正弦波组合而成，各个变量的变化即是结构系统对不同频率的信号的响应。此外，在频率响应分析中，激励荷载在频域中是明确定义的，所有的外力在每一个指定的频率上已知。在正弦波激励试验中，加载频率按一定规律变化，而振动量级与频率的函数关系的试验被称为扫频试验，扫频试验按照加

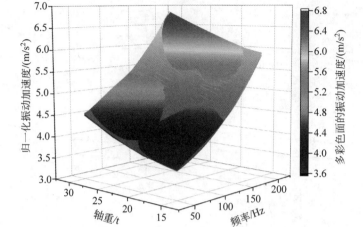

图 9-21 列车轴重和荷载加载频率与采空区地基振动加速度三维曲面关系

载频率的变化规律可分为线性扫频和对数扫频。本试验利用 DH1301 扫频信号发生器的线性扫频功能,控制激振器施加轴重为 15 t、20 t、25 t、30 t 的列车振动荷载和 0~200 Hz 的正弦线性扫频荷载,其中,扫频周期为 4 s,在采空区地基相似模型顶部进行单点加载。

本节借助频率响应函数(FRF)对线性正弦扫频作用下高铁下伏采空区地基竖向振动加速度监测数据进行处理,目的是消除上部列车运营产生的振动荷载幅值对采空区地基的影响,可将振动加速度时域结果转化为频域下的动力响应。频率响应函数(FRF)表达式如下所示:

$$\mathrm{FRF}(\omega) = \frac{S_{\mathrm{FA}}(\omega)}{S_{\mathrm{FF}}(\omega)} \tag{9-8}$$

式中,$S_{\mathrm{FF}}(\omega)$ 为列车振动荷载功率谱密度函数;$S_{\mathrm{FA}}(\omega)$ 为列车振动荷载与加速度的互谱密度函数,其函数表达式为

$$S_{\mathrm{FA}}(\omega) = \frac{1}{N_{\mathrm{S}}^2} \left[\sum_{n=0}^{N_{\mathrm{S}}-1} F(t)_n \mathrm{e}^{-\frac{2\pi i m n}{N_{\mathrm{S}}}} \right] \left[\sum_{n=0}^{N_{\mathrm{S}}-1} A(t)_n \mathrm{e}^{-\frac{2\pi i m n}{N_{\mathrm{S}}}} \right] \tag{9-9}$$

$$S_{\mathrm{FF}}(\omega) = \frac{1}{N_{\mathrm{S}}^2} \left[\sum_{n=0}^{N_{\mathrm{S}}-1} F(t)_n \mathrm{e}^{-\frac{2\pi i m n}{N_{\mathrm{S}}}} \right]^2 \tag{9-10}$$

式中,$F(t)_n$ 为列车振动荷载;$A(t)_n$ 为采空区地基中监测点振动加速度;N_{S} 为监测点个数;$n = 1, 2, 3, \cdots, N_{\mathrm{S}}$;$m = 1, 2, 3, \cdots, N_{\mathrm{S}}$。

$$\mathrm{FRF}(\omega) = \frac{S_{\mathrm{FA}}(\omega)}{S_{\mathrm{FF}}(\omega)} = \frac{\frac{1}{N_{\mathrm{S}}^2} \left[\sum_{n=0}^{N_{\mathrm{S}}-1} F(t)_n \mathrm{e}^{-\frac{2\pi i m n}{N_{\mathrm{S}}}} \right] \left[\sum_{n=0}^{N_{\mathrm{S}}-1} A(t)_n \mathrm{e}^{-\frac{2\pi i m n}{N_{\mathrm{S}}}} \right]}{\frac{1}{N_{\mathrm{S}}^2} \left[\sum_{n=0}^{N_{\mathrm{S}}-1} F(t)_n \mathrm{e}^{-\frac{2\pi i m n}{N_{\mathrm{S}}}} \right]^2} = \frac{\sum_{n=0}^{N_{\mathrm{S}}-1} A(t)_n \mathrm{e}^{-\frac{2\pi i m n}{N_{\mathrm{S}}}}}{\sum_{n=0}^{N_{\mathrm{S}}-1} F(t)_n \mathrm{e}^{-\frac{2\pi i m n}{N_{\mathrm{S}}}}} \tag{9-11}$$

鉴于国内外学者常利用加速度级来定量评价结构的振动强度,因此,对频率响应函数值按下式进一步处理可得到振动加速度级:

$$A_{\mathrm{dB}} = 20 \lg A_0 \tag{9-12}$$

式中,A_{dB} 为振动加速度级;A_0 为频率响应函数值。

利用上述数据处理方法将采空区地基中竖向振动加速度的监测结果由时域信号转化为频域信号,并通过对所得频域信号的变化曲线进行降噪和平滑处理,可得不同列车轴重作用下采空区地基中典型监测点的振动加速度频率响应变化规律,如图 9-22 所示,分析如下。

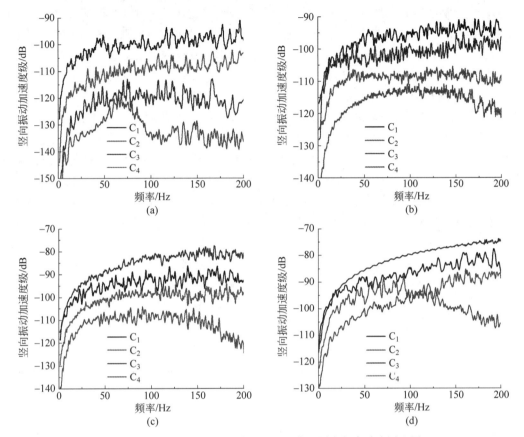

图 9-22 不同列车轴重下采空区地基典型测点频率响应对比图
(a) 轴重 15 t;(b) 轴重 20 t;(c) 轴重 25 t;(d) 轴重 30 t

(1) 将图 9-22(a)~(d)进行对比分析,整体而言,采空区地基中距离振源较近的 C_1、C_2 和 C_3 监测点的振动加速度频率响应与荷载加载频率之间大致呈正相关关系,具体表现为:采空区地基模型相应位置处的动力响应随频率的增加而增加,而距离振源较远处的 C_4 测点的振动加速度频率响应随频率的增加先增加后减小。具体分析可知,振源位置处的振动荷载大小不同,C_4 测点的动力响应下降点的频率不同,表现为动力响应下降点频率随列车轴重的增加而增加,列车轴重为 15 t、20 t、25 t、30 t 对应的动力响应下降点频率分别为 70 Hz、100 Hz、110 Hz、125 Hz。这说明随着列车轴重的增加,采空区地基深部的动力响应受高频段的影响逐渐增强。

(2) 随着频率的增加,采空区地基中振动加速度频率响应函数的波动性加剧,这主要是由于荷载频率的增加导致采空区地基模型动力响应增加的同时引起周围环境振动加剧,反过来对模型本身的干扰增加。进一步分析发现,随着列车轴重的增加,采空区地基中的动力响应波动反而逐渐减弱,由此可见,采空区地基振动加速度频率响应对荷载频率的敏感度大于列车轴重。此外,由于地基表层受列车振动荷载的直接作用,其振动加速度频率响应的幅值相对更大,更不易受周围环境的干扰。

(3) 对比采空区地基不同埋深位置处的振动加速度频率响应曲线可以看出,采空区地基中不同位置处的动力响应存在明显的差异,测点距离振源越近,其振动加速度频率响应越大。以列车轴重 20 t 为例,从图 9-22(b) 中可以看出,采空区地基中 C_1 监测点的振动加速度频率响应值大于 C_2 监测点,两者平均差值为 8.62 dB;地基中 C_2 测点振动加速度频率响应值大于 C_3 测点,两者平均差值为 9.04 dB;地基中 C_3 测点的振动加速度频率响应值大于 C_4 测点,两者平均差值为 10.86 dB。采空区地基中 C_2、C_3、C_4 监测点的振动加速度频率响应在 C_1 测点的基础上分别衰减了 10.78%、11.30%、13.58%。

(4) 距振源较近处采空区地基的动力响应整体与荷载加载频率呈正相关关系,其变化特征与加载频率大小和变化范围密切相关。采空区地基的振动加速度的频率响应变化在较低频段明显大于高频段,距振源较远处的振动加速度频率响应明显大于较近处。当荷载频率小于 100 Hz 时,采空区地基的频率响应强度急剧增加;当荷载加载频率大于 100 Hz 时,地基中的频率响应强度增长速率逐渐趋缓,同时,在距振源较远位置处的频率响应出现减小的现象,这主要是由于模型材料本身阻尼导致应力波在采空区地基传播过程中不断衰减所致。

第10章

不同工况条件下高铁采空区地基累积变形机理

未来中国高铁要从"走得了"到"走得好",实现穿越采空区场地高铁线路的安全、平稳运维,将面临诸多新的挑战。高速铁路对工后沉降要求极为严格,呼南高铁太焦段线路穿越的采空区场地,虽然对勘察的采空区进行了注浆等处治措施,但难以从根本上改变采空区地基为受采动损伤岩土介质的特性。

高铁循环荷载作用于采空区地基,使轨道路基与采空区地基复合结构反复振动,不但削弱其动力稳定性,而且可能产生超限的累积变形,严重时可导致轨道路基结构失稳破坏。在地表高铁循环动荷载的反复作用下,采空区地基产生的附加应力有可能打破采空区受损覆岩应力的相对平衡状态,重新活化采空区,致使地表产生附加移动和累积变形,严重影响着采空区上方高铁线路的规划和建设,对高铁线路的正常运维构成严重的潜在风险和安全隐患。然而,长期动荷载作用诱发采空区地基累积变形的机理是什么等科学问题仍没有得到解决。

鉴于近年来对于铁轨路基面的弹性变形、基床的累积变形和路堤的压密沉降控制技术研究较多,本章将紧密结合国家发展战略和服务地方经济需求,主要针对太焦高铁下伏煤矿采空区地基等受损伤岩土层的特殊工况,开展高铁循环动荷载作用下采空区地基累积变形机理研究,避免高铁线路变形向致灾风险发展,为穿越采空区场地高铁安全运维提供理论基础和技术依据,这项研究具有重要的理论意义和工程实用价值。

10.1 高铁下伏采空区地基岩层结构特征

10.1.1 采空区地基结构稳定性分析

店上煤矿采用长壁式全垮落开采方式,随着工作面的推进,采空区煤层顶板经历多次周期性来压,顶板岩层垮落、破碎,近场断裂覆岩形成层状铰链式稳定结构。近场覆岩上部岩层在周期来压作用下多层回转结构逐渐演化为台阶结构。从而,根据采空区覆岩的变形特征及破坏形式可将其分为垮落带、裂隙带和整体移动带。上覆岩层可分为直接顶板、下位岩层、上位岩层。直接顶板破碎、冒落并填充整个采空区;下位岩层中岩层断裂,产生较多的短断裂岩块，进而形成多层位回转断裂结构；而上位岩层受煤层开挖扰动较小，在上位岩层的下半部出现大量的离层裂缝，上半部分的层间离层裂缝存在一个再压实过程，表现出整体弯曲下沉的特性。此外，在煤层开采扰动下，采空区上覆岩层运移规律及变形特征模型试验中，采空区覆岩的上位岩层中各岩层始终保持良好的分层性和整体性，如图 10-1(a)所示。

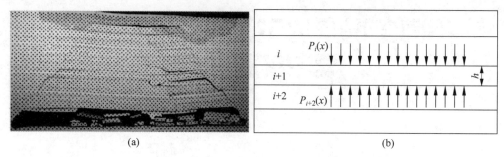

图 10-1　煤层开采采空区覆岩的运移及上位岩层力学模型
(a) 采动上位岩层运移模型试验；(b) 上位岩层力学模型

在降雨的初期阶段，雨水对采空区地基的影响范围仅局限于采空区上位岩层的上部。由上文可知，当列车动荷载在采空区地基内传递至 8 m 深处时，附加动应力衰减达到 90% 以上，加之受采动影响地基中层间裂缝的存在，当上位岩层叠合梁分离后，附加动应力的传递路径被阻断，仅在梁的端部存在微弱的动力响应，可忽略不计，因此，可从静力学角度对上位岩层的稳定性进行分析。此外，上位岩层的上半部分岩层具有层状分明、整体弯曲下沉的特点。同时，由于岩层属于脆性材料，其抗压强度远大于抗拉强度，且岩层的弯曲挠度远小于其自身厚度。由薄板挠度弯曲的受力特点，建立上位岩层复合梁力学模型，如图 10-1(b)所示。设任一岩层的挠度为 $W(x,y,z)$，则平衡方程为

$$D \cdot \nabla^4 W = -P(x,y) \tag{10-1}$$

取采空区地基中复合岩层的 i、$i+1$、$i+2$ 岩层为研究对象。此时，作用在 $i+1$ 岩层上的竖向力为

$$P_{i+1}(x,y) = P_i(x,y) - P_{i+2}(x,y) \tag{10-2}$$

式中，$P_i(x,y)$、$P_{i+2}(x,y)$ 分别为第 $i+1$ 层岩层顶部和底部的作用力。

采空区地基复合岩层中第 i、$i+1$ 层的中心与两岩层界面的距离为 $\frac{1}{2}(h_i + h_{i+1})$，两岩层的挠度差为

$$W_{i+1} - W_i = \frac{1}{2} P_i \left(\frac{h_i}{E_i} + \frac{h_{i+1}}{E_{i+1}} \right) \tag{10-3}$$

同理，第 $i+1$、$i+2$ 两岩层的挠度差为

$$W_{i+2} - W_{i+1} = \frac{1}{2} P_{i+2} \left(\frac{h_{i+1}}{E_{i+1}} + \frac{h_{i+2}}{E_{i+2}} \right) \tag{10-4}$$

将式(10-3)、式(10-4)进行整理后代入式(10-2)可得

$$P_{i+1} = 2E_{i+1} \left[\frac{E_i}{K_i} (W_i - W_{i+1}) + \frac{E_{i+2}}{K_{i+1}} (W_{i+2} - W_{i+1}) \right] \tag{10-5}$$

将式(10-5)代入平衡方程可得

$$\frac{E_{i+1}h_{i+1}^3}{12(1-\mu_{i+1}^2)}\nabla^4 W_{i+1} = 2E_{i+1}\left[\frac{E_i}{K_i}(W_i - W_{i+1}) + \frac{E_{i+2}}{K_{i+1}}(W_{i+2} - W_{i+1})\right] \tag{10-6}$$

在持续强降雨作用和长期动荷载作用下，雨水从采空区地表向下缓慢渗入，采空区地基受雨水侵蚀后强度逐渐弱化。在采空区地基上部荷载不变的情况下，地基结构强度被雨水弱化后存在失稳变形破坏的潜在风险。当采空区地基强度弱化到一定程度时，上位岩层复合梁出现层间离层裂隙。由此多岩层复合梁结构逐渐演化为简支梁结构受力模式，如图 10-2 所示。根据简支梁受力模式，建立考虑边界条件、水平侧向力 F、上部荷载 $P(x)$ 的力学模型，其挠度 w 可表示为

$$w = y\sin\frac{\pi x}{L} \tag{10-7}$$

式中，L 为简支梁的跨度；y 为梁中点的挠度。

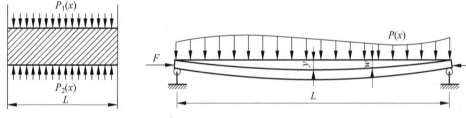

图 10-2 采空区地基上位岩层力学模型

岩层断裂破坏的实质是能量驱动下的一种表现形式，根据突跳失稳变形理论可基于岩层沉降弯曲变形过程中的总势能变化规律来分析采空区层状地基的不稳定性状态。因此，使用能量法对采空区地基简支梁结构的平衡稳定性进行研究，则系统总势能为

$$U = \frac{EI}{2}\int_0^L \left(\frac{d^2\omega}{dx^2}\right)^2\left[1-\left(\frac{d\omega}{dx}\right)^2\right]^{-1}dx - \left[L - \int_0^L \sqrt{1-\left(\frac{d\omega}{dx}\right)^2}\,dx\right]F - \int_0^L P(x)y\sin\frac{\pi x}{L}dx \tag{10-8}$$

利用式(10-8)，并根据极值点失稳理论，可通过对总势能的二阶变分来判定系统的稳定性：

$$\delta^2 U = \frac{\delta^2 U}{\delta y^2}(\delta y)^2 \tag{10-9}$$

由式(10-9)可以看出二阶变分与二阶偏导数具有相同的极值点，因此可由系统总势能的二阶偏导来判定其稳定性。对式(10-8)进行整理，对其求二阶偏导可得

$$\frac{\delta^2 U}{\delta y^2} = \frac{3EI\pi^6}{4L^5}y^2 + \frac{\pi^2}{2L}\left(\frac{EI\pi^2}{L^2} - F\right) \tag{10-10}$$

由式(10-10)可以看出，当 $F \geqslant \frac{EI\pi^2}{L^2}$ 时，$\frac{\delta^2 U}{\delta y^2} \leqslant 0$，系统处于失稳状态；当 $F \leqslant \frac{EI\pi^2}{L^2}$ 时，$\frac{\delta^2 U}{\delta y^2} \geqslant 0$，系统处于稳定状态。

10.1.2 采空区断裂岩层稳定性分析

采空区地基经历长期剩余变形阶段稳定后，利用高像素工业相机对煤层开挖模型进行

拍照,将拍摄得到的采空区地基变形图像通过 Image J 图像处理,对列车振动荷载下采空区地基裂隙网格进行提取,如图 10-3 所示。从图中可以看出,采空区覆岩初次断裂离层后,断裂岩块在上部荷载及自重作用下产生回转运动,岩块间相互挤压咬合,并受水平推力作用形成铰接关系。此时,各岩块端角之间处于面接触状态,接触面间的摩擦力、水平推力以及下部岩块的支承力将直接影响其失稳破坏模式。

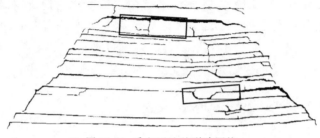

图 10-3 采空区地基裂隙网格

在高铁穿越下伏采空区地基工程中,相较于岩层自重来说,列车自身静载与其行驶过程中产生的动荷载总和较小。同时,根据地基中附加应力分布规律及影响深度可知,列车运行产生的动荷载对下伏采空区地基的影响范围主要集中在岩块断裂欠稳及岩层间未压实区域。如图 10-4 所示,建立采空区断裂覆岩回转力学模型,岩块端面的水平应力分布符合下式:

$$f(x) = \sigma_t (-h)^{-b} (x-h)^b \tag{10-11}$$

式中, $f(x)$ 为水平应力分布函数; σ_t 为水平应力; $b=0,1,2$,分别表示岩块间接触面水平应力状态为应力均匀分布、线性增加分布及非线性增加分布; h 为水平应力分布范围。

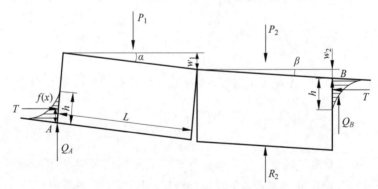

图 10-4 采空区断裂覆岩回转力学模型

根据断裂岩块水平应力的分布规律及回转后的接触几何关系,可得水平推力 T 及其作用位置 a 分别为

$$T = \sigma_t \int_0^h f(x) \, dx \tag{10-12}$$

$$a = \frac{1}{2}(H - L\sin\alpha) \tag{10-13}$$

式中, H 为岩块高度; L 岩块长度; α 为左侧岩块回转角。

在图 10-4 中,根据采空区地基断裂岩块的受力平衡状态,对铰节点 A 取矩 $\sum M_A = 0$,

且竖向合力 $\sum F_y = 0$，可得

$$T[H - 2a - L(\sin\alpha + \sin\beta)] = P_1\left(\frac{L}{2}\cos\alpha + H\sin\alpha\right) +$$
$$(P_2 - R_2)\left(L\cos\alpha + \frac{L}{2}\cos\beta + H\sin\beta\right) -$$
$$Q_B[L(\cos\alpha + \cos\beta - \sin\alpha - \sin\beta) + H] \quad (10\text{-}14)$$

$$P_1 + P_2 = Q_A + Q_B + R_2 \quad (10\text{-}15)$$

式中，P_1、P_2 为岩块承受的荷载；R_2 为下部岩块的支撑力；α、β 为岩块回转角；Q_A、Q_B 为岩块剪切力。

根据对砌体梁全结构的受力进行分析计算得 $R_2 = 1.03P_2$，因此可近似地视为 $R_2 = P_2$，将两者的关系代入式（10-14）及式（10-15），整理可得

$$Q_B = \frac{\gamma L(H + H_1)\left(\dfrac{L}{2}\cos\alpha + H\sin\alpha\right) + T\sin\beta}{L\{\sqrt{2}[\cos(45° + \alpha) + \cos(45° + \beta)]\} + H} \quad (10\text{-}16)$$

$$Q_A = \frac{(P_1 + P_2)L\left[\dfrac{3}{4}\cos\alpha - \sin\alpha + \cos(45° + \beta) + H\left(1 - \dfrac{1}{2}\sin\alpha\right)\right] - T\sin\beta}{L\{\sqrt{2}[\cos(45° + \alpha) + \cos(45° + \beta)]\} + H}$$

$$(10\text{-}17)$$

经分析可知，此结构的最大剪切力 Q_A 发生在 A 点，为防止结构在 A 点发生滑落失稳，必须满足以下条件：

$$T\tan\varphi \geqslant Q_A \quad (10\text{-}18)$$

式中，$\tan\varphi$ 为砌体梁岩块间的摩擦因数，一般取 0.3。

将式（10-18）代入式（10-17）可得

$$\sigma_t \geqslant \frac{(P_1 + P_2)(b+1)L\left[\dfrac{3}{4}\cos\alpha - \sin\alpha + \sqrt{2}\cos(45° + \beta) + H\left(1 - \dfrac{1}{2}\sin\alpha\right)\right]}{h\{0.3\{\sqrt{2}L[\cos(45° + \alpha) + \cos(45° + \beta)] + H\} + \sin\beta\}}$$

$$(10\text{-}19)$$

再令 $i = H/L$，i 表示岩层高度与岩块长度之比，简称为断裂度，则有

$$\sigma_t \geqslant \frac{(P_1 + P_2)(b+1)\left[\dfrac{3}{4}\cos\alpha - \sin\alpha + \sqrt{2}\cos(45° + \beta) + i\left(1 - \dfrac{1}{2}\sin\alpha\right)\right]}{h\left\{0.3[\sqrt{2}(\cos(45° + \alpha) + \cos(45° + \beta)) + i] + \dfrac{\sin\beta}{L}\right\}}$$

$$(10\text{-}20)$$

根据砌体梁全结构计算所得位移变形规律可知，回转角 $\beta = \dfrac{1}{4}\alpha$，利用两岩块回转角之间的关系可将式（10-20）改写成

$$\sigma_t \geqslant \frac{(P_1 + P_2)(b+1)\left[\dfrac{3}{4}\cos\alpha - \sin\alpha + \sqrt{2}\cos\left(45° + \dfrac{\alpha}{4}\right) + i\left(1 - \dfrac{1}{2}\sin\alpha\right)\right]}{h\left\{0.3\left[\sqrt{2}\left(\cos(45° + \alpha) + \cos\left(45° + \dfrac{\alpha}{4}\right)\right) + i\right] + \dfrac{\sin\dfrac{\alpha}{4}}{L}\right\}}$$

$$(10\text{-}21)$$

由式(10-21)可以看出,当砌体梁结构中关键块的上覆荷载一定,即 P_1+P_2 为常数时,此结构发生滑动失稳的条件直接与岩块的断裂度 i 及回转角 α 密切相关。

采空区覆岩断块在沉降变形的过程中须同时满足侧向水平应力及岩块间剪切应力等临界失稳条件,断裂岩块结构才能避免滑动回转失稳。利用式(10-21)的力学状态失稳判据对采空区地砌体梁关键块岩层进行稳定性分析,长治市店上煤矿采空区的平均埋深 H_1 取 70 m,根据工作面推进步距,断裂岩块的长度 L 为 10 m,采空区地基岩层的平均重度为 22 kN/m³。

根据断裂岩块的失稳判据计算公式得到不同覆岩断块断裂度的稳定性判定曲线,如图 10-5 所示。其中,图 10-5(a)中横坐标为断裂岩块回转角 α,当岩块的水平应力小于图 10-5(a)中相对应的应力值时岩块处于失稳状态。从图 10-5(a)中可以看出,当岩块的断裂度 i 一定时,断裂岩块的侧向临界水平应力 σ_t 随岩块回转角的增加而减小,断裂度越大临界水平应力减小的幅度越小。此外,从图 10-5(a)中还可以看出,当断裂度 $i=1$ 时,岩块回转角的增加对其水平应力的影响可忽略不计。

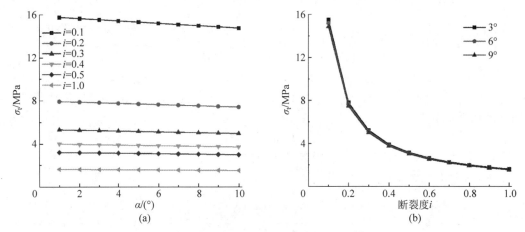

图 10-5　采空区断裂覆岩结构稳定性曲线
(a) 临界水平应力与回转角关系曲线；(b) 临界水平应力与断裂度关系曲线

图 10-5(b)所示为断裂岩块侧向临界水平应力 σ_t 与断裂度 i 的关系曲线,其中,横坐标为岩块的断裂度 i,当岩块的水平应力小于图中相对应的应力值时岩块处于失稳状态。从图 10-5(b)中可以看出,当岩块的回转角 α 一定时,断裂岩块的侧向水平应力 σ_t 随岩块断裂度 i 的增加先急剧减小然后趋于平缓。此外,从图 10-5(b)中还可以看出,岩块断裂度 i 对断裂岩块稳定性的影响远大于其自身回转角变化。

10.2　相似模型试验变形监测系统

在矿山压力显现的相似模型试验中,非接触式三维光学散斑变形监测法用于观测岩层变形、覆岩运移以及采空区活化不失为一种有效的手段。本试验采用三维光学数字散斑系统观测采空区上覆岩层及地基结构运移的动态演变过程。

试验变形监测设备采用西安新拓三维光测科技有限公司与西安交通大学模具与先进成型技术研究所联合研发的三维光学数字散斑测试分析系统(XTDIC),该系统由一个重型摄像支架、一对高精度工业相机、一台相机控制器以及一对 LED 补光灯组成,如图 10-6(a)所示。该测试系统应用范围广,并适用于任何材料。其测量幅面范围为 4 mm~4 m,无论是测量微观变形的材料力学性能试验,还是大型的室内物理相似模型试验,均能得到良好的试验结果。此外,该系统操作简单快速、灵活易用,以高精度著称,其应变测量范围为 0.001%~1000%。

(a) (b)

图 10-6 三维光学散斑变形测量系统

(a) XTDIC;(b) 随机散斑

为监测采空区地基相似模型的位移变形,利用喷漆、墨水或者粉末在模型表面喷涂黑色散斑图案,如图 10-6(b)所示。XTDIC 系统结合数字图像相关技术与双目立体视觉技术,通过利用高精度相机连续不间断拍摄来实时追踪种子散斑图像的变形轨迹,从而获得相似模型表面的全场三维坐标、位移、应变等数据。最后,将采集的图像导入计算模块中分析,可实现对被测物体表面三维坐标、位移以及应变的测量。此外,该测试分析系统位移精度在微米甚至纳米级,监测结果能保证对采空区地基累积变形预测的有效性和准确性。

10.3 高铁下伏采空区地基累积变形特征

10.3.1 采空区地基结构演化特征分析

相似模型分层铺设、压实、固结晾干后,在距模型左边界 55 cm 处建立模拟开采工作面,煤层开采每次推进 5 cm,共推进 165 cm。煤层开采稳定后,对模型进行预压载,加速采空区地基变形,进而模拟高铁振动荷载作用下采空区地基的结构演化及变形机制。本试验通过加载装置对采空区地基施加超过 1000 万次的振动荷载,由文献知,循环动荷载 400 万振次可近似为列车运营 10 年的荷载量。

从图 10-7 中可以看出,在长期列车动荷载作用下,采空区地基的水平变形量很小。采空区高速列车的正常运营时间超过 25 年时,采空区地基的最大水平变形量仅有 0.07 mm。列车运营初期,在动荷载作用下采空区两侧覆岩同时向中部岩层断裂处挤压变形。此外,从图 10-7 中还可以看出,采空区左上方覆岩完整度远大于右上方,由于采空区覆岩台阶回转处是岩层易发生失稳破坏的位置,因此,随着荷载振动次数增加,采空区上覆岩层出现向右侧台阶处偏压的现象。从图 10-7(c)和(d)中可以看出,当动荷载振动次数超过 700 万次后,采空区地基的水平变形主要分布在岩层断裂附近。

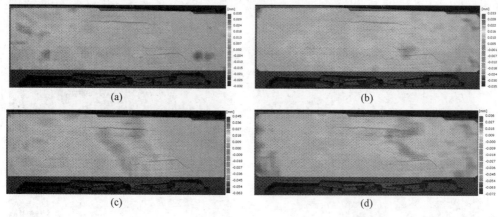

图 10-7 动荷载作用下采空区地基水平变形特征
(a) 250 万次；(b) 500 万次；(c) 750 万次；(d) 1000 万次

  随着列车动荷载振动次数的增加,采空区地基的结构演化和沉降变形特征如图 10-8 所示。从图 10-8(a)中可以看出,在列车动荷载加载初期,下伏采空区地基大范围内出现不同程度的微小变形。此时采空区地基变形主要集中在距地表 5～10 m 范围内以及右下角的台阶回转处。随着动荷载振动次数持续增加,采空区地基的主要变形位置向距地表 10～15 m 处的离层裂缝区域转移。此外,台阶回转处松散岩层的变形也逐渐增大,如图 10-8(b)所示。当动荷载振动次数达到 750 万次后,采空区地基的变形范围逐渐向四周和深处扩散,与此同时采空区地基中的岩层离层离缝表现出闭合的趋势,如图 10-8(c)所示,动荷载振动次数继续增加,采空区地基的累积变形逐渐向右侧的岩层台阶回转断裂处偏移,台阶回转处岩层进一步被压实,断裂岩层的回转角也相应增加。此外,采空区地基上部的离层裂缝宽度缓慢缩小并逐渐闭合,如图 10-8(d)所示。

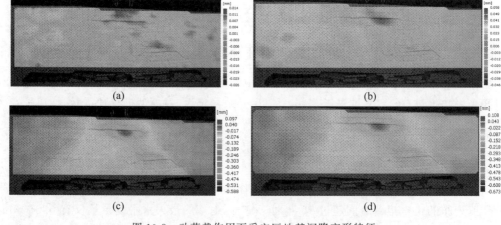

图 10-8 动荷载作用下采空区地基沉降变形特征
(a) 250 万次；(b) 500 万次；(c) 750 万次；(d) 1000 万次

从图 10-8 中还可以看出,当列车动荷载振动次数不超过 500 万次时,高铁下伏采空区地基的累积变形较小且具有局部性,变形主要集中在距地表 15 m 范围以内。当荷载振动次数超过 750 万次后,采空区地基沿上覆岩层断裂的左右边界出现整体性的沉降变形。

在动力加载装置正下方布置两条竖向采空区累积变形监测线,如图 10-9 所示。在长期振动荷载作用下,采空区地基中不同深度岩层的累积变形反映了相应位置处岩层的稳定性及压实度。探明不同深度采空区地基的累积变形规律,对采空区地基注浆治理过程中的注浆量及注浆范围控制具有重要工程意义。因此,有必要研究采空区地基沿深度方向的变形规律,沿深度方向采空区地基变形特征如图 10-10 所示。

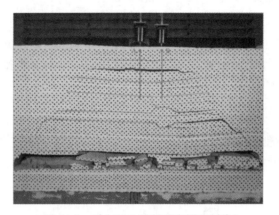

图 10-9 采空区地基累积变形监测线

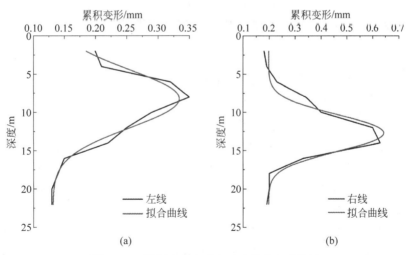

图 10-10 沿深度方向采空区地基的变形特征
(a) 左线;(b) 右线

从图 10-10 中可以看出,随着埋深的增加,采空区地基累积变形均呈现出先增大后减小的变化规律。由于受列车荷载影响深度及采空区地基中不同位置其损伤程度不同等因素的影响,将图 10-10(a)、(b)对比来看,右侧的最大累积变形位于埋深 13 m 左右,而左侧位于 8 m 左右,且前者的变形量约是后者的 2 倍。此外,从曲线两端地表和地基深处的变形来看,采空区地基的整体变形在 0.1~0.2 mm 范围内。

综合看来,在列车长期振动荷载作用下,采空区地基中最不稳定和易发生变形失稳破坏的区域并非采空沉陷区地表和近场覆岩,而是在岩层发生断裂的层间离层区域内。此外,图 10-10 中采空区地基的两条变形特征曲线均沿累积变形峰值近似呈现出对称分布特征,变形规律近似满足下式所示的高斯函数关系,其拟合曲线的相关系数均在 93% 以上。

$$y = m + n e^{-2\frac{(x-w)^2}{r}} \tag{10-22}$$

式中,y 为累积变形量;x 为深度;m、n、w、r 为常数。

10.3.2 采空区地基累积变形规律分析

长期高铁动荷载的作用对采空区地基最直观同时也最重要的损害是累积沉降变形,当采空区累积变形超过高速铁路地基允许沉降量时,将严重影响高速铁路的安全运维。将三维光学散斑系统采集到的监测数据进行提取,得到长期列车动荷载作用下采空区地基累积变形规律,如图 10-11 所示。

彩图

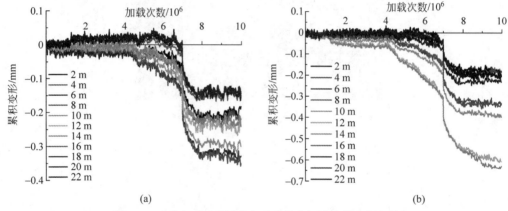

图 10-11 采空区地基累积变形随荷载振动次数变化规律
(a) 左线;(b) 右线

从图 10-11 中可以看出,在列车循环动荷载作用下,不同深度采空区地基累积变形随振动次数变化规律相似,均经历三个阶段:缓慢增长期,快速增长期,平缓稳定期。在列车动荷载施加的初期,采空区地基累积变形相对稳定,变形振动幅值始终保持在 0.02 mm 范围内波动,未出现变形累加现象。随着荷载振动次数增加,采空区地基的变形缓慢增加,当荷载振动次数达到一定程度后,采空区地基出现整体的突变变形,与 10.3.1 节中介绍的采空区地基结构变形演化特征基本吻合。当列车动荷载振动超过 800 万次后,采空区地基的变形增加缓慢并逐渐趋于稳定。此外,从图 10-11 中还可以看出,在采空区地基出现整体突变沉降前,埋深超过 16 m 的左线监测点出现上拱现象。然而,在同一加载阶段,右线的部分监测点出现沉降变形。这是由于在长期动荷载作用下,采空区覆岩发生失稳破坏时,在岩层断裂及台阶回转处出现中部下沉两端上翘现象,这与图 10-12 中采空区覆岩的回转角变化特征一致。同时,由于层间裂缝上部简支梁结构未发生断裂,致使地表沉降变形相对缓和,突变不明显。

国内外许多学者通过室内外试验、理论分析和数值模拟等方法,建立累积变形预测模型对循环荷载作用下土体的累积变形进行预测。目前,应用最广泛且最早提出的土体累积变

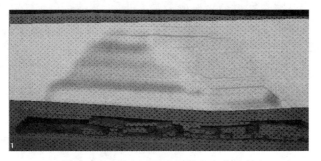

图 10-12 采空区覆岩回转角变化特征

形经验模型是 Monismith 指数模型：

$$\varepsilon_p = aN^b \tag{10-23}$$

式中，ε_p 为累积塑性应变；N 为加载次数；a、b 为常数。

在 Monismith 累积变形预测模型中，参数 a 的物理意义不明确，且该模型对于土体的不同类别及应力状态离散性较大。Li 等通过土体动三轴试验发现，Monismith 模型中参数 a 与动偏应力 ε_d 和土体的静强度 ε_f 有密切关系。为此，在 Monismith 模型的基础上，提出了如下表达式：

$$\varepsilon_p = a\left(\frac{\sigma_d}{\sigma_f}\right)^m N^b \tag{10-24}$$

式中，a、m 和 b 均为材料参数。

Chai 等根据 Samang 的试验结果，进一步引入土体的初始静态偏应力对 Li 模型进行新的修正，提出了如下表达式：

$$\varepsilon_p = a\left(\frac{\sigma_d}{\sigma_f}\right)^m \left(1+\frac{\sigma_s}{\sigma_f}\right)^n N^b \tag{10-25}$$

式中，ε_p 为初始静态偏应力；a、b、m 和 n 是反映土体属性的参数。

上述循环动荷载作用下的土体累积变形预测模型是前人针对无损伤重塑土试样动三轴试验结果分析得到的，并不适用于对受损伤的采空区地基累积变形的预测。以地表 A、B 两点为例，利用三维光学散斑系统测得的振动荷载下采空区地基累积变形变化曲线，如图 10-13 所示。拟合曲线满足 Boltzmann 函数变化特征，如下所示。其拟合相关系数均在 98% 以上。

$$y = a + \frac{b}{1+e^{(N-c)/d}} \tag{10-26}$$

式中，N 为动荷载振动次数；a、b、c 和 d 是反映采空区地基属性的参数。

从图 10-13 中可以看出，采空区地基累积变形随振动次数增加先缓慢增加，然后急剧增加，最后变形速率逐渐减慢并趋于稳定。与未损伤土体的累积变形前期变形速率较大，中期变形速率逐渐减慢，最后趋于稳定的变化规律不尽相同。由上文知，在列车长期动荷载作用下，采空区地基不同埋深处岩土体的受损伤程度不同，其累积变形规律也不尽相同。将采空区地基不同深度累积变形规律按照 Boltzmann 函数进行参数反演分析，得到拟合参数随采空区地基埋深的变化规律，如图 10-14 所示。从图中可以看出，拟合参数 a、b、c、d 的值随采空区地基的埋深表现出不同的变化特征。其中，参数 a 的大小随埋深的波动程度较小，它主要控制采空区地基累积变形的初始值大小。此外,对图 10-13 进行综合分析可知,参数 b、c、d 的取值范围分别为 $0.1\sim0.7,6.6\sim7.2,0\sim1.0$,并发现参数取值与采空区地基受损伤程度有关。在列车振动荷载长期作用下,采空区地基中越易发生失稳变形破坏的区域,累积变形预测模型中参数 b 和 d 的值越大,参数 c 的值反而越小。

彩图

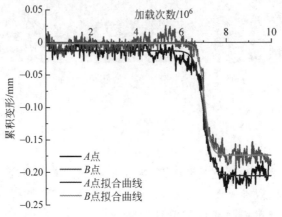

图 10-13　采空区地表沉降与荷载振动次数间的关系

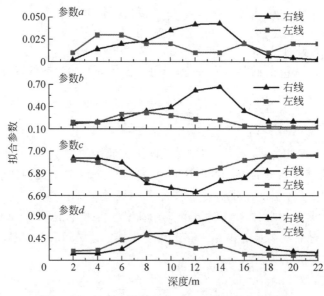

图 10-14　拟合参数随采空区地基埋深的变化规律

10.4　降雨与动荷载耦合作用下采空区地基变形特征

10.4.1　降雨装置模拟及布置

全球生态环境的恶化导致高温、洪涝、台风等极端天气频频发生,给人民的生产、生活及生命财产安全带来严重威胁。例如,2021 年发生了山西 10·5 特大洪水,受此次持续强降雨影响,受灾地区的建筑房屋及交通设施遭到严重损坏,并造成大量的人员伤亡。此次受灾的部分区域位于穿越山西沁水煤田的太焦高铁局部区段,太焦高铁沿线局部发生了地表沉陷、路堤变形及滑坡失稳等交通基础设施损害,严重影响了列车的正常运营,如图 10-15 所示。高铁穿越采空区地基这一受损伤的特殊地质工程,在强降雨等极端条件下对高铁的行车安全危害更大,其变形机理更应受到相关学者的关注。

图 10-15　雨水侵蚀作用下路基破坏及治理

采用滴灌技术来模拟降雨,滴灌技术可避免喷洒四溅的雨水从模型两侧表面向内部渗入,确保雨水从地表向采空区深部覆岩渗入。利用可控流速的医用输液器和储水容器作为本次试验的降雨模拟装置,将两条医疗输液器软管按照 10 cm 的间隔距离水平布置在相似模型顶部中央位置。此外,在医疗软管上每隔 2 cm 用针戳一个小孔作为滴灌系统中的滴头,并使用输液器中的流量调节器精准调控输液软管中水的流量及流速,以此模拟降雨量大小。同时,在相似模型的上方放置储水器,将两软管的一端放置在储水器内,另一端封堵。在重力作用下将储存器中的水引流到采空区地基模型表面,如图 10-16 所示。本试验仍采用三维光学数字散斑分析测试系统(XTDIC)对降雨和动荷载耦合作用下采空区地基进行变形监测分析,如图 10-17 所示。

图 10-16　模拟降雨装置及布置方式

我国水文气象部门对降雨的强度有明确的划分标准,规定将 24 小时降雨量为 50 mm 或以上的降雨称为暴雨。按其降雨强度又分为三个等级:24 小时降雨量 50~100 mm 的为暴雨,24 小时降雨量 100~250 mm 的为大暴雨,24 小时降雨量 250 mm 以上的为特大暴

图 10-17　降雨和动荷载耦合作用下采空区地基变形监测

雨。在本试验中选取极端降雨强度中的特大暴雨作为模拟降雨强度。在降雨试验开始前，通过降雨设备的流量调节阀对单位时间内的降雨量或降雨强度进行调试。依据相似比原理，现实生活中特大暴雨对应的在室内物理相似模型试验中 2.4 小时总的耗水量约为 2 L。

10.4.2　降雨与动荷载耦合作用下采空区地基结构演化特征分析

相似模型分层铺设，待模型静置、固结后对煤层进行开采，构造采空沉陷区结构。此后，对采空区地基进行静载预压以加速地表的残余沉降变形，以便后期模拟列车动荷载和降雨耦合作用下采空区地基变形演化分析。

采空区场地剩余变形稳定后，通过降雨装置将雨水从高铁路基表面向下部采空区地基渗入。在雨水入渗和上部列车动荷载的共同作用下，采空区地基结构演化特征如图 10-18 所示。从图 10-18(a)中可以看出，采空区场地剩余变形稳定后，在距路基表面约 15 m 处存在间距较大的离层裂缝。此时，上部岩层可看作叠合地基梁结构，随着雨水不断渗入裂缝，静水压力增大，使上部层间裂缝进一步增大。此外，在雨水侵蚀作用下，采空区地基强度被弱化，采空区上部岩层叠合梁逐渐出现分层现象，上部层状岩层结构由叠合梁逐步演化为简支梁的受力模式，如图 10-18(b)所示。

由于失去上梁的支撑作用和下梁自身强度的弱化，下梁的拉应力超过了其自身的抗拉强度，下梁的挠度逐渐增大并在梁的下部出现大量的竖向张拉裂缝，上、下梁间的离层裂缝开度进一步扩展。紧接着竖向张拉裂缝贯穿，下梁出现突跳失稳破坏，初始大裂缝被压密，如图 10-18(c)所示。随着雨水继续入渗，上部岩层沉降变形逐渐向上传递，加之上梁强度进一步被弱化，无法承受其自重，进而与下梁一样出现突跳失稳破坏，如图 10-18(d)所示。

根据 XTDIC 系统获得的采空区地基模型中岩层剪切角变化规律，可以分析降雨和列车动荷载耦合作用下采空区地基岩层变形演化特征，如图 10-19 所示。从图中可以看出，降雨初期，在动荷载作用下，采空区覆岩的回转变形分布广，且在数值上较小。随着降雨量的增加，采空区地基梁结构在雨水的侵蚀作用下强度逐渐降低，覆岩的回转变形向地表汇集，采空区地表左右两侧沿模型中轴线向内挤压回转变形，表现出中部下沉、两端上翘的变形特征，该分布规律表明雨水侵蚀对采空区地基稳定性的影响远大于列车动荷载。

受强降雨的持续影响，雨水对采空区地基的侵蚀逐渐向深部延伸，同时对地基梁强度的弱化作用逐渐增大，采空区地表土层的回转角急剧增大。由于采空区层状地基梁结构断裂

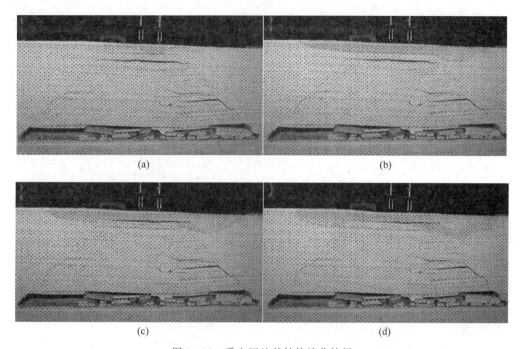

图 10-18　采空区地基结构演化特征
(a) 初始稳定阶段；(b) 缓慢变形阶段；(c) 第一次突跳阶段；(d) 第二次突跳阶段

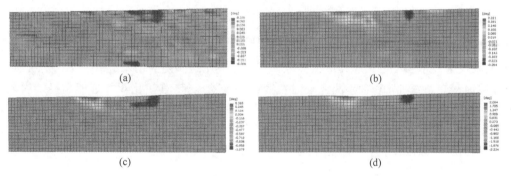

图 10-19　降雨作用下不同变形阶段采空区地基剪切角变化规律
(a) 初始稳定阶段；(b) 缓慢变形阶段；(c) 第一次突跳阶段；(d) 第二次突跳阶段

失稳，地基中回转角最大处位于地表左右两侧的土体断裂处，而模型中部的土层逐渐趋于水平状态。

  Image J 是由美国国立卫生院针对生物医学方面的研究研发的一款免费科研图像处理软件。该软件是基于 Java 语言的通用图像处理软件，不仅适用于生物医学微观领域，近年来，国内外学者还将其推广应用到室内工程试验当中，并取得了良好的成效。此外，该软件在图像中裂缝提取及定量分析方面有独特的优势。

  采用 Image J 图像处理软件，对不同变形阶段采空区覆岩裂隙网格进行提取，如图 10-20 所示。从图中可以看出，采空区上覆岩层中裂隙网格纵横交错，其中，横向层间离层裂隙以水平为主，纵向张拉裂缝以垂直为主。此外，层间离层裂缝从采空区近场覆岩向上传递直至地表，遍布于整个采空区地基中。而纵向张拉裂缝则主要分布在岩层断裂处，在模型右下侧

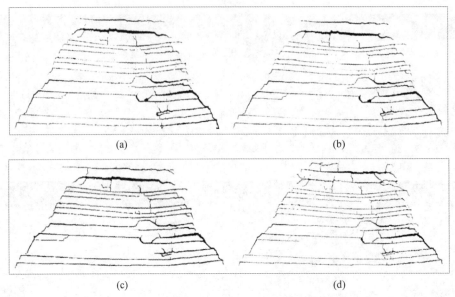

图 10-20 采空区覆岩裂隙随降雨时间的变化趋势

(a) 20 h；(b) 44 h；(c) 53 h；(d) 60 h

岩层断裂的台阶回转处尤为集中，岩层断裂裂缝从该台阶回转处逐渐向采空区地基中部扩展延伸。层间离层裂缝和竖向贯穿裂缝相互贯通，相似模型两侧断裂裂缝向地表传递的整体形态呈现出阶梯状，裂隙场两侧层间裂缝的开度明显大于中部弯沉区。

在雨水和列车动荷载耦合作用下，采空区地基裂隙演化分布规律如图 10-21 所示。从图 10-21(a)中可以看出，随着降雨量的增加，高铁下伏采空区地基中裂隙逐渐闭合。在降雨初期，采空区地基强度弱化缓慢导致裂隙面积变化不明显。随着雨水继续下渗，采空区地基中裂隙面积急剧缩小，中部弯沉区层间裂缝进一步被压密，其演化规律近似满足二次函数关系：

$$S = 180 + 0.12t - 0.045t^2 \tag{10-27}$$

式中，S 为裂隙面积，cm^2；t 为降雨时间，h。

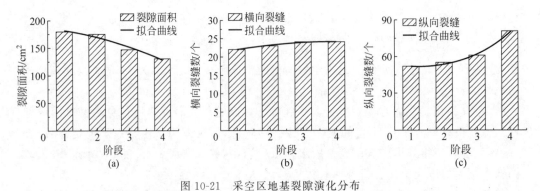

图 10-21 采空区地基裂隙演化分布

(a) 不同阶段裂隙面积；(b) 不同阶段横向裂缝；(c) 不同阶段纵向裂缝

受持续强降雨的影响，除了出现采空区地基中裂隙的闭合外，还产生裂缝的动态扩展延伸以及裂缝数量的增加，如图 10-21(b)、(c)所示。从图 10-21(b)中可以看出，降雨对采空区地基中横向层间裂缝的影响主要在于裂缝的延伸,而对新横向裂缝的产生影响较小。随着降雨的增加,采空区地基中部弯沉区被压密的同时,伴随着大量新的纵向张拉裂缝产生,其数量由缓慢增加到急剧上升,且满足指数型增长规律,如图 10-21(c)所示,公式如下:

$$y = e^{3.96-(2.31\times10^{-3}-4.86\times10^{-5})t} \tag{10-28}$$

式中,t 为降雨时间,h。

10.4.3 降雨与动荷载耦合作用下采空区地基累积变形机理

根据 XTDIC 监测数据计算分析可得降雨和列车动荷载耦合作用下高铁下伏采空区地基水平变形特征,如图 10-22 所示。在降雨初期阶段,采空区地基的水平变形就处于较大的变形阶段,最大变形量为 1.12 mm。整体来看,随着强降雨的持续增加,采空区地基的水平变形的变化较小。此外,在降雨和动荷载耦合作用下,采空区地基水平变形的范围较为稳定,始终维持在距地表 15 m 范围内。该现象表明雨水侵蚀对采空区地基的影响深度是有限的,雨水的冲刷作用导致其对地表的水平变形影响最大。由 10.3 节内容知,相似模型中采空区右下方覆岩的受损伤程度以及断裂度均比左侧严重,导致地基土层向右侧倾斜变形较明显,同时由于右侧土层的挤压作用,致使下方土层向左侧产生微小的水平变形。

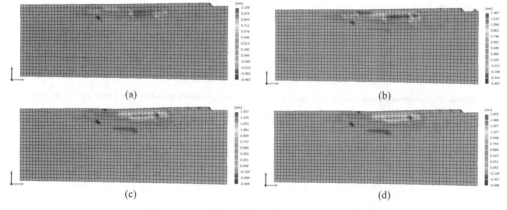

图 10-22　不同变形阶段地基水平变形演化
(a) 初始稳定阶段;(b) 缓慢变形阶段;(c) 第一次突跳阶段;(d) 第二次突跳阶段

大量雨水下渗高铁下伏采空区地基后,对地基最直观的损害是沉陷变形,进而影响上部列车安全运行。在雨水侵蚀作用下,采空区地基沉降变形演化规律如图 10-23 所示。从图中可以看出,随着降雨的增加,高铁下伏采空区地基沉降变形大致可分为四个阶段:初始稳定阶段、缓慢变形阶段、第一次突跳阶段、第二次突跳阶段。在初始稳定阶段,采空区地基沉降变形主要位于层间初始大裂隙和右下角台阶结构回转处。随着雨水不断下渗,采空区地基沉降变形集中于距地表 5~7.5 m 处。

定量对降雨作用下采空区地基沉降变形演化进行分析,如图 10-24 所示。从图中可以看出,在降雨初始阶段,在列车振动荷载作用下,采空区地基整体上无明显沉降变形,随着降雨持续增加,在列车荷载的下方 20 m 范围内出现微小的累积变形。紧接着,在路基以下 20 m 范围内出现突跳变形,其中沉降变形最大达到 80 cm,位于深度 7.5 m 处,地表沉陷变形约 15 cm。该现象表明在距地表 7.5 m 处存在开度较大的层间离层裂缝,当土体强度降低至不足以支撑上部荷载时致使地基梁结构突然断裂破坏,进而产生沉降变形。

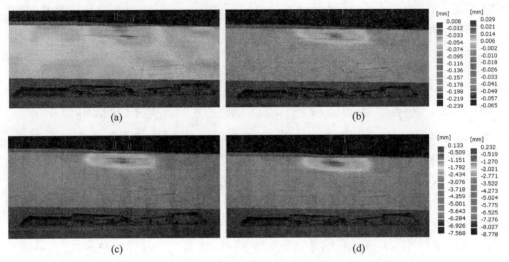

图 10-23 采空区地基沉降变形演化

(a) 初始稳定阶段;(b) 缓慢变形阶段;(c) 第一次突跳阶段;(d) 第二次突跳阶段

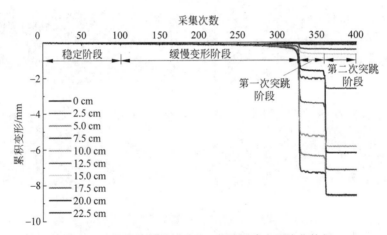

图 10-24 随降雨量增加采空区地基沉降变形演化特征

此外,在埋深 12.5～20 m 处岩层只出现第一次突跳变形,且与其上覆岩层相比变形较小,仅为其 10% 左右。随着降雨量继续增加,在路基以下 12.5 m 范围内出现第二次突跳变形,与第一次突跳不同的是采空区地基的上部变形远大于下部变形。随后,采空区地基逐渐趋于稳定,并未出现明显沉降变形。该累积变形特征表明在雨水侵蚀作用下采空区地基结构的变形失稳并非从地表开始的,而是在浅埋地基内部存在较大层间离层裂缝处首先发生失稳破坏,然后土层断裂破坏逐渐向地表传递,最终导致地表产生不均匀沉降变形。

在降雨和列车振动荷载耦合作用下,采空区地基最终沉降变形分布特征如图 10-25 所示。从图中可以看出,在降雨和列车振动荷载的耦合作用下,对下伏采空区地基沉降变形的影响区域集中在采空区的正上方,当地表出现较大沉陷区时,雨水最大影响深度为 20 m,该位置处的沉降变形量约为 1 cm。此外,由于在开挖过程中在近场下位岩层形成了断裂台阶结构,同时,在右下侧形成了多层位的回转挤压拱结构,致使采空区地基右下侧岩层较左侧破碎,从而使得采空区深部地基的沉降变形向右侧产生偏压效应。

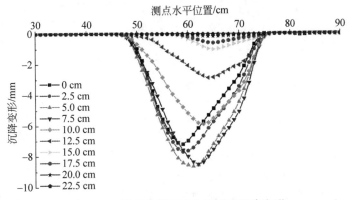

图 10-25　降雨作用下采空区覆岩沉降变形

从图 10-26 中可以看出,在降雨和列车动荷载耦合作用下,采空区地基沉降变形随埋深的增加先增大,然后急剧减小,最后逐渐趋于 0。此外,采空区地基最大沉降变形主要集中在距地表 7.5 m 左右的裂隙发育区,地表沉降变形次之。当埋深超过 7.5 m 后,采空区地基沉降变形急剧减小,大致满足三次多项式:

$$D = -6.89 - 1.02s + 0.16s^2 - 0.004s^3 \tag{10-29}$$

式中,D 为采空区地基沉降变形,mm;s 为埋深,m。

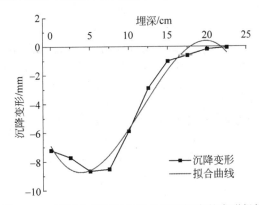

图 10-26　降雨作用下采空区地基沿深度的变形规律

参 考 文 献

[1] 杨星琪,黄海军.高铁对城市经济空间结构影响的研究综述[J].交通运输系统工程与信息,2022, 22(5):7-18.

[2] 叶阳升,蔡德钩,张千里,等.高速铁路路基结构设计方法现状与发展趋势[J].中国铁道科学,2021, 42(3):1-12.

[3] 邓睿,杜宇本,蒋良文,等.玉磨铁路采空区段地质选线研究[J].铁道工程学报,2017,34(2):21-25.

[4] 关凤琚.太焦铁路多维时空采空区选线及勘察评价[J].铁道工程学报,2020,37(2):11-16.

[5] 陈云敏,边学成.高速铁路路基动力学研究进展[J].土木工程学报,2018,51(6):1-13.

[6] 周瑞,张荣华,耿杰.沁水煤田太原组煤层地质学特征[J].煤炭技术,2017,36(3):134-135.

[7] 杨昌永,郝春生,田庆玲,等.沁水煤田东北部 15 号煤储层物性及特征研究[J].煤炭工程,2019,51(6): 11-17.

[8] SAURABH S,SANJIT K P,RAJWARDHAN K. A time-lapse study using self-potential and electrical resistivity tomography methods for mapping of old mine working across railway-tracks in a part of Raniganj coalfield,India[J]. Environmental Earth Sciences,2020,79(4):44-48.

[9] 孙克国,刘旭,袁子义,等.下伏缓倾煤层开采对既有铁路隧道安全性影响分析[J].中国铁道科学, 2022,43(2):86-95.

[10] 王树仁,张海清,慎乃齐,等.下伏采空区桥隧工程变形及受力响应特征分析[J].岩石力学与工程学报,2009,28(6):1144-1151.

[11] 陈则连.煤矿采空区地表岩移对高速铁路的影响研究[J].铁道工程学报,2009(4):5-8.

[12] VERMA R K,BANDOPADHYAY T K,BHUIN N C. Use of electrical resistivity methods for the study of coal seams in parts of the Raniganj Coalfield (India)[J]. Geophysical Prospecting,1982,30(1): 115-126.

[13] 李志聘,任树春.电法勘探圈定煤层采空区边界及冒落带范围的地质效果[J].中国煤田地质,1990, 2(1):63-67.

[14] GRIFFITHS D H,BARKER R D. Two-dimensional resistivity imaging and modelling in areas of complex geology[J]. Journal of Applied Geophysics,1993,29(3-4):211-226.

[15] 寇绳武,李克祥,郭舜,等.高密度电阻率法探测洞穴、采空区的效果分析[J].工程勘察,1994(6): 61-65.

[16] MAILLOL J M,SEGUIN M K,GUPTA O P,et al. Electrical resistivity tomography survey for delineating uncharted mine galleries in West Bengal,India[J]. Geophysical Prospecting,1999,47(2): 103-116.

[17] MARTÍNEZ-PAGÁN P,GÓMEZ-ORTIZ D,MARTÍN-CRESPO T,et al. The electrical resistivity tomography method in the detection of shallow mining cavities. A case study on the Victoria Cave, Cartagena (SE Spain)[J]. Engineering Geology,2013,156:1-10.

[18] BHARTI A K,PAL S K,KUMAR S,et al. Detection of old mine workings over a part of Jharia Coal Field,India using electrical resistivity tomography[J]. Journal of the Geological Society of India, 2019,94(3):290-296.

[19] 罗志波,刘文强,曹朋军,等.高密度电阻率法在山东莱州小淀河铁矿采空区勘查中的应用[J].地质与勘探,2020,56(1):113-122.

[20] BISHOP J R,LEWIS R,MACNAE J C. Down-hole electromagnetic surveys at Renison Bell,

Tasmania[J]. Exploration Geophysics,1987,18(3):265-277.

[21] 陈锡杰,任怀宗. 钻井中等轴状导体的瞬变电磁响应[J]. 地质与勘探,1988(11):39-43.

[22] 梁爽,李志民. 瞬变电磁法在阳泉二矿探测积水采空区效果分析[J]. 煤田地质与勘探,2003(4):49-51.

[23] 张善法,孟令顺,杜晓娟. 瞬变电磁法在山东某金矿尾矿库安全隐患排查中的应用[J]. 吉林大学学报(地球科学版),2010,40(5):1177-1182.

[24] 贾三石,邵安林,王海龙,等. 基于TEM的井下铁矿采空区探测评价[J]. 东北大学学报(自然科学版),2011,32(9):1340-1343.

[25] 姜志海,杨光. 浅埋特厚煤层小窑采空区瞬变电磁探测技术研究及应用[J]. 采矿与安全工程学报,2014,31(5):769-774.

[26] 范涛. 孔巷瞬变电磁动源定接收方法探测采空区试验[J]. 煤炭学报,2017,42(12):3229-3238.

[27] LU K,LI X,FAN Y,et al. The application of multi-grounded source transient electromagnetic method in the detections of coal seam goafs in Gansu Province,China[J]. Journal of Geophysics and Engineering,2021,18(4):515-528.

[28] DANIELS J. Locating caves,tunnels and mines[J]. The Leading Edge,1988,7(3):32-52.

[29] 刘红军,贾永刚. 探地雷达在探测地下采空区范围中的应用[J]. 地质灾害与环境保护,1999(4):73-76,80.

[30] 程久龙,胡克峰,王玉和,等. 探地雷达探测地下采空区的研究[J]. 岩土力学,2004(S1):79-82.

[31] NEAL A. Ground-penetrating radar and its use in sedimentology:principles,problems and progress[J]. Earth-Science Reviews,2004,66(3-4):261-330.

[32] 刘敦文,古德生,徐国元,等. 采空区充填物探地雷达识别技术研究及应用[J]. 北京科技大学学报,2005(1):13-16.

[33] 张劲松,赵育刚,王梦茹. 低频地质雷达深层探测分析[J]. 地球物理学进展,2010,25(5):1848-1855.

[34] 石刚,富志鹏,谢永利,等. 公路隧道穿越采空区的探测与处理技术研究[J]. 建筑科学与工程学报,2014,31(3):64-71.

[35] 李杨,任玉琦,王楠,等. 采空区垮落顶板形态及其演化特征[J]. 煤炭学报,2021,46(12):3771-3780.

[36] 陈钢,许维进,梁京华,等. 浅层地震采空区探测计算机仿真正演[J]. 煤炭学报,1996,21(1):18-23.

[37] 贾开国,吴德明. 浅层地震在煤矿采空区地裂缝勘查中的应用实例[J]. 工程勘察,2008(S2):122-124.

[38] 陈文山,蒋传琳,张先哲,等. 地震映射法在基岩空洞探测中的应用[J]. 南水北调与水利科技,2010,8(5):109-111.

[39] 唐世庚,薛颖. 浅层地震在煤矿采空区勘查中应注意的问题[J]. 物探与化探,2012,36(S1):128-131.

[40] ONYEBUEKE E O,DURRHEIM R J,MANZI M,et al. High-resolution Integrated Geophysical Investigation at the Lancaster Gold Mine,Krugersdorp,South Africa[J]. Pure and Applied Geophysics,2020,177(10):4845-4870.

[41] 张小波,陈清通,牟义,等. 浅层地震勘探技术在老窑采空区探测中的应用研究[J]. 煤炭工程,2021,53(3):78-83.

[42] 曾爱平,彭慧芳,吴豪杰,等. 浅层地震在薄层采空区探测技术研究实践[J]. 地球物理学进展,2022,37(6):2639-2647.

[43] 闫长斌,徐国元,中国生. 复杂地下空区综合探测技术研究及其应用[J]. 辽宁工程技术大学学报,2005,24(4):481-484.

[44] LEUCCI G,De Giorgi L. Integrated geophysical surveys to assess the structural conditions of a

karstic cave of archaeological importance[J]. Natural Hazards and Earth System Sciences,2005,5(1):17-22.

[45] GÓMEZ-ORTIZ D,MARTÍN-CRESPO T. Assessing the risk of subsidence of a sinkhole collapse using ground penetrating radar and electrical resistivity tomography[J]. Engineering Geology,2012,149:1-12.

[46] 林明安,赵祖栋.公路工程下伏煤矿采空区物探方法研究[J].铁道工程学报,2014(8):27-31.

[47] 马国松.基于水含量的富水采空区微动勘探方法可行性研究[J].地球物理学进展,2022,37(3):1292-1300.

[48] 刘建胜,李树荣,王爱民.采用综合物探和钻探方法查明章丘矿山采空区[J].山东国土资源,2007(3):17-20.

[49] 王华锋,刘荣泉,郑强,等.综合物探在金属矿采空区中的应用:以焦家金矿望儿山采空区为例[J].地质与勘探,2013,49(3):496-504.

[50] 先泽祥.不同钻探设备和工艺在同一钻孔中的应用[J].人民长江,2014,45(10):57-59.

[51] 刘宝琛,廖国华.煤矿地表移动的基本规律[M].北京:中国工业出版社,1965.

[52] 李永树,王金庄,邢安仕.任意分布形式煤层开采地表移动预计方法[J].煤炭学报,1995,20(6):619-624.

[53] HU Z,HU F,LI J,et al. Impact of coal mining subsidence on farmland in eastern China[J]. International Journal of Surface Mining,Reclamation and Environment,1997,11(2):91-94.

[54] 郝延锦,吴立新,戴华阳.用弹性板理论建立地表沉陷预计模型[J].岩石力学与工程学报,2006,25(S1):2958-2962.

[55] CHOI J,KIM K,LEE S,et al. Application of a fuzzy operator to susceptibility estimations of coal mine subsidence in Taebaek City,Korea[J]. Environmental Earth Sciences,2010,59(5):1009-1022.

[56] CUI X,WANG J,LIU Y. Prediction of progressive surface subsidence above longwall coal mining using a time function[J]. International Journal of Rock Mechanics and Mining Sciences,2001,38(7):1057-1063.

[57] 王军保,刘新荣,刘小军.开采沉陷动态预测模型[J].煤炭学报,2015,40(3):516-521.

[58] 赵博,梁乃森,吴初,等.基于MATLAB的山区急倾斜煤层开采沉陷预计系统[J].金属矿山,2020(3):159-167.

[59] SEPEHRI M,APEL D B,HALL R A. Prediction of mining-induced surface subsidence and ground movements at a Canadian diamond mine using an elastoplastic finite element model[J]. International Journal of Rock Mechanics and Mining Sciences,2017,100:73-82.

[60] COULTHARD M A,DUTTON A J. Numerical modelling of subsidence induced by underground coal mining[J]. International Journal of Rock Mechanics and Mining Sciences & Geomechanics Abstracts,1989,26(3-4):A226.

[61] SINGH R P,YADAV R N. Prediction of subsidence due to coal mining in Raniganj coalfield,West Bengal,India[J]. Engineering Geology,1995,39(1-2):103-111.

[62] 刘瑾,孙占法,张永波.采深和松散层厚度对开采沉陷地表移动变形影响的数值模拟研究[J].水文地质工程地质,2007,34(4):88-93.

[63] ADHIKARY D,KHANAL M,JAYASUNDARA C,et al. Deficiencies in 2D simulation: A comparative study of 2D versus 3D simulation of multi-seam longwall mining[J]. Rock Mechanics and Rock Engineering,2016,49(6):2181-2185.

[64] 张淼,唐建新,江君.黔阳煤矿多煤层采动地表变形破坏数值分析[J].矿业安全与环保,2015,42(3):112-115.

[65] SALMI E F,NAZEM M,KARAKUS M. Numerical analysis of a large landslide induced by coal mining subsidence[J]. Engineering Geology,2017,217:141-152.

[66] Suchowerska Iwanec A M,CARTER J P,HAMBLETON J P. Geomechanics of subsidence above

single and multi-seam coal mining[J]. Journal of Rock Mechanics and Geotechnical Engineering, 2016,8(3): 304-313.

[67] SEPEHRI M, APEL D B, HALL R A. Prediction of mining-induced surface subsidence and ground movements at a Canadian diamond mine using an elastoplastic finite element model[J]. International Journal of Rock Mechanics and Mining Sciences,2017,100: 73-82.

[68] 宋子岭,陈明进.冒溪煤矿建筑物下急倾斜煤层充填开采地表变形预测[J].辽宁工程技术大学学报(自然科学版),2021,40(6): 486-495.

[69] 张海洋,李小萌,孙利辉.大倾角煤层开采地表沉陷规律研究[J].煤炭工程,2022,54(6): 108-112.

[70] 成枢,徐泮林,祁洪晓.厚冲积层下薄煤层开采的地表移动观测研究[J].矿山测量,1999(3): 39-41,59.

[71] JUNG H C, KIM S, JUNG H, et al. Satellite observation of coal mining subsidence by persistent scatterer analysis[J]. Engineering Geology,2007,92(1-2): 1-13.

[72] BAEK J, KIM S, PARK H, et al. Analysis of ground subsidence in coal mining area using SAR interferometry[J]. Geosciences Journal,2008,12(3): 277-284.

[73] 郭庆彪,郭广礼,陈龙浩,等.毛乌素沙漠区煤层开采地表移动变形规律研究[J].金属矿山,2014(12): 147-151.

[74] UNLU T, AKCIN H, YILMAZ O. An integrated approach for the prediction of subsidence for coal mining basins[J]. Engineering Geology,2013,166: 186-203.

[75] 周云森,李楠.凌志达矿双层煤重复开采条件下地表移动变形规律研究[J].煤炭技术,2015,34(1): 122-124.

[76] YANG D, BIAN Z, LEI S. Impact on soil physical qualities by the subsidence of coal mining: a case study in Western China[J]. Environmental Earth Sciences,2016,75(8): 652.

[77] YANG Z, LI Z, ZHU J, et al. Deriving dynamic subsidence of coal mining areas using InSAR and logistic model[J]. Remote Sensing,2017,9(2): 125.

[78] XU J, ZHU W, XU J, et al. High-intensity longwall mining-induced ground subsidence in Shendong coalfield, China[J]. International Journal of Rock Mechanics and Mining Sciences,2021,141: 104730.

[79] 刘秀英,张永波.采空区覆岩移动规律的相似模拟实验研究[J].太原理工大学学报,2004,35(1): 29-31,35.

[80] 张志祥,张永波,赵志怀,等.多煤层开采覆岩移动及地表变形规律的相似模拟实验研究[J].水文地质工程地质,2011,38(4): 130-134.

[81] GHABRAIE B, REN G, SMITH J V. Characterising the multi-seam subsidence due to varying mining configuration, insights from physical modelling[J]. International Journal of Rock Mechanics and Mining Sciences,2017,93: 269-279.

[82] 胡青峰,崔希民,刘文锴,等.特厚煤层重复开采覆岩与地表移动变形规律研究[J].采矿与岩层控制工程学报,2020,2(2): 31-39.

[83] 马振乾,张东岳,祖自银,等.峰丛地貌浅埋煤层重复开采地表变形规律试验[J].煤矿安全,2021,52(6): 91-97.

[84] 陈拓,吴志坚,车爱兰,等.机车动荷载作用下多年冻土区铁路路基动力响应的试验研究[J].地震工程与工程振动,2011,31(1): 168-173.

[85] 陈仁朋,王作洲,蒋红光,等.Ⅰ型轨道-路基系统动力荷载放大系数模型试验研究[J].岩土力学,2013,34(4): 1045-1052.

[86] 吴龙梁,于琦,江辉煌,等.高铁路基在振动荷载下的空间动态响应特性试验研究[J].铁道科学与工程学报,2020,17(4): 799-807.

[87] FENG J W, ZHANG L L, GAO L, et al. Stability of railway embankment under extreme storms[J]. Environmental Geotechnics,2018,6(5): 269-283.

[88] 贾晋中.重载铁路路基动荷载特征[J].铁道建筑,2014(7):89-91.

[89] XIAO J H. Influences of subgrade structure form on dynamic responses o railway subgrade under cyclic loading[J]. Applied Mechanics and Materials,2016,851:757-762.

[90] 申权,杨果林,胡敏,等.高速铁路新型路堑基床结构动力响应分析[J].地震工程学报,2017,39(6):1118-1125.

[91] 张俊英,蔡美峰,张青.采空区地表新增荷载后地基应力的分布规律研究[J].岩土工程学报,2010,32(7):1096-1100.

[92] 韩科明,邓伟男.浅部条采老采空区受荷载影响的模拟研究[J].煤炭技术,2015,34(10):21-23.

[93] 韩高孝,宫全美,周顺华.列车动荷载下桩网结构路基土拱效应试验研究[J].岩土力学,2014,35(6):1600-1606.

[94] 边学成,蒋红光,金皖锋,等.板式轨道-路基相互作用及荷载传递规律的物理模型试验研究[J].岩土工程学报,2012,34(8):1488-1495.

[95] BIAN X C,DUAN X,LI W. Track settlement restoration of ballastless high-speed railway using polyurethane grouting: full-scale model testing[J]. Transportation Geotechnics,2021,26:1-10.

[96] 张普纲.公路路基结构在采空区域的变形破坏研究[J].西部探矿工程,2018(9):170-171.

[97] YANG W B,ZOU T,TU J L. Analysis of dynamic response of horseshoe cross-section tunnel under vibrating load induced by high-speed train[J]. Rock and Soil Mechanics,2019,40(9):3635-3644.

[98] ZHANG C L,JIANG G L. Full-scale model testing of the dynamic response of lime-stabilized weathered red mudstone subgrade under railway excitation[J]. Soil Dynamics and Earthquake Engineering,2020,130:1-11.

[99] KLASZTORNY M,SZURGOTT P. Modelling and numerical simulation of symmetric vibrations of the KNI 140070 viaduct-ballasted track-ICE-3 train system[C]//Proceedings of the 8 International Conference on Structural Dynamics,2011:1129-1136.

[100] KLASZTORNY M. Vibrations of single-track railway bridges under high-speed trains[M]. Wroclaw: Wroclaw University of Technology Press,1987.

[101] WROCLAW K M. Dynamics of beam bridges loaded by high-speed trains[M]. Warsaw: WNT Publishing,2005.

[102] SZURGOTT P,BERNACKI P. Modelling of steel-concrete bridge subgrade to a moving high-speed train[J]. International Journal of Simulation Modelling,2020,19(1):29-40.

[103] GALVIN P,ROMERO A,DOMINGUEZ J. Fully three-dimensional analysis of high-speed train-track-soil-structure dynamic interaction[J]. Journal of Sound and Vibration,2010,329(24):5147-5163.

[104] 薛富春,张建民.移动荷载作用下高速铁路路基动应力的空间分布[J].铁道学报,2016,38(1):86-91.

[105] 薛富春,张建民.移动荷载作用下高速铁路轨道-路基-地基耦合系统振动加速度的空间分布特征[J].岩土工程学报,2014,36(12):2179-2187.

[106] 晏启祥,陈文字,陈行,等.近距离垂直交叠盾构隧道的列车振动响应特性及损伤规律[J].中国铁道科学,2018,39(4):78-84.

[107] 陈行,晏启祥,包芮,等.列车振动荷载作用下近距离空间交叠盾构隧道的动力响应特性及损伤规律分析[J].铁道建筑,2017,57(12):59-63.

[108] 海慧,肖辉璜,于永江.震动作用下采空区上方地基稳定性[J].辽宁工程技术大学学报(自然科学版),2013,32(7):886-890.

[109] ZHANG X,ZHAO C F,ZHAI W M. Dynamic behavior analysis of high-speed railway ballast under moving vehicle loads using discrete element method[J]. International Journal of Geomechanics,2017,17(7):04016157.

[110] GUO Y,ZHAI W M. Long-term prediction of track geometry degradation in high-speed vehicle-ballastless track system due to differential subgrade settlement[J]. Soil Dynamics and Earthquake Engineering,2018,113：1-11.

[111] NETO J O A. Application of the two-layer system theory to calculate the settlements and vertical stress propagation in soil reinforcement with geocell[J]. Geotextiles and Geomembranes,2019,47(1)：32-41.

[112] SHENG X,ZHONG T,LI Y. Vibration and sound radiation of slab high-speed railway tracks subject to a moving harmonic load[J]. Journal of Sound and Vibration,2017,395：160-186.

[113] FERREIRA P,MACIEL R,ESTAIRE J,et al. Railway track design optimization for enhanced performance at very high speeds：experimental measurements and computational estimations[J]. Structure and Infrastructure Engineering,2019,15(1)：1-13.

[114] 梁鑫,程谦恭,王长宝,等.高速铁路采空区桩板结构复合路基受力机理数值模拟[J].铁道标准设计,2014,58(4)：1-5.

[115] 任文峰,王星华,韩晓飞.高速铁路软土路基沉降试验研究[J].水利与建筑工程学报,2010,39(4)：22-29.

[116] 刘升传,曹渊,杨志文.动载下软土路基变形规律研究[J].铁道工程学报,2011(5)：22-26.

[117] 王敏,李义杰,徐林荣.高铁路基动载沉降现场监测分析[J].土木建筑与环境工程,2017,39(6)：22-29.

[118] 边学成,蒋红光,申文明,等.基于模型试验的高铁路基动力累积变形研究[J].土木工程,2011,44(6)：112-119.

[119] 姜领发,熊署丹,陈善雄,等.列车荷载作用下高铁路基速度传递规律模型试验研究[J].岩土力学,2015,36：265-269.

[120] ZHANG C L,JIANG G L,LIU X F,et al. Centrifuge modelling and analysis of ground reaction of high-speed railway embankments over medium compressibility ground[J]. KSCE Journal of Civil Engineering,2018,22(12)：4826 4840.

[121] 刘钢,罗强,张良,等.基于累积变形演化状态控制的高速铁路基床结构设计计算方法[J].中国科学：技术科学,2014,44(7)：744-754.

[122] 陈仁朋,江朋,段翔,等.高速铁路板式无砟轨道不平顺下路基动应力的概率分布特征[J].铁道学报,2016,38(9)：86-91.

[123] WANG S R,JIA H H,YANG W B. Analysis of accumulated damage effects on the roof of mined-out areas under blasting vibration waves[J]. Advanced Science Letters,2012,15(1)：410-416.

[124] WICHTMANN T,RONDON H A,NIEMUNIS A,et al. Prediction of permanent deformations in pavements using a high-cycle accumulation model[J]. Journal of Geotechnical and Geoenvironmental Engineering,2010,136(5)：728-740.

[125] 王华玲.下伏采空区公路隧道结构安全稳定性评价及处治措施研究[J].公路,2020,65(2)：308-315.

[126] 李晓红,姜德义,刘春,等.公路隧道穿越采空区治理技术研究[J].岩土力学,2005(6)：910-914.

[127] 张凯.重载铁路压覆煤炭资源开采地表沉降机理[J].中国矿业,2015,24：215-218.

[128] 赵国堂.高速铁路无砟轨道-路基变形计算模型的研究[J].中国铁道科学,2016,37(4)：1-8.

[129] 赵明星.某采空区沉陷现状及残余沉降预测研究[J].铁道工程学报,2018(6)：16-20.

[130] 陈绍杰,祝伟豪,汪锋,等.建筑荷载下浅埋长壁老采空区地表移动变形规律与机理[J].煤炭学报,2022,47(12)：4403-4416.

[131] 朱广轶,徐征慧,解陈,等.老采空区地表残余移动变形影响函数研究[J].岩石力学与工程学报,2014,33(10)：1962-1970.

[132] 张志祥,张永波,赵志怀.交通荷载作用下隧道下伏采空区稳定性分析的实验研究[J].太原理工大学学报,2011,42(5)：534-538.

[133] 任连伟,周桂林,顿志林,等.采空区建筑地基适宜性及沉降变形计算工程实例分析[J].岩土力学,2018,39(8):2922-2932,2940.

[134] 韩科明.建筑荷载影响下的浅部老采空区覆岩变形破坏相似材料模拟研究[J].煤矿开采,2015,20(4):97-100,142.

[135] CUI X,GAO Y,YUAN D. Sudden surface collapse disasters caused by shallow partial mining in Datong coalfield,China[J]. Natural Hazards,2014,74(2):911-929.

[136] 李传宝,陈谦恭,梁鑫.采空巷道上方高速铁路桩板路基模型试验研究[J].岩土力学,2014,35(11):3101-3128.

[137] LEE I,CHOI Y T,LEE M, et al. Investigation of influential factors on residual settlement of Korean high-speed railway on soft ground[J]. KSCE Journal of Civil Engineering,2018,22(9):3312-3320.

[138] MOHAMMADZADEH S,ESMAEILI M,Mehrali M. Dynamic response of double beam rested on stochastic foundation under harmonic moving load[J]. Int. J. Numer. Anal. Methods Geomech,2014,38(6):572-592.

[139] RODRIGUES C,SIMÕES F M F,PINTO D,et al. Finite element dynamic analysis of beams on nonlinear elastic foundations under a moving oscillator[J]. European Journal of Mechanics a-Solids,2018,68:9-24.

[140] NEVES S G M,MONTENEGRO P A,JORGE P F M. Modelling and analysis of the dynamic response of a railway viaduct using an accurate and efficient algorithm[J]. Engineering Structures,2021,226:111308.

[141] PEIXER M A,MONTENEGRO P A,CARVALHO H. Running safety evaluation of a train moving over a high-speed railway viaduct under different track conditions[J]. Engineering Failure Analysis,2021,121:105133.

[142] SALCHER P,ADAM C. Modeling of dynamic train-bridge interaction in high-speed railways[J]. Acta Mechanica,2015,226(8):2473-2495.

[143] DIAZ-FERNANDEZ M E,ALVAREZ-FERNANDEZ M I,ALVAREZ-VIGIL A E. Computation of influence functions for automatic mining subsidence prediction[J]. Computational Geosciences,2010,14(1):83-103.

[144] HUANG C F,LI Q,TIAN S G. Research on prediction of residual deformation in goaf of steeply inclined extra-thick coal seam[J]. PLOS One,2020,15(10):1-12.

[145] GUO W B,BAI E H,ZHAO G B. Current status and progress on overburden and surface damage and prevention technology of high-intensity mining [J]. Journal of China Coal Society,2020,45(2):509-523.

[146] 徐平,茅献彪,张敏霞,等.采动塌陷区建筑物地基变形影响区与特征分析[J].采矿与安全工程学报,2014,31(4):624-630.

[147] 梁建平,王树仁,曹海莹.穿越采空区公路隧道地表沉陷变形预测分析[J].路基工程,2009(3):30-32.

[148] 杨锋,郭广礼,万战胜.煤矿老采空区上方高速公路建设场地稳定性评价[J].金属矿山,2017(11):137-144.

[149] 杜彦良,张玉芝,赵维刚.高速铁路线路工程安全监测系统构建[J].土木工程学报,2012,45(增2):59-63.

[150] 王正帅,邓喀中.老采空区地表残余变形分析与建筑地基稳定性评价[J].煤炭科学技术,2015,43(10):133-137.

[151] 邓喀中,谭志祥,张宏贞,等.长壁老采空区残余沉降计算方法研究[J].煤炭学报,2012,37(10):1601-1605.

[152] 郑志龙.高速铁路采空区路基变形监测[D].成都：西南交通大学,2014.

[153] HELM P R,DAVIE C T,GLENDINNING S. Numerical modelling of shallow abandoned mine working subsidence affecting transport infrastructure[J]. Engineering Geology,2013,154：6-19.

[154] 李伟,王旭春,于云龙,等.软岩地层中采空隐患区对高铁路堤沉降影响分析[J].工程建设,2018,50(11)：15-19.

[155] SOEUNG S,LEE S H,LEE S J. Causing factors of additional settlement in high-speed railways in Korea[J]. KSCE Journal of Civil Engineering,2018,22(10)：3843-3851.

[156] 李东阳,王杰,杨韶珺.城市地下不规则采空区的超载破坏模型试验[J].煤炭学报,2019,44(7)：2143-2150.

[157] 杨撷民,霍俊杰,李彦荣.基于MIDAS软件对受采空区影响坡体的稳定性研究[J].煤炭科学技术,2019,47(8)：89-95.

[158] 王伟,刘帅,段纲.列车动荷载对采空区地表的影响分析[J].工程建设,2014,46(5)：13-17.

[159] CHEN R P,CHEN J M,WANG H L. Recent research on the track-subgrade of high-speed railways[J]. Journal of Zhejiang University SCIENCE A,2014,15(12)：1034-1038.

[160] 赵世运,刘华,李先明,等.寒区高速铁路路基变形智能监测系统设计与实现[J].冰川冻土,2014,36(4)：944-952.

[161] 黄永鹏.下伏采空区段公路隧道结构安全评估及施工控制技术研究[D].成都：西南交通大学,2018.

[162] 高超,徐乃忠,刘贵.特厚煤层综放开采地表沉陷预计模型算法改进[J].煤炭学报,2018,43(4)：939-944.

[163] 王文,任建东,李小军,等.开采沉陷区天然气井避让距离控制预测方法研究[J].中国矿业大学学报,2021,50(5)：945-954.

[164] 刘美池,尹盼盼,荣文竽.基于模糊模式识别的高铁快运安全综合评价[J].中国安全科学学报,2018,28(增2)：149-154.

[165] 岳鹏举.公路下伏采空区稳定性分析及治理技术研究[D].西安：西安科技大学,2019.

[166] 万战胜,朱岱云,夏永旭.盾构隧道壁后注浆对地表沉降影响数值模拟研究[J].河北工业大学学报,2011,40(1)：110-113.

[167] 郭庆彪.煤矿老采空区上方高速公路建设安全性评价及其关键技术研究[J].测绘学报,2019,48(4)：532.

[168] GUO Q B,GUO G L,ZHA J F. Research on the surface movement in a mountain mining area：a case study of Sujiagou Mountain,China[J]. Environmental Earth Sciences,2016,75(6)：1-19.

[169] 孙海涛,付军辉.重复采动下煤矿采动活跃区地面井变形特征研究[J].煤炭科学技术,2018,46(6)：40-45.

[170] 黄昌富,田书广,吴顺川,等.基于突变理论和广义H-B强度准则的采空区顶板稳定性分析[J].煤炭学报,2016,41(S2)：330-337.

[171] 陈书平.高层建筑群下多层采空区场地工程适宜性评价及治理[D].徐州：中国矿业大学,2019.

[172] 王玉标.采空区"活化"引起断层构造区高路堤变形失稳演化分析[J].岩石力学与工程学报,2013,32(S2)：3784-3789.

[173] 刘德华.太焦高铁动荷载作用下采空区路基活化及其动力响应特性分析[D].焦作：河南理工大学,2020.

[174] 南京水利科学研究院.土的工程分类标准[M].北京：中国计划出版社,2008.

[175] 田忠斌,马玉龙,李貅,等.煤层采空区内煤层气储气构造半航空瞬变电磁探测——以沁水煤田为例[J].地球物理学报,2022,65(11)：4495-4503.

[176] 张淑坤,张向东,李永靖.高速公路下伏老采空区探测及验证技术[J].中南大学学报(自然科学版),2015,46(9)：3361-3367.

[177] 程建远,孙洪星,赵庆彪,等.老窑采空区的探测技术与实例研究[J].煤炭学报,2008,33(3):251-255.

[178] 雷旭友,李正文,折京平.超高密度电阻率法在土洞、煤窑采空区和岩溶勘探中应用研究[J].地球物理学进展,2009,24(1):340-347.

[179] 武威,顾宝和,王铠,等.岩土工程勘察规范(2009年版):GB 50021—2001[S].北京:中国建筑工业出版社,2009.

[180] FAN H D,GU W,QIN Y,et al. A model for extracting large deformation mining subsidence using D-InSAR technique and probability integral method[J]. Transactions of Nonferrous Metals Society of China, 2014, 24(4):1242-1247.

[181] 李培现,万昊明,许月,等.基于地表移动矢量的概率积分法参数反演方法[J].岩土工程学报,2018,40(4):767-776.

[182] 徐扬青,吴西臣,李凤奇,等.煤矿采空区岩土工程勘察规范:GB 51044—2014[S].北京:中国计划出版社,2014.

[183] MA Q,NIE W,YANG S,et al. Effect of spraying on coal dust diffusion in a coal mine based on a numerical simulation[J]. Environmental Pollution,2020,264:114717.

[184] SHABANIMASHCOOL M,LI C C. Numerical modelling of longwall mining and stability analys is of the gates in a coal mine[J]. International Journal of Rock Mechanics and Mining Sciences,2012,51:24-34.

[185] 朱子林,任超,周吕,等.基于小基线集干涉测量的天津地区地表沉降时空分析[J].科学技术与工程,2020,20(18):7152-7158.

[186] 张红,江凯,王超,等.SAR层析技术的研究与应用[J].遥感技术与应用,2010,25(2):282-287.

[187] 余景波,刘国林,曹振坦.差分干涉测量(D-InSAR)技术在矿区地面沉降监测中的应用[J].全球定位系统,2010,35(5):54-60.

[188] 刘昱彤.PS-InSAR技术的地表沉降监测研究[D].唐山:华北理工大学,2020.

[189] 胡波.PS-InSAR技术监测地表形变的研究[D].长沙:中南大学,2008.

[190] 王志勇,李路,王建,等.基于HOG特征的InSAR矿区开采沉陷盆地检测方法[J].中国矿业大学学报,2021,50(2):404-410.

[191] 马飞虎,姜珊珊,孙翠羽.PS-InSAR在铅山县矿区地表沉降监测中的应用[J].应用科学学报,2018,36(6):969-977.

[192] 晏霞,刘媛媛,赵振宇.利用时序InSAR技术监测南水进京后北京平原地区的地面沉降[J].地球物理学进展,2021,36(6):2351-2361.

[193] 付波霖,解淑毓,李涛,等.基于SBAS/PS-InSAR技术的滑坡遥感监测对比研究[J].大地测量与地球动力学,2021,41(4):392-397.

[194] 金艳,俞志强,高晓雄.PSP-InSAR技术在地铁沿线的形变监测应用[J].测绘通报,2020(9):132-135.

[195] XIONG S,WANG C,QIN X, et al. Time-series analysis on persistent scatter-interferometric synthetic aperture radar (PS-InSAR) derived displacements of the Hong Kong-Zhuhai-Macao bridge (HZMB) from Sentinel-1A observations[J]. Remote Sensing,2021,13(4):546.

[196] 温晓贵,胡平川,周建,等.裂缝对电渗模型尺寸效应影响的试验研究[J].岩土工程学报,2014,36(11):2054-2060.

[197] MILNE D,PEN L L,THOMPSON D. Automated processing of railway track deflection signals obtained from velocity and acceleration measurements[J]. Proceedings of the Institution of Mechanical Engineers,Part F:Journal of Rail and Rapid Transit,2018,232(8):2097-2110.

[198] RAHPEYMA S,HALLDORSSON B,HRAFNKELSSON B. Site effect estimation on two Icelandic strong-motion arrays using a Bayesian hierarchical model for the spatial distribution of earthquake

peak ground acceleration[J]. Soil Dynamics and Earthquake Engineering,2019,120：369-385.

[199] 马骙骙,李斌,王东,等.宝兰客专路堤段地面振动特性试验研究与数值分析[J].铁道科学与工程学报,2019,16(2)：294-301.

[200] WANG S R,SHI K P,LI Z H. Spatial distribution law of vibration acceleration of ultra-small-spacing tunnel under train moving loads[J]. Journal of Engineering Science and Technology Review,2019,12(6)：96-104.

[201] CILINGIR U,MADABHUSHI S P G. A model study on the effects of input motion on the seismic behavior of tunnels[J]. Soil Dynamics and Earthquake Engineering,2011,3(31)：452-465.

[202] YE Z,LU Y,WANG L. Investigating the pavement vibration response for roadway service condition evaluation [J]. Advances in Civil Engineering,2018,2018：672-685.

[203] ZENG Z,WANG J,YIN H. Experimental investigation on the vibration reduction characteristics of an optimized heavy-haul railway low-vibration track[J]. Shock and Vibration,2019,2019：1-17.

[204] HUANG Y H. Pavement analysis and design[M]. 2nd ed. New York：Prentice Hall,2004.

[205] YI H Y,QI T Y,QIAN W P. Influence of long-term dynamic load induced by high-speed trains on the accumulative deformation of shallow buried tunnel linings[J]. Tunnelling and Underground Space Technology,2019,84：166-176.

[206] 李煜东,薄景山,孙强强,等. ABAQUS 中黏性边界条件的实现及应用[J].防灾减灾工程学报,2017,37(2)：250-257.

[207] ULAS C. A model study on the effects of input motion on the seismic behavior of tunnels[J]. Soil Dynamics and Earthquake Engineering,2011,3(31)：452-465.

[208] 赵国堂.严寒地区高速铁路无砟轨道路基冻胀管理标准的研究[J].铁道学报,2016,38(3)：1-8.

[209] GUO Y,ZHAI W M,SUN Y. A mechanical model of vehicle-slab track coupled system with differential subgrade settlement[J]. Structural Engineering and Mechanics,2018,66(1)：15-25.

[210] SZURGOTT P,BERNACKI P. Modelling of steel-concrete bridge subgrade to a moving high-speed train[J]. International Journal of Simulation Modelling,2020,19(1)：29-40.

[211] WANG S R,SHI K P,He Y S. Dynamic response analysis of middle pillar for ultra-small spacing tunnels under train vibration loads[J]. Journal of Engineering Science and Technology Review,2019,12(3)：30-37.

[212] 薛富春,张建民.移动荷载作用下地铁隧道结构和围岩真三维动力分析[J].铁道学报,2017,39(6)：133-140.

[213] 牛婷婷,刘汉龙,丁选明,等.高铁列车荷载作用下桩网复合地基振动特性模型试验[J].岩土力学,2018,39(3)：872-880.

[214] 付强,宋金良,丁选明,等.高铁荷载下桩-土复合地基振动响应特性研究[J].铁道科学与工程学报,2017,14(10)：2050-2058.

[215] 杨奇,张磊,魏丽敏,等.基于行车试验的高铁路基面动应力幅值概率分布规律及设计值研究[J].土木工程学报,2022,55(9)：78-93.

[216] 徐进.高速铁路路基模型试验系统研究与动力分析[D].长沙：中南大学,2012.

[217] 周扬,杨文波,杨林霖,等.车致振动荷载作用下富水软弱地层中盾构隧道动力响应分析[J].岩石力学与工程学报,2022,41(5)：1067-1080.

[218] 李姝,许强,张立展,等.黑方台地区黄土强度弱化的浸水时效特征与机制分析[J].岩土力学,2017,38(7)：2043-2048.

[219] 董英,孙萍萍,张茂省,等.诱发滑坡的地下水流系统响应历史与趋势——以甘肃黑方台灌区为例[J].地质通报,2013,32(6)：868-874.

[220] 谷天峰,朱立峰,胡炜,等.灌溉引起地下水位上升对斜坡稳定性的影响——以甘肃黑方台为例[J].现代地质,2015,29(2)：408-413.

[221] 覃小华,刘东升,宋强辉,等.强降雨条件下基岩型层状边坡入渗模型及稳定性研究[J].岩土力学,2016,37(11):3156-3164.

[222] 黄震,李晓昭,李仕杰.隧道突水模型试验流固耦合相似材料的研制及应用[J].中南大学学报(自然科学版),2018,49(12):3029-3039.

[223] 王凯,李术才,张庆松,等.流-固耦合模型试验用的新型相似材料研制及应用[J].岩土力学,2016,37(9):2521-2533.

[224] 周毅,李术才,李利平,等.地下工程流-固耦合试验新技术及其在充填型岩溶管道突水模型试验中的应用[J].岩土工程学报,2015,37(7):1232-1240.

[225] 陈超,张献州,尚金光.高速铁路沉降观测数据生产过程质量控制与管理[J].高速铁路技术,2011(5):13-18.

[226] 徐林荣,王宏贵,左坤,等.高速铁路沉降控制复合桩基的性状试验研究[J].岩土力学,2012,33(9):2605-2612.

[227] 郑海忠,严武建,王平,等.列车振动及其引起场地效应研究进展[J].地震工程学报,2021,43(1):219-228.

[228] YIN Y Q,LI P E,DI Y. Instability and jumping phenomenon of rock structure[J]. Chinese Journal of Rock Mechanics and Engineering,2015,34(5):945-952.

[229] 钱鸣高,缪协兴,何富连.采场"砌体梁"结构的关键块分析[J].煤炭学报,1994,19(6):557-563.

[230] ZHAO Y H,WANG S R,HAGAN P,et al. Evolution characteristics of pressure-arch and elastic energy during shallow horizontal coal mining[J]. Tehnicki Vjesnik-Technical Gazette,2018,25(3):707-717.

[231] 商拥辉,徐林荣.重载铁路水泥改良土路基动力特性试验研究[J].振动工程学报,2021,34(6):1276-1283.

[232] MONISMITH C L,OGAWA N,FREEME C R. Permanent deformation characteristics of subsoil due to repeated loading[J]. Transportation Research Record,1975,537:1-17.

[233] LI D,SELIG E T. Cumulative plastic deformation for fine-grained subgrade soils[J]. Journal of Geotechnical and Geo-environmental Engineering,1996,122(12):1006-1013.

[234] CHAI J C,MIURA N. Traffic load induced permanent deformation of road on soft subsoil[J]. Journal of Geotechnical and Geo-environmental Engineering,2002,128(11):907-916.